Zur Lehre von der Geschäftsgrundlage nach altem und neuem Recht

Schriften zum Wirtschafts- und Medienrecht, Steuerrecht und Zivilprozeßrecht

Herausgegeben von Jürgen Costede
und Gerald Spindler

Band 36

PETER LANG
Frankfurt am Main · Berlin · Bern · Bruxelles · New York · Oxford · Wien

Zhe Huang

Zur Lehre von der Geschäftsgrundlage nach altem und neuem Recht

PETER LANG
Internationaler Verlag der Wissenschaften

Bibliografische Information der Deutschen Nationalbibliothek
Die Deutsche Nationalbibliothek verzeichnet diese Publikation in der Deutschen Nationalbibliografie; detaillierte bibliografische Daten sind im Internet über <http://www.d-nb.de> abrufbar.

Zugl.: Göttingen, Univ., Diss., 2008

D 7
ISSN 1614-2071
ISBN 978-3-631-58536-8

www.peterlang.de

Meinen Eltern

Vorwort

Die vorliegende Arbeit wurde von der Juristischen Fakultät der Georg-August-Universität zu Göttingen im Sommersemester 2008 als Inauguraldissertation angenommen.

Mein ganz besonderer Dank gebührt meinem Doktorvater Herrn Prof. Dr. Jürgen Costede, der das Thema ermöglichte und betreute. Für seine stete Gesprächsbereitschaft und seine hilfreichen Anregungen möchte ich mich sehr herzlich bedanken.

Für die zügige Erstattung des Zweitgutachtens danke ich Frau Prof. Dr. Christiane Wendehorst.

Der Universität Göttingen und der Juristischen Fakultät gebührt Dank für die Durchführung des Promotionsverfahrens.

Der Friedrich-Ebert-Stiftung danke ich für die Unterstützung während der Promotion.

Bei meinen Eltern möchte ich mich besonders bedanken. Ohne ihre Ermutigung und Unterstützung wäre diese Arbeit nicht entstanden.

Göttingen, im Juli 2008 Zhe Huang

Inhaltsverzeichnis

Einführung in die Thematik

Mit der „Lehre von der Geschäftsgrundlage" wird juristisch die Fragestellung umschrieben, ob und in welcher Weise ein privatrechtlicher Vertrag nicht nur nach Maßgabe der hergebrachten gesetzlichen Regelungen für Leistungsstörungen in seinem Bestand beeinflusst wird, sondern darüber hinaus durch tatsächliche, wirtschaftliche und rechtliche Verhältnisse nach Maßgabe eines allgemeinen Prinzips. Diese Frage stellt sich, wenn etwa das Gleichgewicht von Leistung und Gegenleistung eines Austauschvertrages durch nachträgliche Ereignisse, durch Kriegswirren etwa oder durch eine galoppierende Inflation, empfindlich gestört wird oder wenn dieses Gleichgewicht wegen irrtümlicher Annahmen von vornherein nicht bestand. Das Problem tritt auch auf, wenn die geschuldete Leistung für den Gläubiger wertlos geworden ist, weil ihr Zweck entweder nicht erreichbar oder wenn er bereits anderweitig erreicht worden ist. Die Brunnenbohrung ist sinnlos, weil das Wasser versiegt ist. Das Schiff, das auf Grund gelaufen und frei geschleppt werden soll, wird infolge eines unerwarteten Hochwassers von selbst wieder flott.

Zu allen Zeiten hat die Juristen dies und ähnliches beschäftigt. Der Münchener Kommentar z.B. zählt zur Störung der Geschäftsgrundlage 142 Titel.[1] Nicht alle Beiträge geben originäre Gedanken wieder. Es sind letztlich nicht viele Stimmen, die etwas Eigenes zu sagen haben. Aber schon die Zahl lässt erkennen, dass die Lehre von der Geschäftsgrundlage Rätsel aufgibt. Immer wieder ist versucht worden, sie mit einer griffigen Formel zu lösen. Sie lautete zu verschiedenen Zeiten durchaus unterschiedlich, weil Recht und Jurisprudenz, wenn auch oft mit zeitlicher Verzögerung, gesellschaftspolitische Strömungen nachvollziehen. Schließlich hat das sogenannte Schuldrechtsmodernisierungsgesetz mit Wirkung vom Jahre 2002 an unter der Überschrift „Störung der Geschäftsgrundlage" den §313 BGB n.F. in das Bürgerliche Gesetzbuch eingefügt und dadurch die Lehre von der Geschäftsgrundlage kodifiziert. Absatz 1 normiert die – wie man sagt – objektive, Absatz 2 die – wie es heißt – subjektive Geschäftsgrundlage. Absatz 3 regelt die Rechtsfolgen. Bereits die Kategorisierung in objektive und subjektive Geschäftsgrundlagen war und ist aber umstritten.[2] Die Fragezeichen, die man setzen muss, sind also geblieben. Es geht um den Geltungsgrund und um die Reich-

1 MüKo/Roth, Schrifttum zu §313 BGB.
2 Etwa Beuthien, Zweckerreichung, 54 ff.

weite der Vertragsbindung. Angesichts dieser grundsätzlichen Problematik darf es nicht verwundern, dass die Ansichten darüber, von wenigen eindeutigen Fallgestaltungen abgesehen, geteilt sind.

Dass sich die vorliegende Arbeit mit dieser Materie befasst, entspringt nicht der Überzeugung, den Stein der Weisen gefunden zu haben oder ihn finden zu können. Die Kodifizierung durch §313 BGB n.F. und andere Regelungen der jüngsten Gesetzgebung verlangen aber für das deutsche Recht eine Neubesinnung. Durch Aufnahme in das Gesetz ist eine neue Situation eingetreten, auch wenn die Wegbereiter des §313 BGB n.F. dies erklärtermaßen nicht beabsichtigt haben.[3] Es könnte sein, dass im allgemeinen Bewusstsein der Juristen das, was man vordem als irreguläre Ausnahmefälle betrachtet hat, in den Grundkanon der juristischen Prüfung eingeht und schon deshalb künftig anders gesehen werden wird als man es früher gehandhabt hat. Im übrigen ist der Grundsatz der Vertragsbindung – pacta sunt servanda – durch Regelungen zum Verbraucherschutz ganz wesentlich eingeschränkt worden. Das kann für die Frage, ob nicht – um unerträgliche Wertungswidersprüche zu vermeiden – auch aus anderen Gründen das Festhalten am Vertrag unzumutbar ist, nicht unberücksichtigt bleiben.

Für den Gang der Untersuchung bietet sich folgendes Vorgehen an:

Um eine voreilige Festlegung auf ein einheitliches Lösungsmuster zu vermeiden, sollen drei großen Gruppen gestörter Geschäftsgrundlage unterschieden werden. Es sind erstens die Fälle schwerwiegender Äquivalenzstörungen, zweitens Konstellationen sogenannter Zweckverfehlung. In beiden Fällen tritt das, was man Störungen der Geschäftsgrundlage nennt, durch nachträgliche Ereignisse ein. Die dritte Gruppe schließlich bilden Situationen, in denen die dem Vertrag zugrunde gelegten Berechnungsfaktoren fehlerhaft sind. Hier ist eine Lösung mit Hilfe der Irrtumslehre fragwürdig, die Lehre von der Geschäftsgrundlage daher vorzuziehen.

Da die Kodifizierung der Lehre von der Geschäftsgrundlage durch §313 BGB n.F. einerseits einen Schlusspunkt zu den vielfältigen Lehrmeinungen markiert, andererseits aber auch mit anderen Regelungen des Schuldrechtsmodernisierungsgesetzes neue Abgrenzungsfragen aufwirft, erscheint es sinnvoll, die Arbeit in zwei Teilen zu gliedern. Der 1. Teil dient einer Darstellung der vielfältigen Ansichten, die im 20. Jahrhundert vertreten worden sind. Diese Rückbesinnung soll das Material sichten, aus dem die Norm des §313 BGB n.F. geschmiedet worden ist. Während dieser Teil vorwiegend deskriptiv die Ansichten wiedergeben soll, die in Rechtsprechung und Schrifttum zur ungeschriebenen Lehre von der Geschäftsgrundlage vertreten worden sind, kommen im 2. Teil mit der Stel-

3 Abschlußbericht Schuldrechtskommission, S. 150/151.

lungnahme der Verfasserin die Fragen zur Sprache, die das geltende Recht aufwirft.

Teil 1: Die Lehre von der Geschäftsgrundlage im 20. Jahrhundert

Kapitel 1: Die Zeitspanne von der Schaffung des Bürgerlichen Gesetzbuches bis zum 1. Weltkrieg

Die Zeitspanne vom Einsetzen der 1. Kommission im Jahre 1874 mit dem Auftrag, den Entwurf eines Bürgerlichen Gesetzbuches auszuarbeiten, bis zu dessen Inkrafttreten im Jahre 1900 war durch wirtschaftliche Prosperität geprägt. Das hat die gesellschaftspolitischen Strömungen und deshalb auch die Grundwertungen beeinflusst, die in das neue Gesetz eingegangen sind und dessen Verständnis bestimmt haben. Die Umwälzungen im Gefolge der napoleonischen Kriege waren zwar noch nicht vergessen, die Auswirkungen von Kriegselend und wirtschaftlichem Ruin auf bestehende Rechtsverhältnisse fraglos bekannt. Sie hatten aber in dieser wirtschaftlichen und rechtlichen „Gründerzeit" keine reale Bedeutung, traten daher auch nicht in das Blickfeld der Juristen.

Das muss man sich vergegenwärtigen, wenn man die Stellungnahmen der Zeit zu dem liest, was später Störung der Geschäftsgrundlage genannt worden ist. Es geht dabei eben nicht um Verwerfungen im Verhältnis zwischen den Werten von Leistung und Gegenleistung eines Austauschvertrages. Wohl aber haben sich die Juristen seinerzeit damit beschäftigt, welche Bedeutung es für einen Vertrag hat, wenn Erwartungen, die eine Partei damit verbunden hatte, fehlgingen. Diese Problematik zu bewältigen, hat mit seiner heftig umstrittenen Lehre von der „Voraussetzung" Windscheid versucht.

I. Windscheids Lehre von der Voraussetzung[4]

Windscheid verstand unter einer Voraussetzung die Annahme einer Vertragspartei von einem gegenwärtig existierenden Umstand, während Bedingungen ungewisse künftige Ereignisse umschreiben.[5] Da die Voraussetzung sozusagen einen Vorbehalt darstellt, das Erklärte nicht zu wollen, wenn die Annahme nicht zutreffen sollte, müsse der betreffenden Partei gegenüber dem Anspruch der anderen

---

4 Windscheid, Die Lehre des römischen Rechts von der Voraussetzung, 1851; AcP 78 (1892), 161.

5 Windscheid, AcP 78 (1892), 161, (163).

Seite eine exceptio, gegenüber dem Behaltenwollen des Empfangenen eine condictio zustehen.[6] Die Befugnis, das Geleistete zu kondizieren, wenn der mit der Leistung verfolgte Zweck nicht erreicht wird,[7] versteht Windscheid als einen Beleg seiner These.[8]

Dass man mit der Lehre von der Voraussetzung „auf einen abschüssigen Boden" gelangen, nämlich die Rechtssicherheit in Frage stellen kann, hat Windscheid selbst gesehen.[9] Er meinte aber, dass die Voraussetzung, deren Berücksichtigung wegen der Willensherrschaft des Erklärenden geboten sei, „nach den Regeln der Auslegung als gewollt objektiv und subjektiv erkannt werden" könne.[10]

Als generelle Beschränkung der Vertragsbindung ist Windscheids Lehre von der Voraussetzung nicht anerkannt worden. In den Motiven heißt es dazu im Zusammenhang mit den Ausführungen zur Bedingung: „Die Lehre von der Voraussetzung als einer Kategorie der Selbstbeschränkung der rechtsgeschäftlichen Wirkungen hat zur Zeit nicht diejenige Durchbildung und Anerkennung erfahren, welche es unbedenklich erscheinen ließe, darauf gesetzgeberische Bestimmungen aufzubauen. Soweit der Voraussetzung als solcher rechtliche Bedeutung zukommt, ist das Erforderliche an geeigneter Stelle vorgesehen. ... Von diesen Fällen abgesehen, hat die Voraussetzung, sofern sie nicht im Einzelfalle als Bedingung aufzufassen ist, nur die Bedeutung eines die Wirksamkeit des Rechtsgeschäftes nicht berührenden Beweggrundes."[11]

Dezidiert hat vor allem Lenel die Voraussetzungslehre bekämpft.[12] Er beruft sich auf die Begründung der Motive zur 2. Alternative des späteren §812 I 2 BGB. Nur ein mit der Leistung vorausgesetzter Erfolg, der in Zukunft nicht eintritt, soll danach die Kondiktion der Leistung begründen, nicht aber eine für Vergangenheit oder Gegenwart aufgestellte Voraussetzung im Sinne Windscheids, weil sonst „große Rechtsunsicherheit die unausbleibliche Folge wäre. Es sei nämlich zweifellos, dass in solchen Falls eine große Zahl von Verträgen wegen bloßen Irrtums in den Motiven und auf Grund der sog. tacita clausa rebus sic stantibus angefochten und für unwirksam erklärt würden."[13] Deswegen seien die be-

---

6 Windscheid, AcP 78 (1892), 161, (167).
7 Jetzt §812 I 2 BGB, 2. Alternative
8 Windscheid, AcP 78 (1892), 161, (168 ff, 178 ff).
9 Windscheid, AcP 78 (1892), 161, (196 ff).
10 Windscheid, AcP 78 (1892), 161, (197).
11 Mugdan, Motive I, S. 249.
12 Lenel, AcP 74 (1889), 213.
13 Lenel, AcP 74 (1889), 213, (216, mit Berufung auf die Motive II, S. 843).

treffenden Vorschriften des Entwurfs zu einem Bürgerlichen Gesetzbuch nicht Ausdruck eines Prinzips, sondern Ausnahmen.[14]

Eine weitere Vertiefung der Lehre Windscheids von der Voraussetzung ist nicht erforderlich, weil die Zeit darüber hinweggegangen ist. Man findet bei ihm auch nicht Beispielsfälle der Art, die später als Störungen der Geschäftsgrundlage erörtert worden sind. Hier interessiert deshalb nur der gedankliche Ansatz, bestimmte Gegebenheiten könnten die Vertragsbindung beeinflussen. Oertmann hat sich verwundert geäußert, dass Windscheid nicht an den Gedanken der clausula rebus sic stantibus angeknüpft hat.[15] Da aber für Windscheid die Willensherrschaft das maßgebliche Element der Vertragsbindung darstellte, beschäftigten ihn nur solche Umstände, die den Willensentschluss der einen Vertragspartei bestimmt hatten und die sie entweder expressis verbis als Voraussetzungen ihrer Willenserklärung artikuliert hatte oder die sich nach den Gegebenheiten so darstellten. Daher musste die Partei die Bindung lösen können, wenn eine ihren Bindungswillen bestimmende Voraussetzung nicht vorlag. Windscheid war sich wohl bewusst, dass dafür nicht beliebige Motive in Betracht kommen konnten, dass Irrtümer im Beweggrund vielmehr regelmäßig unbeachtlich sein mussten.[16] Dadurch, dass nach seiner Lehre die Partei die Voraussetzung für ihren Willensentschluss entweder ausdrücklich oder den Umständen nach verdeutlicht haben musste, sollte sie sich von unbeachtlichen Motiven unterscheiden. Das ist seinerzeit zwar nicht in die Lehrmeinung eingegangen. In gewisser Weise wirkt es aber in der Lehre von der Geschäftsgrundlage fort, bei der Frage nämlich, was denn Geschäftsgrundlage sein kann und wie etwas zur Geschäftsgrundlage wird.

II. Die Berufung auf die „clausula rebus sic stantibus"

Die Theorie der „clausula rebus sic stantibus" taucht erstmals im kanonischen Recht u.a. bei Thomas von Aquin auf. Sie besagt, dass eine Veränderung von wesentlichen bei Vertragsschluss vorhandenen Gegebenheiten Einfluss auf die Vertragsbindung hat.[17] Im Gemeinen Recht, also dem Recht, das vor Inkrafttreten des Bürgerlichen Gesetzbuches als Folge der Rezeption des römischen Rechts in den deutschen Staaten subsidiär neben den Partikularrechten galt, fand sich diese Meinung dann wieder.[18] Sie ist sogar in verschiedenen Partikulargesetzen aufge-

14 Gedacht war an den späteren §779 BGB.
15 Oertmann, Geschäftsgrundlage, S. 1.
16 Windscheid, AcP 78 (1892), 161, (189).
17 Kegel, Gutachten für den 40. Deutschen Juristentag, 135, (139 ff).
18 Fritze, Arch.Bürgerl.Recht, 17, 20; Stahl, clausula rebus sic stantibus, S.1/2.

nommen worden,[19] hat sich aber nicht generell durchgesetzt. Das Bürgerliche Gesetzbuch wandte sich mit dem Grundsatz „pacta sund servanda“ dezidiert davon ab. Die wenigen Regelungen des BGB, nach denen eine Verschlechterung der Vermögenslage zur Vertragslösung berechtigt, etwa die Unsicherheitseinrede des §321 BGB oder der Widerruf eines Darlehensversprechens nach §610 BGB a.F., wurden überwiegend als Sonderfälle, nicht als Ausdruck eines allgemeinen Prinzips verstanden.[20]

Erich Kaufmann hat den Gedanken der clausula rebus sic stantibus für das Völkerrecht wiederbelebt.[21] Für das Zivilrecht hat Krückmann ein ganz eigenes Verständnis der clausula rebus sic stantibus entwickelt.[22] Der Untertitel seines Aufsatzes „Kriegsklausel, Streitklausel“ zeigt, dass der Verfasser im Erscheinungsjahr 1918 unter dem Eindruck der Kriegswirren stand. Das tritt in der Schrift dann aber kaum hervor. Vielmehr verfolgt Krückmann auf weiten Strekken die allgemeine Theorie, dass sich die betroffene Vertragspartei bei beachtlicher Ungewissheit über die Gegenleistung vom Vertrag lossagen könne.[23] Für ihn bedeutet das: „Die c.r.s.s. ist nichts als die letzte Folgerung aus der Gegenseitigkeit des Vertrages ...“[24] Um das zu belegen, führt Krückmann eine Fülle von Gerichtsentscheidungen zu verschiedenen Vertragsverhältnissen ins Feld. Die clausula rebus sic stantibus kommt auch bei Eingriffen des Staates in das Vertragsverhältnis zum Zuge, wenn etwa der Mieter wegen eines kriegsbedingten Zuzugverbots die Mietwohnung nicht beziehen konnte.[25] Aber auch die Fälle sollen hierher gehören, in denen die Leistung dem Schuldner wegen übermäßiger Erschwernis nicht mehr zumutbar ist, weil sich ein grobes Missverhältnis zwischen Leistung und Gegenleistung auftut.[26] Ein Fall der clausula rebus sic stantibus liegt nach Krückmann gleichfalls vor, wenn der mit dem Vertrag verfolgte Zweck auf andere Weise erreicht wird, so dass die Durchführung sinnlos ist.[27]

Der Leser fühlt sich etwas ratlos, wie sich das zu den anfangs behandelten Fällen einer ungewissen Gegenleistung verhält. Offenbar stellt Krückmann sämtliche Konstellationen nebeneinander und verbindet sie nur mit der Formel der

---

19 Pr.ALR I 5 §§377 – 384; Codex Maximilianeus Bavaricus Civilis Teil IV Kap. 15 §12.
20 von Tuhr, Der Allgemeine Teil des Deutschen Bürgerlichen Rechts, 2. Bd. 1.Hälfte, 1914, S. 202.
21 Erich Kaufmann, Das Wesen des Völkerrechts und die clausula rebus sic stantibus, 1911.
22 Krückmann, AcP 116 (1918), 157.
23 Krückmann, AcP 116 (1918), 157, (z.B. 168).
24 Krückmann, AcP 116 (1918), 157, (198).
25 Krückmann, AcP 116 (1918), 157, (282 ff sub 7.).
26 Krückmann, AcP 116 (1918), 157, (162 ff, 334 ff).
27 Krückmann, AcP 116 (1918), 157, (439).

clausula rebus sic stantibus, ohne diese auf einen einheitlichen Gedanken zurückzuführen und so zu konkretisieren. Der Wert seiner Untersuchung liegt daher weniger in ihrer Konsistenz als in der Fülle des von ihm zusammengetragenen Fallmaterials. Von Interesse ist noch eine andere Überlegung Krückmanns: Im Unterschied zu Windscheid und anderen stützt er die Geltung der clausula rebus sic stantibus und ihre Wirkung nicht auf den Vertrag, nicht auf den Willen der Parteien, sondern auf das objektive Recht. Es handelt sich bei der clausula rebus sic stantibus seiner Meinung nach um einen „gesetzlichen Rechtsbehelf".[28]

Kapitel 2: Die Zeit zwischen den beiden Weltkriegen/ Inflation

Schon v. Tuhr, der die clausula rebus sic stantibus des Gemeinen Rechts doch ausdrücklich abgelehnt hat,[29] musste einräumen, „... bei ganz ungewöhnlicher Veränderung der Sachlage verlangt die Billigkeit, dem Schuldner zu Hilfe zu kommen." Das von ihm herangezogene Beispiel, die Einführung der Branntweinsteuer, die den Vertrag für den Verkäufer ruinös werden lässt,[30] wirkt allerdings noch recht harmlos. Die wirtschaftlichen Verwerfungen der Zeit nach dem ersten Weltkrieg, insbesondere die galoppierende Inflation, haben die Juristen dann aber ganz grundsätzlich zu einem Umdenken gezwungen. In einer Fülle von Veröffentlichungen und Gerichtsentscheidungen fand die Lehre von der Geschäftsgrundlage Eingang in das Rechtsdenken.

Eingeführt hat diesen Begriff Oertmann in seiner viel beachteten Monographie mit dem bezeichnenden Untertitel „Ein neuer Rechtsbegriff".

I. Die Oertmann'sche Lehre von der Geschäftsgrundlage

Oertmann schlägt gleich eingangs einen neuen Ton an, wenn er schreibt, dass es sich bei der Geschäftsgrundlage um ein Problem handele, „über dessen geradezu ungeheure praktische Bedeutung uns erst die Lehren des Weltkrieges so recht die Augen geöffnet haben."[31] Seine Beispiele weisen fast schon die ganze Bandbreite der Problemfälle aus: Ein Konkurrent hat sich gegen eine Entschädigung (was

---

28 Krückmann, AcP 116 (1918), 157, (439 ff).

29 „Es ist vielmehr davon auszugehen, daß, wer einen Vertrag auf längere Zeit schließt, das Risiko einer ungünstigen Wendung ebenso übernimmt, wie er die Vorteile einer günstigen Verschiebung der Situation beansprucht: v. Tuhr, Allgemeiner Teil, 2. Bd. 1. Hälfte, 1914, S. 202.

30 v. Tuhr, Allgemeiner Teil, 2. Bd. 1. Hälfte, 1914, S. 202, FN 48.

31 Oertmann, Geschäftsgrundlage, S. 1.

heute wegen des Verbots wettbewerbsbeschränkender Verträge fragwürdig wäre) verpflichtet, bestimmte Artikel nicht zu führen. Das dadurch begünstigte Unternehmen gibt dieses Sortiment später aber auf. Der Umzug, zu dem Fensterplätze gemietet worden sind, findet nicht statt. „Praktisch unendlich viel wichtiger in der Gegenwart, aber leider noch viel schwieriger in der richtigen Behandlung", so heißt es bei Oertmann dann, „ist der weitere Fall, daß innerhalb eines mehr oder minder langfristigen Lieferungsvertrages die Preise in ungeahnter und unverhältnismäßiger Weise in die Höhe gehen." [32] Damit spricht Oertmann die Inflation an, die bei Erscheinen der Monographie 1921 gerade Blüten trieb. Aber er hat nicht nur diese jeden Juristen quälende Frage der Zeit im Auge, sondern das allgemeine Problem, was nämlich im Sinne seiner Theorie Grundlagen des Rechtsgeschäfts sind. Sein Gedankengang erweist ihn als den methodischen Dogmatiker, den man aus seinen Kommentierungen[33] kennt. Nachdem er die Bedeutung der causa und des Rechtsgrundes für das Rechtsgeschäft untersucht hat, betrachtet er den Begriff der Geschäftsgrundlage gegenüber verwandten Begriffen, unterscheidet sie nämlich vom Motiv und von Bestandteilen des Rechtsgeschäfts.[34] Trotz dieser akribischen Überlegungen, bleibt der Eindruck des Lesers zwiespältig. Denn die schließlich erarbeitete, immer wieder zitierte Begriffsbestimmung, dass „Geschäftsgrundlage die beim Geschäftsabschluß zutage tretende und vom etwaigen Gegner in ihrer Bedeutsamkeit erkannte und nicht beanstandete Vorstellung eines Beteiligten" sei „oder die gemeinsame Vorstellung der mehreren Beteiligten vom Sein oder vom Eintritt gewisser Umstände, auf deren Grundlage der Geschäftswille sich aufbaut",[35] widerspricht einem kurz zuvor gezogenen Resumée, wo es heißt: „Somit gehört die Geschäftsgrundlage in dem normativen, d.h. auf den Eintritt oder Bestand der Rechtswirkung gerichteten Sinn überhaupt nicht zum psychologischen Prozesse; ... Möglich bliebe es allenfalls, sie mit Hilfe der Willensergänzung, des ‚konstruktiven Parteiwillens', gemäß BGB §157 als Geschäftsbestandteil hinzuzudenken. ... Aber ... Die konstruktive Willensergänzung erläutert nicht den Parteiwillen, wie er nun einmal ist, ... sondern sie ergibt nur hypothetisch, wie er vermutlich beschaffen gewesen wäre, wenn die Parteien die Verschiedenheit der Entwicklungsmöglichkeiten ins Auge gefasst hätten. Das ist ebenso wenig Willensauslegung wie die Analogie echte Gesetzesauslegung." [36]

Von diesen Sätzen müsste, so meint man, ein direkter Weg zur Bewältigung des Problems mit Rückgriff allein auf objektive Rechtswerte führen. Oertmann

32 Oertmann, Geschäftsgrundlage, S. 26.
33 Etwa Oertmann, Recht der Schuldverhältnisse, 5. Aufl. Bd. I 1928, Bd. II 1929.
34 Oertmann, Geschäftsgrundlage, S. 25 ff.
35 Oertmann, Geschäftsgrundlage, S. 37.
36 Oertmann, Geschäftsgrundlage, S. 33/34.

hebt auch, nachdem er „Gesetzliche Anwendungsfälle der Geschäftsgrundlage im geltenden deutschen Recht“[37] und deren Analogie erwogen hat,[38] hervor, „daß die Geschäftsgrundlage, wenn überhaupt, nur auf Grund der Rechtsordnung Beachtung finden könne.“[39] Gemeint ist nicht Auslegung des Vertrages nach Maßgabe des §157 BGB,[40] sondern dessen Beurteilung am Maßstab des §242 BGB, aber doch nach Maßgabe der Parteivorstellungen, die Geschäftsgrundlage des Vertrages sind. Es heißt dazu: „Denn ist der Schuldner zur Leistung nur in den Grenzen von Treu und Glauben mit Rücksicht auf die Verkehrssitte verpflichtet, so muß er sich der Leistungspflicht entziehen können, wo ein Festhalten daran den beiderseits beim Geschäftsabschluß als maßgebend unterstellten Grundsätzen zuwider sein ... müßte.“[41] Das aber knüpft eben doch an Parteivorstellungen an, wie es ja die Formel Oertmanns von der Geschäftsgrundlage auch sagt. Oertmann führt dazu selbst aus: „Die hier entwickelte Lehre steht in der Mitte zwischen der älteren subjektivistischen und der neueren objektivistischen Behandlung des Problems.“[42] Gerade das aber löst den zwiespältigen Eindruck aus, den die Lektüre hinterlässt. Man fragt sich, welche der angeblichen Parteivorstellungen denn nun Geschäftsgrundlage sind und warum es sich so verhalten soll. Darüber hinaus stellt sich aber die allgemeine Grundsatzfrage, ob diese die Geschäftsgrundlage angeblich formenden Parteivorstellungen nicht nur eine Eselsbrücke bilden, die im Gefolge von Windscheids Lehre von der Voraussetzung zu Oertmanns Überlegungen geführt haben, letztlich aber entbehrlich sind. Die Gedanken, die Oertmann an Krückmanns Unmöglichkeitslehre knüpft, deuten darauf hin. Er meint, dass Krückmanns Leistungsverweigerungsrecht aus wichtigem Interesse letztlich eine Berufung auf die clausula rebus sic stantibus sei oder, wie es dann heißt: „richtiger auf den Wegfall der Geschäftsgrundlage. Wer eine Leistung übernimmt, ... der tut das in aller Regel auf der auch dem Gläubiger geläufigen und als maßgebend vorgestellten Grundlage eines gewissen Gleichmaßes der Herstellungs- oder Beschaffungsbedingungen. Wird dieses Gleichmaß in allzu grober, eine gewisse Grenze des Erträglichen überschreitenden Weise gestört, vernichtet, so kann die Leistung dem Schuldner billigerweise nicht mehr zugemutet werden.“[43] Betrachtet man die Hinweise Oertmanns, wann denn die Geschäftsgrundlage weggefallen ist, so sind es vor allem eben diese Fälle, in denen infolge nachträglicher Ereignisse die Werte von Leistung und Gegenleistung auseinanderklaf-

37 Oertmann, Geschäftsgrundlage, S. 62 ff.
38 Oertmann, Geschäftsgrundlage, S. 127 ff.
39 Oertmann, Geschäftsgrundlage, S. 135.
40 Oertmann, Geschäftsgrundlage, S. 130 ff.
41 Oertmann, Geschäftsgrundlage, S. 148.
42 Oertmann, Geschäftsgrundlage, S. 140.
43 Oertmann, Geschäftsgrundlage, S. 58/59.

fen.[44] Als Rechtsfolge erscheint ihm dann die Rücktrittsbefugnis der belasteten Vertragspartei, die angemessenste Lösung.[45] Weswegen das Gleichmaß der für den Schuldner relevanten Kostenfaktoren aber in den Parteivorstellungen verankert gewesen sein muss, weswegen es für den Wegfall der Geschäftsgrundlage nicht objektiv genügt, dass „dieses Gleichmaß in allzu grober, eine gewisse Grenze der Erträglichkeit überschreitenden Weise gestört" ist, leuchtet nicht ein.

II. Lochers Lehre vom unerreichbaren Geschäftszweck

Die These, dass die Geschäftsgrundlage in Vorstellungen einer Vertragspartei verankert sein müsse, hat bereits zwei Jahre nach Erscheinen der Oertmann'schen Schrift Locher kritisiert. Für ihn „ist ein Abgehen von dem Rechtsgeschäft dann gerechtfertigt, wenn Umstände vorhanden sind oder eintreten, die die Eignung des Rechtsgeschäfts als Mittel zur Erreichung des damit vorfolgten, zum Bestandteil des Geschäftsinhalts erhobenen Parteizwecks ausschließen."[46] Ob die Parteien entsprechende Vorstellungen oder aber die Vorstellung gehabt haben, dass solche Umstände nicht gegeben sind und auch nicht eintreten werden, hält Locher für belanglos. „Das Rechtsgeschäft", so heißt es bei ihm, „ist für jede Partei ein Mittel zur Befriedigung ihres Parteizwecks. Die Ereichung dieses Ziels hängt von zweierlei ab: einmal von der ordnungsmäßigen Abwicklung des Rechtsgeschäfts, sodann von dem Vorhandensein oder Eintritt gewisser Umstände, also von einer gewissen Gestaltung der Verhältnisse. Die Vereitelung der Zweckerreichung kann demgemäß entweder auf einem Mangel des rechtsgeschäftlichen Handelns oder auf einem Mangel des für die Zweckerreichung notwendigen statum rerum beruhen. Nur von dem letzteren Fall ist", so schreibt Locher, „hier die Rede."[47]

Bevor Locher auf Fallgestaltungen eingeht, die diese abstrakte Formel einfangen soll, stellt er die zentrale Frage, weswegen die Erreichung des zum Geschäftzweck erhobenen Parteizwecks Geschäftsgrundlage, weswegen deren Verfehlen das Rechtsgeschäft tangiert. Ausdrücklich betont er, dass dies „keine aus dem Parteiwillen unmittelbar sich ergebende Rechtfolge" sei.[48] ... „Vielmehr ist ihre unmittelbare Quelle die Rechtsordnung, die die Zweckgebundenheit des Rechtsgeschäfts als rechtserhebliche Erscheinung anerkennt."[49] Die Begründung,

44 Oertmann, Geschäftsgrundlage, S. 151 ff.
45 Oertmann, Geschäftsgrundlage, S. 159, 161 ff.
46 Locher, AcP 121 (1923), 1, (24).
47 Locher, AcP 121 (1923), 1, (28).
48 Locher, AcP 121 (1923), 1, (29).
49 Locher, AcP 121 (1923), 1, (31).

die Locher dafür im Bereicherungsrecht finden will, braucht uns nicht weiter zu beschäftigen. Von Interesse ist hier aber, an welche Fälle Locher denkt und inwiefern bei ihnen wegen Verfehlung des Geschäftszwecks die Geschäftsgrundlage entfallen ist. Es sind zwei Fallgruppen, die Locher, nachdem er die nicht zum Problemkreis der Geschäftsgrundlage gehörenden Konstellationen ausgeschieden hat,[50] meint: Zum einen sind es Fälle, in denen der Vertragszweck nicht erreicht werden kann, z.B. weil der Umzug, für den ein Fensterplatz gemietet worden ist, nicht stattfindet.[51] Zum andern sind es Fälle, in denen, um den Geschäftszweck zu erreichen, einer Partei ein unzumutbares Opfer abverlangt werden müsste,[52] also Fälle der Lehre von der clausula rebus sic stantibus. Nach Locher ist hier die Geschäftsgrundlage entfallen, weil eine Zweckerreichung mit Opfern jenseits der Grenze des Zumutbaren nach seiner Meinung unmöglich ist.[53]

Dass sich die beiden möglicherweise doch heterogenen Fallgruppen durch solch einem gedanklichen Gewaltakt unter einer Formel fassen lassen, muss bezweifelt werden. Zwar leuchtet es ein, dass der Vertrag, wenn der einen Partei die danach an sich geschuldete Leistung wegen nachträglicher Veränderungen unzumutbar ist, nicht unverändert Bestand haben kann. Die Formel, dass andernfalls der Geschäftszweck verfehlt würde, passt dazu aber nicht. Dagegen ist die Kritik, die Larenz an Locher übt, dass er nämlich nicht alle Fälle erfasse, in denen nach Meinung von Larenz die Geschäftsgrundlage fehlt oder entfallen ist,[54] nur stichhaltig, wenn die Larenz'sche Lehre von der Geschäftsgrundlage die „richtige" ist. Festzuhalten ist hier, dass für Locher jedenfalls nicht subjektive Momente, sondern eine objektive Wertung, dass der Geschäftszweck nicht oder nicht mehr erreicht werden kann, den Ausschlag dafür geben, den Vertrag in seinem Bestand in Frage zu stellen. Als die angemessene Rechtsfolge betrachtet er die Befugnis zur Aufhebung des Rechtsgeschäfts, und zwar in Form eines Rücktritts, wenn das Geschäft von Anfang an zwecklos war, in Form der Kündigung, wenn dies von einem bestimmten späteren Zeitpunkt an der Fall ist.[55] Erbrachte Leistungen sollen kondiktionsrechtlich ausgeglichen werden.[56]

---

50 Locher, AcP 121 (1923), 1, (82 – 90).
51 Locher, AcP 121 (1923), 1, (96/97).
52 Locher, AcP 121 (1923), 1, (90 ff).
53 Locher, AcP 121 (1923), 1, (91).
54 Larenz, Geschäftsgrundlage, S. 15.
55 Locher, AcP 121 (1923), 1, (106/107).
56 Locher, AcP 121 (1923), 1, (110).

III. Die Rechtsprechung des Reichsgerichts

1. Währungsverfall und galoppierende Inflation

Der erste Weltkrieg führte vor allem zu Kriegsende in Deutschland zu einer Materialknappheit, die die Preise in die Höhe schnellen ließ. Etwa seit Herbst 1919 nahm der Währungsverfall immer stärkere Formen an und ging dann mit einem atemberaubenden Geldwertschwund über in die galoppierende Inflation. Das Reichsgericht, das seit etwa dem Jahre 1918 immer häufiger über die Folgen für Austauschverträge zu entscheiden hatte, hat sich von Anfang an zur Lösung auf §242 BGB zurückgezogen.[57] Die Wendungen, die das Gericht zur Begründung aufführt, sind zunächst ganz allgemein gehalten, knüpfen dann an die clausula rebus sic stantibus an und gehen schließlich über zu der Formel Oertmanns von der Geschäftsgrundlage.

(1.) In einem Urteil aus dem Jahre 1918 heißt es, „daß bei später zu erfüllenden Kaufverträgen eine Umgestaltung der Verhältnisse die Folge haben kann, daß die Beteiligten an den Vertrag nicht mehr gebunden sind. ... wenn die Erfüllung unter Umständen stattzufinden hätte, die dem, was die Beteiligten vernünftigerweise beabsichtigt haben, so wenig mehr entspricht, daß der Erfüllungszwang mit der durch §§157, 242 BGB gebotenen Rücksichtnahme auf Treu und Glauben und auf die Verkehrssitte unvereinbar wäre."[58] Die Klägerin hatte der Beklagten noch vor Beginn des 1. Weltkrieges indische Baumwolle verkauft. Im Jahre 1916 erhob sie Klage auf Feststellung, dass diese Verträge wegen der kriegsbedingten Umgestaltung der geschäftlichen Verhältnisse keine Rechtswirkung mehr hätten. Der II. Zivilsenat des Reichsgerichts gab der Klage, weil die Leistungspflicht der Klägerin erloschen sei, statt.

(2.) Zwei Jahre darauf, im Jahre 1920, erscheint dann die Formel der clausula rebus sic stantibus. Wie der III. Zivilsenat ausführt, ist dieser Grundsatz im BGB nur ausnahmsweise verwendet und nicht als allgemein durchgreifend anerkannt worden. Aber, so heißt es dann: „Dagegen hat das Reichsgericht dem durch den ungeahnten Verlauf und Ausgang des Krieges herbeigeführten Umsturz und Umschwung aller wirtschaftlichen Verhältnisse ausnahmsweise eine derartige Einwirkung auf bestehende Verträge eingeräumt, daß es das Begehren einer Vertragspartei auf Lösung des Vertragsverhältnisses dann als berechtigt erachtet hat, wenn ihr das Aushalten des Vertrages unter den neuen völlig veränderten Zustän-

57 Zur Berufung auf Treu und Glauben sowohl durch die invidual-ethische als auch durch die sozialethische Vertragstheorie: Behrends in Dicher/Staff (Hrsg.), Christentum und modernes Recht, 255 ff.

58 RGZ 94, 68, (69).

den wirtschaftlich nicht mehr zugemutet werden konnte." So verhielt es sich nach Ansicht des Senats in dem zugrundeliegenden Fall. Die Klägerin hatte im Jahre 1912 der Beklagten Geschäftsräume vermietet mit der Verpflichtung, die Beklagte mit Wasserdampf zu beliefern. Die Kosten dafür hätten wegen der Preissteigerungen auf dem Kohle- und Arbeitsmarkt von Februar 1920 bis März 1921 etwa das Zehnfache des Mietzinses betragen. In dem Urteil heißt es zur Begründung noch weiter: „Die Anknüpfung an das positive Gesetzesrecht boten und bieten die §§242 (157) und 325 BGB. ... Und ist im §325 BGB unter Unmöglichkeit nicht nur die tatsächliche, sondern auch die wirtschaftliche Unmöglichkeit zu verstehen so tritt damit im Gesetz die clausula rebus sic stantibus insoweit unverhüllt zutage."[59]

(3.) Anstelle der These, dass Unmöglichkeit im Sinne des Gesetzes auch die sogenannte wirtschaftliche Unmöglichkeit sei, taucht dann in einem Urteil des II. Zivilsenats aus dem Jahre 1922 neben der Berufung auf die clausula rebus sic stantibus die Oertmann'sche Geschäftsgrundlage auf. Es heißt wörtlich: „Allgemein kommt es, um mit den Worten Oertmanns, Geschäftsgrundlage (1921), zu reden, immer darauf an, ob die Grundlage des Rechtsgeschäfts im Sinne einer bei Geschäftsabschluß zutage getretenen Vorstellung der Beteiligten über den Bestand gewisser maßgebender Verhältnisse hinfällig geworden ist. Das ist an sich auch als Folge einer bloßen Valutaverschiebung möglich, wenn die Fortdauer der Äquivalenz von Leistung und Gegenleistung bei Vertragsschluß vorausgesetzt wurde."[60] Es ging um einen im Mai 1919 geschlossenen Vertrag, in dem der Beklagte seine Rechte aus der Abwicklung einer von ihm gekündigten OHG dem Kläger verkauft hatte. Die inflationäre Geldentwertung hatte zu einer groben Verzerrung der Werte von Leistung und Gegenleistung geführt. Der II. Senat betont, dass auch bei einem Fortfall der Geschäftsgrundlage der Versuch gemacht werden müsse, den Vertrag unter Abänderung aufrecht zu erhalten. Zwar sei es dem Richter außer in den gesetzlich geregelten Fällen, verwehrt, durch Gestaltungsurteil in das Rechtsverhältnis einzugreifen. Der Schuldner müsse aber, bevor er vom Vertrag zurücktrete, den Gläubiger zu einer Erhöhung der Gegenleistung auffordern.[61] In der Sache selbst konnte der II. Zivilsenat des Reichsgerichts nicht entscheiden, weil zu weiterer Sachverhaltsaufklärung an das Oberlandesgericht (Dresden) zurückverwiesen werden musste.

(4.) Im Jahre 1923 fällt das Reichsgericht, um der Inflation entgegenzuwirken, die bahnbrechende Entscheidung, dass Hypothekenforderungen aufzuwerten seien und nicht mit ihrem Nennbetrag getilgt werden könnten. Die Hypo-

---

59 RGZ 100, 129, (131).
60 RGZ 103, 328, (332).
61 RGZ 103, 328, (333).

thek des Beklagten war im Jahre 1913 auf einem Grundstück des Klägers in Lüderitz, in Deutsch-Westafrika, eingetragen. Als die Hypothekenforderung im Jahre 1920 fällig geworden war, überwies der Kläger den Nennbetrag der Hauptforderung nebst Zinsen in Mark und verlangte die Löschung der Hypothek an seinem Grundstück. Der V. Zivilsenat des Reichsgerichts verwies die Sache an das Kammergericht, das der Klage stattgegeben hatte, zurück.

Nach dem Urteil hatte die Nennwertzahlung die Schuld nicht getilgt, so dass die Hypothek fortbestand. Der Gesetzgeber habe, so lautet die Begründung, „ ... den Grundsatz, daß die Papiermark mit befreiender Wirkung zu ihrem Nennwert in Zahlung gegeben werden dürfe, ... den tatsächlichen wirtschaftlichen Verhältnissen gegenüber aufgeben" müssen. „In gleicher Richtung", so fährt der Senat fort, „hat sich die Rechtsprechung des Reichsgerichts in immer steigendem Maße bewegt."[62] Es folgen dann Beispiele dafür.[63] Im übrigen gibt der V. Senat die Ansicht auf, dass der Geldwertschwund nur bei Austauschverträgen berücksichtigt werden müsse. Das Argument, dass Leistung und Gegenleistung beim Austauschvertrag gleichgewichtig sein sollten, wird abgewandelt und eine Gleichwertigkeit zwischen dem hingegebenen Darlehen und der Rückgewährung verlangt.[64] Deshalb, so sagt der Senat dazu, müsse „auf Grund des §242 BGB die in jenen Entscheidungen anerkannte Zulässigkeit der Aufwertung der Forderung auch bei hypothekarisch gesicherten Darlehensforderungen" gegeben sein. „Bei welchem Grade der Geldentwertung sich die Notwendigkeit einer Aufwertung der Forderung des Gläubigers als dem Gesetz entsprechend herausstellt, wird im einzelnen Falle nach den Grundsätzen von Treu und Glauben zu ermessen sein."[65]

Das Reichsgericht fügt diesen Sätzen, die keine eigentliche Begründung liefern, sondern eine reine Behauptung darstellen, noch eine Hilfserwägung an: „Zur Bejahung der Zulässigkeit der Aufwertung gelangt man übrigens auch in wesentlich gleicher Weise auf dem Wege der ergänzenden Auslegung des Vertrags, wenn ... geprüft wird, was die Parteien in Gemäßheit des gesamten Vertragszwecks vereinbart haben würden, wenn sie die Möglichkeit einer außergewöhnlich hohen Geldentwertung vorausgesehen, diesen Fall gleichfalls geregelt hätten und dabei dem Gebote von Treu und Glauben gefolgt wären ..."[66] Die clausula rebus sic stantibus und die Geschäftsgrundlage finden sich im Urteil nicht.

---

62 RGZ 107, 78, (90).

63 Hinweis auf RGZ 104, 394: Rückgewähr von Pachtinventar, auf RG Warn. 1921 Nr. 99: Rentenerhöhung, auf RGZ 106, 7: Grundstücksverkauf.

64 RGZ 107, 78, (91).

65 RGZ 107, 78, (91/92).

66 RGZ 107, 78, (92).

(5.) Das Aufwertungsgesetz vom 16. Juli 1925, das rückwirkend eine Anpassung an die neue Reichsmark vorschrieb, erledigte die durch die Inflation ausgelösten Probleme nicht völlig. In der Folgezeit musste sich das Reichsgericht mit Fragen der clausula rebus sic stantibus bzw. der Erschütterung der Geschäftsgrundlage, wie das Gericht jetzt formulierte, in einer besonderen Konstellation beschäftigen.[67] Da sogar bereits gelöschte Hypotheken aufgewertet und wieder in das Grundbuch eingetragen werden mussten, konnte die Last, sie abzulösen, den Kaufpreis aus einem früher vereinbarten Verkauf des Grundstücks erheblich übersteigen. Dann, so entschied das Reichsgericht, habe der Grundstücksverkäufer gegen seinen Käufer einen Ausgleichsanspruch zur Regulierung des Ungleichgewichts zwischen dem vereinbarten Kaufpreis und der Last, die aufgewertete Hypothek zu tilgen.[68] Er könne, wenn der Käufer dem nicht nachkomme, vom Kaufvertrag zurücktreten. Zur Begründung führt das Reichsgericht ins Feld, dass die Vertragspartner bei einem gegenseitigen Vertrag regelmäßig Leistung und Gegenleistung als gleichwertig oder doch in einem bestimmten Verhältnis zueinander betrachten. Dieses Gleichgewicht bilde die Geschäftsgrundlage für den Verkauf und könne durch die rückwirkende Aufwertung einer Hypothek und die damit einhergehende Veränderung der Ablösungslast erschüttert werden. „Es kann,“ so lautet das grundlegende Urteil des V. Senats aus dem Jahre 1926, ... „ein so erhebliches Mißverhältnis zwischen Leistung und Gegenleistung eintreten, daß es gegen Treu und Glauben verstoßen würde, wenn der Grundstückserwerber den Grundstücksveräußerer unter den alten Bedingungen an der von ihm übernommenen Verpflichtung zur Beseitigung der Hypotheken festhalten würde.“[69] Auch in diesem Fall konnte der Senat die Sache nicht selbst entscheiden, sondern musste an das Oberlandesgericht (Karlsruhe) zurückverweisen mit der Auflage, die genannten Grundsätze zu berücksichtigen.

(6.) Nach einem Urteil aus dem Jahre 1928 wendete der V. Zivilsenat des Reichsgerichts diese Grundsätze auch in einer anderen Fallkonstellation an.[70] Die Beklagte hatte im November 1921 für damals 1,5 Millionen Mark ein Haus von dem Gesellschafter einer GmbH gekauft und es dann der GmbH für 10 Jahre vermietet. Kauf und Miete standen in wirtschaftlichem Zusammenhang. Als die Beklagte auf Grund des Reichsmietengesetz einen höheren gesetzlichen Mietzins als den vertraglich vereinbarten beanspruchte, kam es sowohl zwischen dem Beklagten und dem Grundstücksverkäufer wie auch zwischen dessen GmbH und dem Beklagten zu Prozessen, mit denen eine Erhöhung des Grundstückskaufprei-

67 RGZ 112, 329.
68 Die Urteile RGZ 132, 342, RGZ 133, 63, und RGZ 136, 320, behandeln Sonderfragen dieser Konstellation.
69 RGZ 112, 329, (333).
70 RGZ 121, 141.

ses und eine Rückzahlung von Mietzins verlangt wurde. Das Oberlandesgericht (Karlsruhe) hatte die Klage der GmbH abgewiesen. Das Reichsgericht hob das Urteil auf und verwies die Sache an die Vorinstanz zurück. Der V. Zivilsenat führt aus: Immer, wenn „eine nachträgliche Änderung der Gesetzgebung die Geschäftsgrundlage, auf welcher der Vertrag zustandegekommen war, durch Aufhebung des Gleichgewichts zwischen den beiderseitigen Leistungen wesentlich erschüttert", könne zur Korrektur ein Ausgleichsanspruch begründet sein. Das könne auch in dem Streitfall gelten.[71] Mit der Maßgabe, dass die betreffende Entscheidung des Reichsgerichts (RGZ 112, 329, 334) zu berücksichtigen sei, verwies der Senat die Sache an das Berufungsgericht zurück.

(7.) In einem anderen Urteil aus dem Jahre 1928 spricht der II. Zivilsenats in diesem Zusammenhang von einem „Irrtum" über die Geschäftsgrundlage. Es ging um die Beurteilung eines außergerichtlichen Vergleichs aus dem Jahre 1923, der einen Prozess über die Abfindung ausgeschiedener Gesellschafter hatte beilegen sollen. In der Sache selbst konnte das Reichsgericht, es war der II. Zivilsenat, nicht entscheiden, sondern musste an das Oberlandesgericht (Hamburg), das der Klage auf Aufwertung der Abfindungsansprüche stattgegeben hatte, zurückverweisen. Obwohl das Oberlandesgericht festgestellt hatte, dass die Vergleichsparteien an eine gesetzliche Aufwertung, die dann das Aufwertungsgesetz aus dem Jahre 1925 anordnete, nicht gedacht hatten und obgleich das Reichsgericht diesen Umstand hervorhebt, wertet es den Tatbestand als Irrtum. Es heißt im Urteil: „Die Parteien sind aber bei Abschluß des Vergleichs von einem gemeinsamen Irrtum geleitet worden, sofern das Nichtbestehen eines Aufwertungsrechts eine Geschäftsgrundlage bildete, und sie würden den Vergleich nicht geschlossen haben, wenn sie die wahre Rechtslage gekannt hätten. In solchem Falle kann sich, auch wenn die besonderen Voraussetzungen des §779 BGB nicht gegeben sind, keine Partei auf den Vergleich berufen, ohne damit gegen Treu und Glauben zu verstoßen und der anderen Partei den Einwand der allgemeinen Arglist an die Hand zu geben."[72]

Das Gericht benutzt hier, wie gelegentlich auch noch in Entscheidungen des Bundesgerichtshofs zu beobachten ist, eine aus dem römischen Rechtsdenken stammende, prozessrechtlich geprägte Argumentation. Nach heutigem Rechtsverständnis schöpft der Richter sein Urteil in solch einem Fall aber aus Normen des materiellen Rechts und urteilt nicht nach Maßgabe des Parteiverhaltens, auf Grund des prozessualen Arglisteinwands gegenüber dem treuwidrigen Festhalten an dem Vertrag. Dies ist aber nur die begriffliche Einkleidung des Urteils, die nicht näher interessiert. Von Interesse ist dagegen, dass das Reichsgericht hier

71 RGZ 121, 141, (146).
72 RGZ 122, 200, (203/204).

den Begriff des Irrtums bemüht, obgleich die Parteien keinem Irrtum aufgesessen sind, sondern an die Möglichkeit einer Aufwertung schlicht nicht gedacht haben. Also schwingt die Formel von der Geschäftsgrundlage mit, die laut Oertmann ja von Vorstellungen einer Partei oder auch beider Parteien gebildet wird. Der Umstand, dass man sich etwas nicht vorgestellt hat, ist aber nicht die Vorstellung, dass so etwas nicht eintreten werde.

(8.) In einem Urteil des Reichsgerichts aus dem Jahre 1929 wird der Gedanke des Ausgleichsanspruchs, der ursprünglich nur für die Folgen einseitiger Aufwertungen nach dem Aufwertungsgesetz gedacht war, verallgemeinert und für anwendbar erklärt, wenn nach Vertragsschluss die durch den Vertrag begründete Last einer Seite durch ein späteres Gesetz erhöht wird. Es handelte sich in dem zugrundeliegenden Fall um einen Grundstückskaufvertrag aus dem Jahre 1922. Das Grundstück war für Schuldverschreibungsanleihen mit Sicherungshypotheken belastet gewesen. Zusätzlich zu der Verpflichtung, diese Hypotheken zu tilgen, traf die Verkäuferin auf Grund einer Steuernotverordnung des Jahre 1924 noch eine Schuldverschreibungssteuer in Höhe von 177.000 RM. Wie das Reichsgericht feststellt, hat sie deshalb, „nicht nur nichts für ihr Grundstück bekommen, sie muß vielmehr aus eigenem Vermögen noch rund 86500 RM zulegen." Für diese weitere Last verlangte der Verkäufer vom Käufer einen Ausgleich in Anlehnung an die Rechtsprechung über den Ausgleichsanspruch wegen einer Aufwertung nach dem Aufwertungsgesetz. Das Reichsgericht gab der Klage statt. Gegenüber dem Urteil des Kammergerichts, das die Klage abgewiesen hatte, findet der VI. Zivilsenat harsche Worte: „Mit Erwägungen mehr formaler Natur, wie sie die Vorderrichter angestellt haben, kann man den zahlreichen und schwierigen Aufgaben nicht gerecht werden, vor welche der Währungsverfall und dann die Festigung der Mark die Gerichte gestellt haben. Bei der Lösung dieser Fragen heischen vielmehr neben rein rechtlichen auch wirtschaftliche Gesichtspunkte Beachtung, wenn ein billiger und gerechter Ausgleich der widerstreitenden Belange der Parteien gefunden werden soll. Hierzu bietet der §242 BGB die geeignete gesetzliche Handhabe, der dem billigen Ermessen des Richters einen weiten Spielraum läßt ..."[73]

(9.) In späteren Urteilen geht es um die Rechtsfolgen, die aus dem Kursverfall des englischen Pfundes bzw. aus der Abwertung des amerikanischen Dollars resultieren. In einem Urteil aus dem Jahre 1933 heißt es, dass: „unter Anwendung des §242 BGB zu prüfen ist, ob die Grundlage des Vertrages, nämlich das vorausgesetzte Verhältnis zwischen Leistung und Gegenleistung, so stark erschüttert ist, daß ein starres Festhalten am Vertrage mit den Grundsätzen von Treu und

73 RGZ 125, 37, (40/41).

Glauben im Verkehr nicht vereinbar sein würde."[74] In dem zugrundeliegenden Fall hatten die Parteien im Jahre 1931 einen Kaufvertrag geschlossen und den Kaufpreis in englischer Währung vereinbart. Hintergrund dafür war die Annahme, dass das englische Pfund wegen der Anbindung an den Goldwert wertbeständig sein werde. Im September 1931 wurde jedoch die Goldbasis für das Pfund von der englischen Regierung aufgegeben. Das führte zu einer Geldentwertung um etwa 20 bis 30%. Nach den landgerichtlichen Feststellungen hatten die Vertragsparteien nicht vereinbart, dass die Kaufpreisbestimmung in englischer Währung als Wertsicherung gedacht war. Dies kam daher nur als „Vertragsgrundlage im Sinne der Ausgleichsrechtsprechung" in Betracht. Der I. Zivilsenat des Reichsgerichts konnte mangels ausreichender Feststellungen den Fall nicht abschließend entscheiden, führte aber aus, dass bei einer wesentlichen Erschütterung dieser Geschäftsgrundlage auch hier ein sogenannter Ausgleichsanspruch nach §242 BGB in Betracht kommen könnte.[75]

Überblickt man die oben behandelten Fälle, dann drängt sich der Gedanke auf, dass nicht eine von Parteivorstellungen gebildete Geschäftsgrundlage, sondern das Unrecht, das ein unverändertes Festhalten am Vertrag bedeuten würde, die Urteile bestimmt hat. Das ist, wie die Entscheidungsgründe zeigen, dem Reichsgericht bewusst gewesen. Die Berufung auf die Lehre von der Geschäftsgrundlage wird eher mit der sogenannten clausula rebus sic stantibus verbunden als mit den Gedanken Oertmanns. Den Ausschlag gibt die durch Krieg und Nachkriegswirren verursachte Erschütterung des Gleichgewichts von Leistung und Gegenleistung. Dass es sich bei diesem Gleichgewicht um eine Geschäftsgrundlage gehandelt habe, lässt sich zwar nicht leugnen, weil ja die Parteien Leistung und Gegenleistung vertraglich fixiert haben, weil die Leistung eben nur für die bedungene Gegenleistung weggegeben werden sollte und umgekehrt. Dagegen kann man nicht so einfach sagen, dass auch der Fortbestand dieses Gleichgewichts eine Geschäftsgrundlage gewesen wäre. Und man kann auch bezweifeln, ob diese Annahme eine Bedingung für das rechtliche Resultat ist, dass nämlich das Festhalten an dem unveränderten Vertrag Unrecht wäre.

2. Fälle einer Zweckvereitelung

Nicht um die Diskrepanz der Werte von Leistung und Gegenleistung geht es in einem Urteil aus dem Jahre 1941, sondern um eine Vereitelung des Vertragszwecks, die sich für den V. Zivilsenat des Reichsgerichts als eine Erschütterung

---

74 RGZ 141, 212, (217).

75 RGZ 141, 212, (218), bestätigt in RGZ 155, 133, (137), und RGZ 163, 324, (333/334).

der Geschäftsgrundlage darstellt. Das Gericht definiert die Geschäftsgrundlage hier wörtlich mit Hilfe der Formel Oertmanns: „Die Geschäftsgrundlage wird nach der Rechtsprechung des Reichsgerichts gebildet durch die beim Vertragsschluß zutage getretene, vom Geschäftsgegner in ihrer Bedeutung erkannte und nicht beanstandete Vorstellung eines Beteiligten oder die gemeinsame Vorstellung beider Teile vom Vorhandensein oder dem künftigen Eintritt oder Nichteintritt gewisser Umstände, auf denen sich der Geschäftswille aufbaut."[76]

Es ging um eine Klage auf Löschung einer beschränkt persönlichen Dienstbarkeit. Der Badische Frauenverein vom Roten Kreuz hatte auf einem Grundstück der Klägerin ein Gebäude errichtet, das laut Vertrag aus dem Jahre 1934 dazu dienen sollte, eine interkonfessionelle Kinderschule und eine Handarbeitsschule zu betreiben, Krankenschwestern zu beherbergen und sonstige satzungsmäßige Aufgaben zu erfüllen. Dieses Recht sollte bei Auflösung des Frauenvereins oder bei dessen Überführung in eine andere Organisation erlöschen. Ausgenommen davon sollte der Übergang in eine „Reichs-NS-Organisation" sein, auf die das betreffende Recht dann übergehen sollte. Zu dessen Sicherung wurde eine beschränkte persönliche Dienstbarkeit bestellt. Im Jahre 1938 wurde der Frauenverein durch Gesetz über das Deutsche Rote Kreuz aufgelöst. Das Rote Kreuz nahm die Dienstbarkeit als Rechtsnachfolger für sich in Anspruch, während die Klägerin deren Löschung beanspruchte. Sie machte geltend, die Geschäftsgrundlage des Vertrages sei erschüttert. Denn der wesentliche Zweck habe darin bestanden, dass der Frauenverein die Kinderschule, eine Krankenstation und eine Handarbeitsschule betreiben sollte. Diese Aufgaben würden vom deutschen Roten Kreuz nicht mehr wahrgenommen. Während die Vorinstanzen die Klage abgewiesen hatte, verwies das Reichsgericht die Sache an das Oberlandesgericht (Karlsruhe) zurück.

Der V. Zivilsenat stellt mit Hinweis auf die Formel Oertmanns klar, dass die Geschäftsgrundlage nicht nur „objektiv, vom Standpunkt der Gesamtordnung ... aus zu beurteilen" sei, wie dies seinerzeit Larenz in seiner Schrift Vertrag und Unrecht (Bd. I, S 162 ff, 164 ff) vertrat. Demgegenüber hebt der Senat hervor: „Die Frage, welche Umstände dasein und dableiben müssen, um das Geschäft als brauchbare und ... angemessene Gestaltung erscheinen zu lassen, kann nur gelöst werden, wenn man zurückgeht auf die Gesichtspunkte, die, auch wenn sie nicht Vertragsinhalt geworden sind, für die Vertragschließenden von wesentlicher Bedeutung bei der Gestaltung des Rechtsverhältnisses waren. Das Berufungsgericht hätte daher die mündlichen und schriftlichen Verhandlungen, die dem Vertragsschluß vorausgingen, erörtern und die von der Klägerin benannte Zeugin vernehmen müssen ... Wäre nach der bei den Verhandlungen zutage getretenen Ein-

---

76 RGZ 168, 121, (126/127).

stellung der Organe der Klägerin ... die Dienstbarkeit niemals bestellt worden, wenn nicht gerade der vom Berufungsgericht festgestellte Hauptzweck gewährleistet war, ... so könnte die Erschütterung der Geschäftsgrundlage nicht deshalb verneint werden, weil die Erfüllung der anderen Aufgaben noch möglich ist. Das Verlangen der Beklagten auf Aufrechterhaltung der Dienstbarkeit verstieße dann gegen Treu und Glauben, da durch die Nichterfüllung der Hauptaufgaben die Bestellung der Dienstbarkeit sinnwidrig geworden wäre."

Das leuchtet ein, wenn es, weil der Vertragszweck möglicherweise nicht mehr erreicht werden kann, um dessen Feststellung geht. Denn den Zweck des Vertrages haben eben mit dem Vertrag die Parteien bestimmt.

3. *Fälle mit Bezug zur Irrtumsproblematik*

(1.) Ob das oft erörterte Urteil des Reichsgerichts aus dem Jahre 1918 zu einem der bekannten Börsenkursfälle[77] zum Problemkreis der Geschäftsgrundlage gehört, kann bezweifelt werden. Der Kläger war hier Opfer mehrerer Irrtümer geworden. Deren rechtliche Bedeutung, ob man nämlich, um den Fall juristisch zu entwirren, einen Irrtum im Beweggrund und einen Irrtum über Grundlagen der Erklärung unterscheiden muss, ist die Frage. Der I. Zivilsenat hat dies aber in einer Hilfserwägung getan, weswegen die Analyse des Falles hier interessiert.

Der Kläger hatte einen vorgedruckten Auftragszettel der Depositenkasse L der Beklagten ausgefüllt. Darin gibt er als Käufer ein – wie vorgedruckt – Kaufgebot ab zum Erwerb von 10.000 M Aktien der Rheinisch-Westfälischen Sprengstoff AG. Als Preis hatte der Kläger angegeben ‚höchstens 340/42'. Dieses Kurslimit hatte er festgesetzt, weil ihm auf entsprechende Anfrage hin von der Beklagten ein Tageskurs von 340 bis 342 für diese Aktien mitgeteilt worden war. Daraufhin hatte der Kläger der Beklagten den Auftrag erteilt. Die Kursangabe beruhte aber auf einem Versehen; in Wahrheit belief sich der Tageskurs auf 430. Das blieb in diesem Fall aber nicht der einzige Fehler. Der Börsenvertreter der Beklagten kaufte zum Kurse von 437 1/2, notierte aber auf einem Kurszettel zur Unterrichtung der Beklagten fälschlich 347 1/2. Diesen unrichtigen Kaufkurs teilte die Beklagte dem Kläger auf dessen Nachfrage hin mit. Sie bemerkte allerdings später den Irrtum. Jedoch wollte der Kläger die Aktien zu dem wahren Kurs nicht abnehmen und erhob Klage auf Schadensersatz, weil die Beklagte sich weigerte, die Aktien zu dem Kurs, den sie dem Kläger irrtümlich mitgeteilt hatte, zu leisten. Das Reichsgericht geht in dem Urteil zunächst der Frage nach, ob es sich bei dem Vertrag zwischen den Parteien um einen Kauf oder um eine Einkaufskommission gehandelt hat. Der I. Zivilsenat entscheidet sich mit Rücksicht

77 RGZ 94, 65.

darauf, dass hier kein fester, auch kein nach bestimmten Merkmalen bestimmbarer Kaufpreis vereinbart worden ist, für die Annahme eines Kommissionsgeschäfts. Wenn das zutrifft, dann hat die Beklagte, da der Einkaufspreis limitiert war, die Kommission nicht auftragsgemäß ausgeführt. Der Kläger war dann nicht verpflichtet, die von der Beklagten erworbenen Aktien zu dem von ihr ausgelegten Betrag abzunehmen. Da die Beklagte die Kommission nach den gegebenen Verhältnissen aber gar nicht auftragsgemäß hätte ausführen können, war sie auch nicht verpflichtet, dem Kläger das Aktienpaket zu dem Preis zu überlassen, der sich aus dem fälschlich mitgeteilten Kaufkurs ergab. Die Irrtümer und Versehen, die hier zu Kauf zusammengekommen waren, spielten für diese rechtliche Beurteilung, wenn die Parteien eine Einkaufskommission vereinbart hatten, keine Rolle. Es handelte sich dann nur um unrichtige, rechtlich aber irrelevante Mitteilungen. Anders würde es sich verhalten, wenn ein Kaufvertrag vorgelegen hätte und die Erklärungen der Beklagten als Kaufpreisangabe zu verstehen gewesen wären. Diese Version hat das Reichsgericht mit stichhaltigen Überlegungen zwar verworfen, es geht darauf aber mit einer Hilfserwägung doch ein. „Man könnte", so erwägt der I. Zivilsenat, „annehmen, daß die Ausführungsanzeige dahin von der Beklagten gemeint und vom Kläger unter Zustimmung verstanden war, daß die Beklagte selbst eintreten und zu 337 1/2 liefern wollte. Auch dann aber wäre das Endergebnis kein anderes. ... Die Erklärung der Beklagten wäre zwar ihrem Wortlaute nach nur dahin gegangen, daß sie zu 337 1/2 liefern wollte. Aber nicht alles, was in der Erklärung keinen wörtlichen Ausdruck gefunden hat, ist darum reiner Irrtum im Beweggrunde. Auch die – irrtümlich für richtig gehaltenen – Grundlagen der Erklärung, auf denen diese sich aufbaut und die an sich nur einen Irrtum im Motiv abgeben, werden zum Inhalte der Erklärung, wenn sie in einer dem Gegner erkennbaren Weise die Erklärung beeinflußt haben und wenn sie Gegenstand der rechtsgeschäftlichen Erklärungen der Parteien geworden sind (RGZ. Bd. 64 S. 268, Bd. 85 S. 323 flg.). So liegt die Sache hier. ... Es wurde in einer dem Kläger erkennbaren Weise zum Ausdruck gebracht, daß die Beklagte den Auftrag zum Tageskurse von 337 1/2 gedeckt habe ... und die Beklagte deshalb – nach der gemachten Unterstellung – zu diesem Kurse als Selbstkontrahentin liefern wollte. Dies war Inhalt der Erklärung. Da er auf Irrtum beruhte, war der Inhalt der Erklärung irrtümlich. Somit ist die unverzüglich vorgenommene Anfechtung berechtigt."[78]

(2.) In einem Fall, der sich zu Zeiten der Inflation im Jahre 1924 abgespielt hatte, war Auslöser für die im Jahre 1927 gefällte Entscheidung des Reichsgerichts[79] der Druckfehlerteufel. Klägerin war die Deutsche Bank. Der Beklagte

78 RGZ 94, 65, (67/68).
79 RGZ 116, 15.

hatte bei einer ihrer Depositenkassen ein Konto mit einem Guthabenstand von 796,06 Goldmark. Er beauftragte im Januar 1924 die Klägerin für ihn ‚bestens' 300 000 M Neue Berliner Pfandbriefe und 100 000 M Pommersche Pfandbriefe anzukaufen. Der Vorsteher der Depositenkasse nahm den Auftrag an und gab ihn zur Ausführung weiter. Sowohl er als auch der Beklagte gingen auf Grund eines Druckfehlers im amtlichen Kurszettel von einem Kurs von einigen tausend Millionen Prozent aus, während der Kurs in Wahrheit einige tausend Milliarden Prozent, also das tausendfache, betrug. Die Klägerin übersandte der Beklagten Ausführungsanzeigen mit der Erklärung, dass sie ihm die betreffenden Papiere zu dem angenommenen Kurs überlasse. Nach Aufklärung des Irrtums berichtigte die Klägerin ihre Ausführungsanzeigen und belastete den Beklagten entsprechend. Während die Vorinstanzen der Zahlungsklage stattgegeben hatten, verwies der I. Zivilsenat des Reichsgerichts die Sache mit der Begründung zurück, der Vertrag könne seitens des Beklagten wegen Irrtums nach §119 I BGB anfechtbar oder die Klägerin könne wegen Verschuldens bei Vertragsschluss dem Beklagten schadensersatzpflichtig sein.

Der Senat bezieht sich auf sein oben (1.) wiedergegebenes Urteil aus dem Jahre 1918. Auch in dem jetzt zu entscheidenden Fall handele es sich nicht um einen unbeachtlichen Motivirrtum, sondern um einen Fall des §119 I BGB. Dazu heißt es im Urteil: „Die Grundlage, von der beide Teile ausgingen, jeder dem anderen erkennbar, war ein Tagespreis der Wertpapiere, der sich ungefähr in der Nähe der unrichtigen Notiz hielt, so daß er die Anschaffung mittels des Guthabens des Beklagten ermöglichte, nicht aber ein Tagespreis, der die Notiz um das Tausendfache überstieg, so daß eine Anschaffung mittels des Guthabens des Beklagten völlig ausgeschlossen war."[80]

Dass hier weder ein Geschäftsirrtum noch ein Erklärungsirrtum im Sinne von §119 I BGB vorlag, ist heute allgemeine Meinung. Vielmehr soll es sich um ein Beispiel für einen Mangel der subjektiven Geschäftsgrundlage handeln. Darauf ist noch einzugehen. Die Nähe zur Voraussetzungslehre Windscheids ist auffällig. Darüber ist noch nachzudenken.

(3.) Auch der bekannte Rubelfall des Reichsgerichts[81] betrifft die Problematik der sogenannten subjektiven Geschäftsgrundlage: Der Kläger hatte dem Beklagten, beide waren Deutsche, im Jahre 1920 in Russland für die Heimreise nach Deutschland ein Darlehen über 30.000 Sowjetrubel gegeben. Der Beklagte hatte darüber zwei Schuldscheine ausgestellt, die auf 5000 und 2.500 Mark lauteten, weil die Parteien von einem entsprechenden Umrechnungskurs ausgegangen waren. In Wahrheit hatten die 30.000 Sowjetrubel zur Zeit der Darlehenshingabe ei-

---

80 RGZ 116, 15, (18).
81 RGZ 105, 406.

nen Wert von nur 300 Mark. Während der Beklagte vom Landgericht aus den Schuldscheinen zur Zahlung von 7.500 Mark verurteilt, seine Berufung vom Oberlandesgericht zurückgewiesen wurde, wies das Reichsgericht die Klage ab. Der Irrtum der Parteien über den Umrechnungskurs, so lautet das Urteil, beziehe sich „auf die Grundlagen des Rechtsgeschäfts und hat somit als Irrtum über den Inhalt der Erklärung zu gelten, der die Anfechtung aus §119 Abs. 1 BGB rechtfertigt."[82]

Da das Reichsgericht all diese Fälle mit Hilfe der Irrtumsanfechtung gelöst hat, bestand kein Anlass, auf etwaige Parallelen zur Lehre Oertmanns von der Geschäftsgrundlage, die zur Zeit der beiden letztgenannten Urteile bereits publiziert war, einzugehen. Erst später ist mit dem Stichwort von der subjektiven Geschäftsgrundlage dieser Zusammenhang hergestellt worden.

IV. Zwischenbilanz

Die rechtliche Bewertung, die in den Urteilen des Reichsgerichts zum Ausdruck kommt, wird man im Ergebnis nicht beanstanden können. Das war die Einschätzung schon des zeitgenössischen Schrifttums.[83] Anders dagegen lautet die Kritik der Begründung. Genaues Hinsehen legt bloß, daß das Gericht eine eigentliche Begründung gar nicht bietet. Die verschiedenen Wendungen, die das Reichsgericht heranzieht, um die Entscheidungen plausibel zu machen, lesen sich eher wie Verlegenheitsausflüchte. Dazu muss man allerdings sagen, dass es Aufgabe der Gerichte ist, zu judizieren, nicht zu dozieren. Die dogmatisch stimmige Begründung zu liefern, ist vielmehr Aufgabe der Wissenschaft. In dem rechtswissenschaftlichen Schrifttum konnte das Reichsgerichts eine dogmatisch überzeugende Formel, die die Problemfälle bewältigt, jedoch nicht finden.

Die clausula rebus sic stantibus ist zu allgemein gehalten, um eindeutige Resultate zu belegen. In den Fällen, in denen das Reichsgericht sich auf die „clausula" berufen hat, leuchtet es allerdings ein, dass unter den veränderten Umständen die unveränderte Vertragsbindung nicht akzeptabel war. Welche Veränderungen aber, so lautet die unbeantwortete Frage, sind so bedeutsam, dass die Bindung an den Vertrag beseitigt oder doch verwandelt wird? Das sagt die Lehre von der clausula rebus sic stantibus nicht. Allerdings könnte es sein, dass eine eindeutige Antwort darauf gar nicht möglich ist, dass man sich ihr nur durch eine Falltypologie, die eine langjährige Rechtsprechung entwickelt hat, annähern kann.

---

82 RGZ 105, 406, (407).
83 Kegel in Kegel/Rupp/Zweigert, Die Einwirkung des Krieges auf Verträge, S. 112/113.

Die Formel Oertmanns von der Geschäftsgrundlage, die das Reichsgericht, wie einmal gesagt worden ist, auch nur wie ein Ornament verwandt hat,[84] ist verschiedensten Einwänden ausgesetzt. Zweifelhaft ist bereits die These, dass die Vorstellung einer Partei deshalb für die andere Seite maßgeblich sein soll, weil sie diese Vorstellung in ihrer Bedeutung für den Gegner erkannt und nicht beanstandet hat. Erstens fragt sich, weshalb sie sie denn beanstanden sollte. Das wäre von ihr doch nur zu erwarten, wenn ihr bewusst war, dass die Juristen ein Fehlgehen der Vorstellung zum Anlass nehmen könnten, die Vertragsbindung zu beseitigen. Die weitere Frage lautet, welche Vorstellungen in diesem Sinne bedeutsam, welche unbeachtlich sind. Mit dem oft erörterten Beispiel, dass ein Hochzeitsgeschenk in Erwartung der Heirat gekauft wird, legt man den Finger auf die Wunde. Kommt die Ehe nicht zustande, dann hat sich die Vorstellung des Käufers nicht verwirklicht. Der Verkäufer wusste zwar, dass das Hochzeitsgeschenk nicht gekauft worden wäre, hätte der Käufer das gewusst. Trotzdem aber vertritt niemand, wenn die Hochzeit nicht als Bedingung in den Vertrag aufgenommen worden ist, dass hier die Vertragsbindung entfallen müsse. Kegel hat daraus abgeleitet, dass noch ein weiteres hinzukommen muss, um den Eingriff in den Vertrag zu rechtfertigen. Maßgeblich sei, ob die Gefahr, dass die Vorstellung nicht zutrifft oder sich später nicht verwirklicht, außerhalb der Sphäre der Partei oder ob sie in ihrem Lebens- oder Geschäftsbereich liegt. Das Risiko, dass es zur Eheschließung kommt oder nicht, müsse der Käufer tragen und ginge den Gegner nichts an, während Krieg, Währungsverfall oder Gesetzesänderung und staatliche Zwangsmaßnahmen Risiken seien, die beide Seiten betreffen, die daher eine Schadensteilung rechtfertigten.[85] Auf diesen Gedanken ist später noch einzugehen. Hier genügt die Feststellung, dass das Reichsgericht mit Hilfe der Oertmann'schen Formel von der Geschäftsgrundlage eine überzeugende Begründung der fraglos richtigen Urteile nicht geben konnte. Schließlich ist gegenüber der Lehre Oertmanns von der Geschäftsgrundlage zu Recht eingewandt worden, dass die Annahme gewisser Parteivorstellungen häufig rein hypothetisch ist.[86] Ein gravierender Geldwertschwund muss rechtliche Auswirkungen auch dann haben, wenn keine Seite sich Gedanken über die Geldwertstabilität gemacht hat. Die rechtliche Beurteilung folgt hier eben objektiven Normen und nicht dem Parteidenken oder dem Parteiwillen.

Anders verhält es sich in den Fällen beiderseitigen Irrtums etwa über Berechnungsgrundlagen für den Kaufpreis, wie im sogenannten Rubelfall. Ob aller-

84 Kegel, Gutachten für den 40. Deutschen Juristentag, S. 161.

85 Kegel in Kegel/Rupp/Zweigert, Die Einwirkung des Krieges auf Verträge, S. 111

86 Larenz, Geschäftsgrundlage, S. 9/10; Kegel, Gutachten für den 40. Deutschen Juristentag, S. 155/156.

dings die Formel Oertmanns diese Problematik zutreffend einfängt, ist auch die Frage. Wiederum anders könnte die Konstellation der Zweckvereitelung beurteilt werden, die deutliche Parallelen zur Unmöglichkeit aufweist. Das alles verdichtet aber den Verdacht, dass es eine einheitliche Lösung für diese verschiedenen Fallgruppen nicht geben kann.

Kapitel 3: Die zweite Hälfte des 20. Jahrhunderts

Die zweite Hälfte des 20. Jahrhunderts hat der Lehre von der Geschäftsgrundlage mehrere Monographien und eine Fülle von Beiträgen mit sehr unterschiedlichen Lösungsansätzen beschert. Es sind Arbeiten von Larenz, Schmidt-Rimpler, Wieacker, Fikentscher, Medicus, Flume, um nur die wichtigsten zu nennen. Vor allem aber haben die Gerichte, gleich nach dem Kriegsende der Oberste Gerichtshof für die Britische Zone (OGH) und dann bis in die jüngste Zeit der Bundesgerichtshof, das „Institut der Geschäftsgrundlage“, wie man diese rechtliche Erscheinung jetzt versteht,[87] praktiziert.

Um dieses Material dem Leser nachvollziehbar auszubreiten, soll erst die Judikatur zu Worte kommen, bevor sich die Arbeit den Theoretikern und ihren Theorien zuwendet. Das hat zwar den Nachteil, dass bei Betrachtung der Urteile bereits theoretische Überlegungen zur Sprache kommen, auf die der Text erst später eingehen kann. Andererseits sind dann, wenn dies geschieht, die Fallgestaltungen aber schon vorgestellt worden, so dass darauf Bezug genommen werden kann.

A. Rechtsprechung zur Geschäftsgrundlage

I. Allgemeine Vorüberlegungen

Die seit den 50er Jahren ergangenen Gerichtsentscheidungen zum Problem der Geschäftsgrundlage sind vielfältig, ihr Wert für eine wissenschaftliche Untersuchung ist unterschiedlich. Wichtig sind vor allem die Urteile, in denen das Gericht mit Rücksicht auf eine Störung der Geschäftsgrundlage zur Sache selbst entscheidet. In den meisten Fällen konnte der Rechtsstreit in der Revisionsinstanz jedoch nicht entschieden, sondern musste zur weiteren Sachaufklärung zurückverwiesen werden. Inwieweit die Aussagen zur Geschäftsgrundlage dann tragende Gründe sind, kann fraglich sein. Gelegentlich auch fällt das Stichwort Ge-

87 Wieacker, Festschrift Wilburg, S. 229

schäftsgrundlage, ohne aber den Ausgang des Prozesses zu beeinflussen, weil dieser Gesichtspunkt in dem betreffenden Fall nach Ansicht des Gerichts keine Relevanz besaß.[88] Gleichwohl kann es sein, dass die Begründung Rückschlüsse auf die Einstellung des Gerichts erlaubt und deshalb hier verwertbar ist.

Um zu kennzeichnen, was denn Geschäftsgrundlage ist, hat der Bundesgerichtshof die Formel Oertmanns verwandt, ohne ihn aber als Schöpfer zu nennen. Das Gericht zitiert nur sich selbst.[89] Die Geschäftsgrundlage wird danach gebildet „durch die bei Abschluß zutage getretenen, dem Geschäftsgegner erkennbaren und von ihm nicht beanstandeten Vorstellungen der einen Vertragspartei oder die gemeinschaftlichen Vorstellungen beider Vertragsparteien von dem Vorhandensein oder dem künftigen Eintritt gewisser Umstände, sofern der Geschäftswille der Parteien auf diesen Vorstellungen aufbaut."[90]

Eine Störung der Geschäftsgrundlage muss allerdings hingenommen werden, wenn sich in ihr ein Risiko verwirklicht, das die dadurch belastete Partei im Vertrag ausgesprochen oder unausgesprochen übernommen hat. In dem dieser Entscheidung zugrundeliegenden Fall hatte die Beklagte der Klägerin eine Forderung abgekauft, die gegen eine sanierungsbedürftige GmbH gerichtet war. Die Beklagte war am Fortbestand der GmbH interessiert, weil diese im Besitz einer Genehmigung der städtischen Schlachthofverwaltung war, die zum Handel in der Großmarkthalle berechtigte. Deshalb beabsichtigte die Beklagte über die GmbH den Schlachthof zu beliefern. Da die GmbH dann aber die Genehmigung zum Handel in der Großmarkthalle verlor, erklärte die Beklagte gegenüber der Klägerin, sie wolle sich wegen Wegfalls der Geschäftsgrundlage von dem Forderungskauf lösen. Der VIII. Zivilsenat des Bundesgerichtshofs verwarf diese Argumentation. Die Beklagte habe, so wird ausgeführt, die wirtschaftliche Chance nutzen wollen, ihre Forderungen gegen die GmbH durch deren Belieferung in der Großmarkthalle zu realisieren. Darauf habe ihr Geschäftswille also aufgebaut. Sie habe aber darüber noch vor dem Forderungskauf mit der Schlachthofverwaltung ohne Beteiligung des Klägers verhandelt. Folglich falle das Ergebnis dieser Verhandlungen und deshalb auch die Werthaltigkeit der gekauften Forderung in ih-

88 So etwa in BGHZ 2, 176; 7, 238 und 346, (361f); 10, 44; 15, 27, (34); 161, 90, (104/105); 167, 25, (33/34).
89 Das Reichsgericht hatte sich in RGZ 103, 328, (332), noch auf Oertmann berufen.
90 Durchgehend, z.B. BGH NJW 1953, 1585; BGHZ 84, 1, (8/9), BGHZ 128, 230, (236), und jüngst (2006): BGHZ 167, 25, (33 Tz. 27). Demgegenüber Oertmann, Geschäftsgrundlage, S. 37: „Geschäftsgrundlage ist die beim Geschäftsabschluß zutage tretende und vom etwaigen Gegner in ihrer Bedeutsamkeit erkannte und nicht beanstandete Vorstellung eines Beteiligten oder die gemeinsame Vorstellung der mehreren Beteiligten vom Sein oder vom Eintritt gewisser Umstände, auf deren Grundlage der Geschäftswille sich aufbaut."

ren Risikobereich. „Deshalb“, so lautet das Urteil wörtlich, „scheidet nach Lage der Sache die Möglichkeit aus, daß sich der Geschäftswille des Klägers ebenfalls hierauf aufbaute oder daß die Parteien über diese Frage ein Einvernehmen herbeigeführt haben.“[91]

Der III. Zivilsenat des Bundesgerichtshofs hat diesen Gesichtspunkt in einem Urteil aus dem Jahre 1975 allgemein so ausgedrückt: „In der Rechtsprechung ist anerkannt, daß Umstände, die nach dem Vertragszweck ersichtlich in den Risikobereich nur der einen Partei fallen, dieser grundsätzlich kein Recht geben, sich auf eine Störung der Geschäftsgrundlage zu berufen.“[92]

Die Anknüpfung der Risikozuweisung an den Vertragszweck scheint für sich gesehen stimmig. Bedenkt man aber, dass die Annahme einer Partei, dieses Risiko vermeiden zu können, von der anderen Partei als Geschäftsgrundlage des Vertrages erkannt worden sein kann, dann wird methodisch ein Widerspruch deutlich. Dann bilden nämlich doch nicht die gemeinsamen Vorstellungen beider Parteien oder auch die Annahmen nur einer Partei, wenn deren Bedeutung von der anderen erkannt wird, die Geschäftsgrundlage. Jedenfalls bilden sie nicht die Geschäftsgrundlage in der Weise, dass schon deren Störung die Vertragsbindung beeinflusst. Die Risikozurechnung kann ein anderes Resultat begründen, wobei das Risiko eben nicht nur nach den subjektiven Parteivorstellungen zugerechnet wird. Das heißt, dass sich der für die Risikozurechnung maßgebende Vertragszweck nach objektiven Kriterien bemessen kann.

Im übrigen ist die Bestimmung der Geschäftsgrundlage mit Hilfe gewisser Parteivorstellungen nicht eindeutig. Denn Überlegungen der Partei zum Vertragsschluss gibt es viele, auch solche, auf die die genannten Kennzeichen zwar passen, die aber vielleicht nur als unmaßgebliche Beweggründe denn als Geschäftsgrundlage erscheinen. Ist etwa z.B. beim Kauf eines Konzertflügels die Vorstellung des Pianisten von einer Virtuosenlaufbahn Geschäftsgrundlage in diesem Sinne? Die angeblichen Kriterien einer Geschäftsgrundlage lassen sich sämtlich feststellen: Die Vorstellung des Käufers vom künftigen Eintritt gewisser Umstände besteht hier in der Erwartung, mit dem Flügel in Zukunft konzertieren zu können. Dies kann beim Kauf des Instruments als das tragende Motiv auch zutage getreten sein. Wie sollte der Verkäufer, der an dem Geschäft interessiert ist und sich vielleicht von der Zukunft des Pianisten Vorteile verspricht, diese Motivation des Kaufs beanstandet haben? Ganz eindeutig baut der Geschäftswille des Käufers darauf auf, weil er ein Konzertinstrument braucht. Ist also, wenn der Käufer seine Hand so verletzt, dass er auf seine Karriere verzichten muss, die

91 BGH WM 1964, 1025/1926.
92 BGH NJW 1976, 565, (566 sub 4 pr.), unter Berufung auf BGH LM 242 (Bb) BGB Nr. 47, 50, 54, 60 = NJW 1970, 1313.

Geschäftsgrundlage für den Kauf weggefallen? Oder handelt es sich bei der gewünschten Pianistenlaufbahn nur um einen unmaßgeblichen Beweggrund für den Vertragsschluss? Oder ist vielleicht auch die Geschäftsgrundlage letztlich nur ein Beweggrund, der aber, anders als andere, für den Fortbestand des Vertrages Bedeutung hat und, wenn es sich so verhält, warum? Diese Fragen werden von den Gerichten nicht gestellt, geschweige denn beantwortet.

Allein mit der Formel, die an einseitige oder übereinstimmende Parteivorstellungen anknüpft, lässt sich die Geschäftsgrundlage daher auch nicht kennzeichnen. Im Prozess allerdings soll gelten: „Wer sich auf den Wegfall der Geschäftsgrundlage beruft, hat zu beweisen, daß dem Vertragsschluß die Vorstellungen zugrunde gelegen haben, deren Wegfall er geltend macht (BGH, WM 1969, 527, 528f unter 3; NJW 1979, 1986, 1988 unter II 3; GRUR 1990, 1005, 1006 unter II 1 b).“[93] Diese Regelung der Beweislast betont wiederum die Formel Oertmanns. Der Bundesgerichtshof hat aber – einem Urteil des Obersten Gerichtshofs für die Britische Zone folgend[94] – noch einen weiteren Filter eingeschaltet. Ansatzweise findet er sich bereits in der Judikatur des Reichsgerichts, wenn dort zusätzlich die Frage aufgeworfen wird, ob ein starres Festhalten am Vertrag mit Treu und Glauben vereinbar oder aber unvereinbar ist.[95] Die Überlegung lautet beim Bundesgerichtshof, dass „die Durchbrechung des obersten Grundsatzes der Vertragstreue unter diesem Gesichtspunkt (der Geschäftsgrundlage) nur zur Vermeidung untragbarer, mit Recht und Gerechtigkeit schlechthin unvereinbarer Ergebnisse zugelassen ...“ ist.[96] Auch bei Oertmann fand sich schon eine ähnliche Wendung.[97]

Also ist nicht, jedenfalls nicht allein die enttäuschte Vorstellung einer oder aber auch beider Parteien, die schließlich für sich allein ein unbeachtlicher Beweggrund sein könnte, ausschlaggebend. Bedeutsam ist noch ein weiteres Moment, vielleicht auch für sich allein. Was das allerdings ist, wird in keinem Urteil in Worte gefasst, die eine tatbestandliche Fixierung erlaubten. Die Gerichte judizieren vielmehr so, als sei es keine Frage, dass der eine oder andere Umstand, der

---

93 BGHZ 128, 125, (134).

94 OGHZ 1, 62, (68): nämlich dass „das starre Festhalten am gegebenen Wort zu Ergebnissen führen müßte, die mit der Gerechtigkeit, mit Treu und Glauben, schlechthin unvereinbar wären.“

95 RGZ 143, 212, (217).

96 Ständige Rechtsprechung, z.B. BGHZ 2, 176, (188/189); NJW 1951, 836, (837); NJW 1958, 1772; BGHZ 84, 1, (9 sub c); 131, 209, (216); 147, 244, (261).

97 Oertmann, Geschäftsgrundlage, S. 148, , wo es heißt: „Denn ist der Schuldner zur Leistung nur in den Grenzen von Treu und Glauben mit Rücksicht auf die Verkehrssitte verpflichtet, so muß er sich der Leistungspflicht entziehen können, wo ein Festhalten daran den beiderseits beim Geschäftsabschluß als maßgebend unterstellten Grundsätzen zuwider sein ... müßte.“

als Geschäftsgrundlage gewertet wird, diese Qualität hat. Letztlich ist eben, ohne dass es dafür klare Linien gibt, nur entscheidend, „ob die Durchbrechung des Grundsatzes, daß Verträge zu halten sind, nach der Gesamtlage zur Vermeidung untragbarer, mit Recht und Gerechtigkeit schlechthin unvereinbarer Ergebnisse notwendig erscheint.“[98]

Ob sich diese Prüfung an die Feststellung anschließt, dass die Geschäftsgrundlage von Anfang an gefehlt hat oder aber später weggefallen ist, oder aber, ob erst mit dieser Feststellung die Störung der Geschäftsgrundlage feststeht, ist unklar. Unklar ist auch, welche Bedeutung sie für die Ermittlung der Rechtsfolgen hat, die eine Störung der Geschäftsgrundlage nach sich zieht. Der Bundesgerichtshof hat verschiedentlich hervorgehoben, dass ein Vorzug der Lehre von der Geschäftsgrundlage gegenüber anderen Instituten des positiven Rechts, etwa gegenüber der Anfechtung, darin bestehe, dass dem Richter gestattet, ja, dass ihm aufgegeben sei, an Stelle der starren Nichtigkeitsfolge die für den jeweiligen Fall passende Rechtsfolge heranzuziehen.[99] Ob das Gebot, wonach die danach eben passende Rechtsfolge gilt, in der Feststellung, dass die Geschäftsgrundlage gestört sei, enthalten ist bzw. sie mitbestimmt, all das ist ungewiss.

Erstmalig in einem Urteil aus dem Jahre 1973 erwähnt der Bundesgerichtshof, es ist eine Entscheidung des X. Zivilsenats, dass es neben der aus subjektiven Momenten gebildeten Formel von der Geschäftsgrundlage im Schrifttum auch Lehrmeinungen gibt, die sich an objektiven Wertungen orientieren.[100] Das Gericht nennt Larenz, übrigens nicht mit einem Originalzitat,[101] sondern nach dem Kommentar von Soergel/Siebert.[102] Es heißt dazu in dem Urteil, dass die Geschäftsgrundlage im objektiven Sinne gestört sei, wenn der Vertrag nicht mehr als eine – im Sinne der Intentionen der Parteien – sinnvolle Regelung erscheint, etwa bei schweren Äquivalenzstörungen oder Zweckvereitelung. In dem zugrundeliegenden Fall ging es um die Frage, ob ein Vergleich über die Vergütung für eine Arbeitnehmererfindung im Hinblick auf wesentlich veränderte Umstände, wegen ihres großen Erfolges nämlich, nach §12 VI ArbEG anzupassen und die Vergütung anzuheben sei. Der X. Zivilsenat hat das abgelehnt.

Aufschlussreich sind aber die Ausführungen zum Verhältnis der Norm des §12 VI ArbEG zu den Grundsätzen im Fall einer Störung der Geschäftsgrundlage. Das Gericht betrachtet §12 VI ArbEG als einen Anwendungsfall der früheren Lehre von der clausula rebus sic stantibus, jetzt der Lehre von der Ge-

98 Z.B. BGH BGH NJW 1958, 1772 = LM BGB §242 (Bb) Nr. 27; BGHZ 84, 1, (9 sub c); 131, 209, (216); 147, 244, (261).

99 Z.B. BGH LM BGB §779 Nr. 2.

100 BGHZ 61, 153, (160 ff).

101 Etwa Larenz, Geschäftsgrundlage, S. 185, 164 ff.

102 Soergel/Siebert, BGB, 10. Aufl. §242, Rdn. 383.

schäftsgrundlage.[103] Allerdings ist der X. Zivilsenat der Ansicht, dass §12 VI ArbEG nicht nach Maßgabe der subjektiven Formel von der Geschäftsgrundlage sachgerecht erfasst werden könnte. Im Rahmen des §12 VI ArbEG dürften die für die Vergütung maßgeblichen Umstände und die Frage, ob sie sich nach der Vereinbarung wesentlich verändert haben, nicht von der Voraussehbarkeit oder der Erkennbarkeit abhängig gemacht werden. Wörtlich heißt es: „Vielmehr wird grundsätzlich nur eine Feststellung dahin dem Sinn und Zweck dieses Gesetzes gerecht, welche Umstände und allgemeinen Verhältnisse objektiv erforderlich sind, um den Vertrag nach den Vorstellungen beider Vertragsteile noch als sinnvolle Regelung bestehen zu lassen, und ob deren Veränderungen zu einem auffälligen Mißverhältnis von Leistung und Gegenleistung geführt haben."[104]

Diese Überlegungen sind aber ein Einzelfall geblieben. In der Folgezeit hat der Bundesgerichtshof sich nicht mehr zu der Frage geäußert, ob und wann die subjektive Formel, die das Gericht immer wiederkehrend zitiert, abgelöst oder ergänzt werden müsste. Bemerkenswert ist noch, dass die Zahl der Urteile, in denen das Institut der Geschäftsgrundlage herangezogen wird, nicht abgenommen hat, sondern seit der Bundesgerichtshof judiziert über die Jahre hin etwa gleich geblieben ist. In den ersten 30 Jahren kann man etwa 50 Urteile, in denen die Störung der Geschäftsgrundlage eine Rolle spielt, zählen, in den Jahren seit 1980 bis in die Gegenwart kaum weniger. Verständlicherweise hat das Thema durch den Zusammenbruch des Ostblocks und den Beitritt der DDR mit den wirtschaftlichen und monetären Folgen für bestehende Verträge zusätzliche Aktualität gewonnen.

Die generalklauselartige Hinwendung zu dem Grundsatz von Treu und Glauben verlangt eine Präzisierung, die offenbar nicht in Form eines subsumtionsfähigen Tatbestandes gelingen kann. In solch einer Situation versucht der Jurist, sich dem gesuchten Ergebnis durch eine Typologie der Fälle anzunähern, die die zusätzlichen oder auch allein entscheidenden Merkmale enthalten, die aus Gründen der Gerechtigkeit – in den Worten der Rechtssprechung nach Treu und Glauben – gebieten, von der Vertragsbindung abzuweichen und den Vertrag den Gegebenheiten anzupassen.

Im folgenden wird versucht, eine solche Falltypologie aufzustellen, die Entscheidungen also danach zu ordnen, was mutmaßlich den Ausschlag dafür gegeben hat, eine Störung der Geschäftsgrundlage anzunehmen.

---

103 BGHZ 61, 153, (159/160).
104 BGHZ 61, 153, (159/161).

II. Fallgruppen einer Störung der Geschäftsgrundlage

1. Existenzbedrohung

Einen sehr speziellen Fall, dessen Wurzeln in der Kriegs- und unmittelbaren Nachkriegszeit stecken, hat der Bundesgerichtshof im Jahre 1953 entschieden. Die Parteien waren Brüder. Der Kläger hatte dem Beklagten Anfang 1942 seinen Bauernhof übertragen, weil er seine Zukunft bei der deutschen Wehrmacht oder – wie es im Urteil heißt – im Osten sah. Da der Sachverhalt nur bruchstückhaft dem Urteil entnommen werden kann, sind Einzelheiten, so auch, ob es sich um einen entgeltlichen Vertrag gehandelt hat, allerdings vage. Jedenfalls verlangte der Kläger, als der Krieg verloren ging und diese Pläne sich zerschlugen, den Hof zurück. Der V. Zivilsenats des Bundesgerichtshofs konnte zur Sache selbst nicht entscheiden, sondern musste zurückverweisen.[105] Jedoch hat das Gericht die Ansicht der Berufungsinstanz geteilt, dass die Lebensplanung des Klägers Geschäftsgrundlage des Vertrages gewesen und dass sie mit dem Kriegsausgang entfallen sei. Der Bundesgerichtshof gibt nur zu bedenken, dass die Lösung nicht Rückgabe des ganzen Hofes heißen müsste, dass stattdessen auch zu erwägen sein könnte, dem Beklagten, um seinerseits ein Auskommen zu haben, einen Rest des Hofes zu belassen.

Die Entscheidung zu beurteilen, fällt schwer, weil der Sachverhalt so unvollkommen wiedergegeben ist. Einige Passagen erwecken den Eindruck, als könne es sich bei der Hofübertragung um eine Schenkung gehandelt haben. Dann wäre unter dem Aspekt der Verarmung die Rückforderung nach §527 BGB zu prüfen gewesen. Der V. Zivilsenat lässt dies aber offen, offenbar, weil entsprechende Feststellungen der Tatsacheninstanz fehlten, und führt stattdessen aus, dass auch im Fall einer Schenkung neben den gesetzlichen Spezialvorschriften Störungen der Geschäftsgrundlage bedeutsam sein könnten.

Daher kann hier dazu nur folgendes gesagt werden: Handelte es sich um eine Schenkung, dann würde es einleuchten, dass der Hof ganz oder doch zu einem Teil zurückzugeben gewesen wäre, wenn der Kläger seine Existenzgrundlage verloren oder die erhoffte Existenzgrundlage nicht erlangt hatte. Hat es sich dagegen um eine entgeltliche Hofübertragung gehandelt, dann erscheint es nicht vertretbar, die fehlgeschlagene Lebensplanung des Klägers zum Anlass zu nehmen, zu Lasten des Beklagten den Vertrag rückgängig zu machen oder wesentlich abzuändern. Das hieße, ein Risiko des Klägers, das gerechterweise allein er zu tragen hat, auf den Beklagten abwälzen.

---

105 BGH NJW 1953, 1585 = LM BGB §242 (Bb) Nr. 18.

2. Äquivalenzstörungen/ Nachträgliche Entwertung der empfangenen oder Aufwertung der erbrachten Leistung

(1.) Da der Bundesgerichtshof erst nach Gründung der Bundesrepublik eingerichtet wurde, stammen die ersten höchstrichterlichen Urteile der unmittelbaren Nachkriegszeit vom Obersten Gerichtshof für die Britische Zone (OGH). Für die Geschäftsgrundlage knüpft der Oberste Gerichtshof an die Formel Oertmanns an, wonach „eine einschneidende Veränderung der Grundlagen, auf denen sich ein Vertragsverhältnis nach der erkennbar zutage getretenen Vorstellung der Parteien oder zum mindesten der einen Partei aufbaut, sich auch auf das Verpflichtungsverhältnis insoweit auswirkt, als das im Einzelfall nach Treu und Glauben unumgänglich erforderlich erscheint.“[106] Dass jedoch der Bezug auf die Parteivorstellungen kaum mehr als Fassade ist, wird deutlich, wenn man weiter liest: „Das gegebene Wort wirkt sich aus sittlichen und Rechtssicherheitsgründen dahin aus, daß Eingriffe in das Schuldverhältnis nur im äußersten Falle zulässig erscheinen, hindert aber solche Eingriffe nicht, wo das starre Festhalten am gegebenen Wort zu Ergebnissen führen müßte, die mit der Gerechtigkeit, mit Treu und Glauben, schlechthin unvereinbar wären.“[107]

Nicht weil sie den Parteivorstellungen widerspricht, sondern weil die Gerechtigkeit es gebietet, muss die Vertragsbindung weichen. In dem zugrundeliegenden Fall ging es um eine Rentenschuld aus einem Unternehmenskauf aus dem Jahre 1938. Zunächst wurden gute Gewinne erzielt. Im Krieg ging das Geschäft dann zurück und wurde schließlich ausgebombt. Der Inhaber, der zu Kriegsbeginn als Soldat eingezogen worden war, blieb verschollen. Die immer noch bestehende Firma, die Schuldnerin der Rente, klagte auf Feststellung, dass sie von der Rentenverpflichtung befreit sei, solange ihre wirtschaftliche Lage sich nicht entscheidend gebessert habe. Der OGH hob das Urteil des Berufungsgerichts, das die Klage abgewiesen hatte, auf und verwies die Sache zurück, weil der festgestellte Sachverhalt die Klagabweisung nicht rechtfertige, wenn man den Wegfall der Geschäftsgrundlage berücksichtige. Zwar lasse der Kaufvertrag erkennen, dass die Rentenschuld dem Lebensunterhalt der Familie des Verkäufers dienen und dass sie am wechselnden Schicksal der Firma nicht teilhaben sollte. Jedoch konnte der Käufer „das Risiko der Erfüllung ... der Rentenverpflichtung nur übernehmen in der Aussicht, den Betrieb als dauernde Erwerbsquelle nutzen zu können.“ Die üblichen Risiken des Geschäftslebens oder gar ein Versagen des Käufers könnten zwar nicht entlasten. „Dagegen“, so fährt das Gericht aber fort: „hat offenbar keine der beiden Parteien damit gerechnet, daß durch ein Zusam-

---

106 OGHZ 1, 62, (68).
107 OGHZ 1, 62, (68).

mentreffen einer Reihe völlig außergewöhnlicher und außerhalb des Einflußbereichs des Schuldners liegender Umstände der Betrieb, gleichsam durch höhere Gewalt, erdrückt werden würde, nämlich durch kriegswirtschaftliche Einschränkungen, Ausbombung, Vermißtsein des Betriebsinhabers und die Folgen des verlorenen Krieges in ihrem Zusammenwirken."[108] Der OGH legt dem Berufungsgericht mit Rücksicht darauf nahe, die beiderseitigen wirtschaftlichen Verhältnisse zu untersuchen und die Rentenschuld dem anzupassen.

Das Urteil ist, wie danach deutlich wird, eine Billigkeitsentscheidung, die gerade nicht an fehlgeschlagene Parteivorstellungen anknüpft. Es sind auch keine Risiken, die der Schuldner tragen muss, sondern es ist der allgemeine wirtschaftliche Zusammenbuch, den Krieg und Kriegselend ausgelöst haben. Daher ist die rechtliche Konsequenz, die das Gericht gezogen hat, nämlich die Rentenschuld der Leistungsfähigkeit des Schuldners anzupassen, zu billigen.

In anderen Fällen kriegsbedingter Leistungsstörungen hat der OGH die Verpflichtung des Grundstückseigentümers, Hypothekenzinsen zu zahlen, nicht deshalb aufgehoben oder eingeschränkt, weil das Haus im Krieg ausgebombt und abgebrannt war. Ob der Bestand des Hauses Geschäftsgrundlage des Darlehensvertrages war, blieb offen, weil die Zinszahlungspflicht nicht ein „mit Treu und Glauben schlechthin unvereinbares Ergebnis" sei.[109]

In einer weiteren Entscheidung heißt es zur Bedeutung von Kriegsfolgen für die Geschäftsgrundlage: „Gleich welche Formeln man hier für die so begründete Verteidigung der Beklagten als gegeben ansehen will – Fortfall der Geschäftsgrundlage, clausula rebus sic stantibus, Voraussetzung, unzulässige Rechtsausübung usw. –, immer ist entscheidend die Abwägung aller Umstände des Einzelfalles. Erst diese Betrachtungsweise gibt die Möglichkeit, im Rahmen des Einzelfalles die umstürzenden, das gesamte Wirtschafts- und Rechtsleben erschütternden Folgen des Zusammenbruchs individuell zu würdigen und ihnen in besonderen Ausnahmefällen bis zur Durchbrechung des Grundsatzes der Vertragstreue eine Bedeutung einzuräumen, die sie abstrakt betrachtet nach keinem geltenden Rechtssatz haben."[110] Diese Aussage des OGH ist deutlich. Sie ist ein souveränes Bekenntnis zur Gerechtigkeit ohne das dogmatische Gerüst fest gefügter Tatbestände. In dem zugrundeliegenden Fall hatte der Kläger der Beklagten im Jahre 1944 Hochzuchtsommerweizen geliefert. Die Güter sowohl des Klägers wie auch des Beklagten, die in der später sowjetisch besetzten Zone Deutschlands lagen, wurden nach Kriegsende dort enteignet. Die Beklagte verlor daher ihre Ansprüche gegen ihren Abnehmer und berief sich deshalb auf Fortfall der Geschäfts-

108 OGHZ 1, 62, (70).
109 OGHZ 1, 264, (267/268).
110 OGHZ 1, 386, (394).

grundlage. Das hielt der OGH für unbegründet, weil es nach der Lieferung das Risiko des Käufers sei, ob er vom Abnehmer auch das Geld erhält.[111] Diese mit dem Absatzrisiko des Käufers begründete Entscheidung überzeugt.

In einem anderen Fall hatte der Erblasser mit der beklagten Versicherungsgesellschaft eine Versicherung auf den Todesfall abgeschlossen. Nach Kriegsende wurde er von der amerikanischen Militärregierung verhaftet und sollte in ein Internierungslager gebracht werden. Auf dem Transport verunglückte der Lastkraftwagen. Der Versicherte starb an seinen Verletzungen. Die Versicherung berief sich gegenüber der auf die Versicherungssumme gerichteten Klage auf Wegfall der Geschäftsgrundlage, sie habe diesen Verlauf nicht voraussehen und also auch nicht vertraglich ausschließen können. Demgegenüber führt der OGH aus: „Wenn, wie im vorliegenden Fall, die vertraglich vereinbarten Einschränkungen des Wagnisses nicht zutreffen, so kann der Versicherer nicht mit dem Einwand gehört werden, seine Haftung werde ohne Rücksicht auf die vertraglichen Vereinbarungen durch Veränderung der Geschäftsgrundlage ausgeschlossen oder eingeschränkt."[112] Diese Entscheidung spricht eine für die Lehre von der Geschäftsgrundlage allgemein bedeutsame Regel aus. Danach nämlich werden vertraglich übernommene Risiken nur eingeschränkt, soweit die Parteien dies vereinbart haben und nicht darüber hinaus durch unvorhergesehene Umstände.[113]

Auch ein Versäumnis, für den erlittenen Nachteil anderweitig Entschädigung zu beanspruchen, kann nach Ansicht des OGH die Berücksichtigung der Geschäftsgrundlage verbieten. In dem betreffenden Fall ging es um die Haftung für den kriegsbedingten Verlust von Lokomotiven, die die Russen bei ihrem Einmarsch in Polen erbeutet hatten. Der Beklagte hatte die Lokomotiven von der Klägerin auf der Basis des vom Reichsjustizminister für verbindlich erklärten Einheitsmietvertrages für Baugeräte gemietet. Nach diesem „diktierten" Vertrag schuldete die Beklagte Ersatz, sie hätte aber ihrerseits vom Reich Entschädigung fordern können. Weil das versäumt worden war, lehnte der OGH es ab, Wegfall der Geschäftsgrundlage zu prüfen.[114]

(2.) Im Jahre 1956 erkannte der V. Zivilsenat des Bundesgerichtshofs in einem besonderen Fall wirtschaftliches Unvermögen als einen Grund an, die Vertragsbindung wegen Wegfalls der Geschäftsgrundlage zu lösen. Der Beklagte hatte vom Kläger dessen Rechte an einer verlustträchtigen Gesellschaft, die ein Kohlenbergwerk und ein Zement- und Kalkwerk betrieb, erworben. Als Kaufpreis schuldete der Beklagte von 1947 bis 1956 3% vom Umsatz des Zement-

111 OGHZ 1, 386, (395).
112 OGHZ 4, 91, (97).
113 BGH WM 1964, 1025/1926.
114 OGHZ 1, 110, 118.

und Kalkwerks. Der Beklagte schenkte die unrentablen Werke dem Freistaat Bayern und verweigerte deswegen weitere Zahlungen an den Kläger. Dazu meint der Bundesgerichtshof, dass es keinem Privatunternehmer – auch nicht mit Rücksicht auf Treu und Glauben gegenüber dem Gläubiger – zuzumuten sei, völlig unrentable Betriebe weiterzuführen. In Ermangelung eines Umsatzes sei daher die Geschäftsgrundlage für die vertragliche Verpflichtung fortgefallen. Dass das Land das Werk weiterführe, habe allein sozialpolitische Gründe. Daraus könne der Kläger keine Rechte herleiten.[115]

Die Entscheidung ist so nicht haltbar, weder im Ergebnis noch in der Begründung. Denn der Betrieb war schon bei Vertragsschluss unrentabel, und die Parteien wussten dies. Dass der Käufer gleichwohl das bewusst eingegangene Risiko auf die Gegenseite soll abwälzen können, ist mit Recht und Gerechtigkeit nicht vereinbar.

(3.) In einem Urteil aus dem Jahre 1957 beschäftigt sich der I. Zivilsenat des Bundesgerichtshofs mit der Frage, welchen Einfluss es auf einen Lizenzvertrag und die Pflicht zur Zahlung der Lizenzgebühr hat, wenn das zugrundeliegende Patent rückwirkend für nichtig erklärt werden könnte. Da der Lizenzvertrag als ein in der Regel gewagtes Geschäft anzusehen ist, kommt nach der Rechtsprechung die kaufrechtliche Rechtsmängelhaftung nicht in Betracht, nach Ansicht des Senats aber die Lehre vom Wegfall der Geschäftsgrundlage. Als Begründung führt das Gericht ins Feld, diese Rechtsauffassung erlaube, „unter Berücksichtigung aller Umstände den Belangen der Beteiligten am besten gerecht zu werden, und rechtfertigt in zwangloser Weise die Lösung des Lizenznehmers vom Vertrage und die Bestimmung des Umfangs der geschuldeten Leistungen."[116]

Dass das Patent eine Grundlage des Lizenzvertrages war, liegt auf der Hand. Das Gericht macht aber nicht einmal den Versuch, eine Begründungsformel zu liefern, sondern argumentiert deutlich von der erwünschten Rechtsfolge her. Das Ergebnis ist richtig. Die richtige Begründung müsste lauten, dass mit dem – sogar rückwirkenden – Wegfall des Patents die Berechtigung aus dem Lizenzvertrag wertlos, die empfangene Leistung eben entwertet wird. Danach ist das Verhältnis zwischen Leistung und Gegenleistung verzerrt, die Äquivalenz grob entstellt.

(4.) Die Aufhebung des Konzessionierungssystems zum Betrieb einer Apotheke, die durch ein Urteil des Bundesverwaltungsgerichts aus dem Jahre 1956[117] eingeleitet und dann vom Bundesverfassungsgericht verfügt worden war,[118] bedeutete nach Ansicht des VIII. Zivilsenats des Bundesgerichtshofs, dass die Ge-

---

115 BGH LM BGB §242 (Bb) Nr. 22 = JR 1956, 416.
116 BGH LM PatG §9 Nr. 8.
117 BVerwGE 4, 167.
118 BVerfGE 7, 377, (397, 443).

schäftsgrundlage für den 1956 vereinbarten Kauf einer Apothekenkonzession entfallen war.[119]

Das Urteil, obgleich sehr wortreich, lässt den Leser einigermaßen ratlos. Zunächst bestätigt der VIII. Zivilsenat die Rechtsansicht des Berufungsgerichts: „Das Gleichwertigkeitsverhältnis zwischen Leistung und Gegenleistung sei in einem Maße verschoben, daß der das gesamte Rechtsleben beherrschende Grundsatz von Treu und Glauben eine Herabsetzung des Kaufpreises erfordere." Die erworbene Konzession sei entwertet, weil niemand für sie etwas zahlen werde, wenn er gegen eine geringe Verwaltungsgebühr eine neue eigene Apotheke eröffnen könne. Sie habe auch dadurch an Wert verloren, dass der Umsatz wegen der jetzt möglichen Konkurrenz sinken werde. Dazu heißt es wörtlich: „Daß außer der Vereitelung des Zweckes auch eine Störung, durch die die beiderseitigen Verpflichtungen in ein grobes Mißverhältnis geraten, die Geschäftsgrundlage entfallen läßt, ist in Rechtsprechung und Schrifttum seit langem anerkannt."[120] Das überzeugt.

Im übrigen aber stützt der VIII. Zivilsenat seine Annahme, die Geschäftsgrundlage sei entfallen, auch noch auf die Formel, dass die Geschäftsgrundlage durch die Vorstellungen der Parteien bestimmt werde. „Daß bei der Veräußerung eines Rechts die übereinstimmende Auffassung der Vertragsparteien, das Recht gewähre dem Erwerber eine bevorzugte, nur durch Aufwendung hoher Geldbeträge zu erlangende und auf die Dauer berechnete Befugnis zur Ausübung seines Berufes, die Geschäftsgrundlage des Vertrages bilden kann, unterliegt keinen rechtlichen Bedenken. ... Allerdings liegt das wirtschaftliche Risiko, das im Geschäftsleben der Käufer beim Einkauf von Waren eingeht, im allgemeinen außerhalb derjenigen Umstände, die das Vertragsverhältnis zwischen den Vertragsparteien nach Treu und Glauben beeinflussen können. Dieser Grundsatz kann beim Kauf einer Apothekenkonzession aber nicht angewandt werden. Der Erwerber einer solchen Konzession bezweckt nicht, aus ihr unmittelbaren Gewinn zu ziehen. Sie soll ihm vielmehr eine auf die Dauer bestimmte Rechtsstellung verschaffen."

Da die hier erworbene Rechtstellung wiederum der Gewinnerzielung dient, ist diese Argumentation schon auf den ersten Blick unstimmig. Jedenfalls soll die Geschäftsgrundlage dadurch gestört sein, dass sich die Parteien, die von der Verfassungswidrigkeit des Konzessionierungssystem nichts wussten, in einen beiderseitigen Rechtsirrtum befunden hätten. „Daß bei Abschluß eines Vertrages auch ein beiderseitiger Irrtum in der Beurteilung der Rechtslage zu einem Fehlen der Geschäftsgrundlage führen kann, wenn die Parteien bei Kenntnis der wahren La-

119 BGH LM BGB §242 (Bb) Nr. 33.
120 BGH LM BGB §242 (Bb) Nr. 33.

ge den Vertrag nicht, wie geschehen, geschlossen hätten, ist in Übereinstimmung mit dem RG vom BGH anerkannt worden."[121]

Man hat bei der Lektüre des Urteils den Eindruck, dass sich der Senat über die wahren Gründe für den Wegfall der Geschäftsgrundlage nicht sicher war. Anders kann man nicht erklären, dass das Gericht sich bemüßigt fühlte, zur Ungleichgewichtigkeit der wechselseitigen Leistungen noch den beiderseitigen Rechtsirrtum hinzuzufügen.

(5.) In dem Kaliabbauurteil aus dem Jahre 1959 bekennt sich der V. Zivilsenat des Bundesgerichtshofs dazu, dass die Störung des Gleichgewichts zwischen Leistung und Gegenleistung die Geschäftsgrundlage berührt, wenn „ein weiteres Festhalten an der ursprünglichen Vertragsregelung zu einem untragbaren, mit Recht und Gerechtigkeit schlechthin nicht mehr zu vereinbarenden Ergebnis führen würde."[122] In dem zugrundeliegenden Fall ging es um einen Vertrag über den Abbau von Kali, wofür der Bergwerksunternehmer dem Grundstückseigentümer ein sogenanntes Wartegeld zu zahlen hatte. Der Kläger verlangte, dieses Wartegeld, das zwar von Reichsmark auf DM umgestellt worden war, im Betrag aber aus dem Jahre 1898 rührte, heraufzusetzen. Die Klage wurde abgewiesen, weil allein der Kaufkraftschwund von etwa 2/3 das Gleichgewichtsverhältnis zwischen Leistung und Gegenleistung nicht unerträglich verschoben habe. Das ist vertretbar.

(6.) Einer Einigung über die Höhe einer Enteignungsentschädigung in DM fehlt nach Ansicht des V. Zivilsenats des Bundesgerichtshofs die Geschäftsgrundlage, wenn die Parteien die in Reichsmark ermittelte Forderung im Verhältnis 10:1 in Deutsche Mark umgerechnet haben, während nach späterer Rechtsprechung laut einer Entscheidung des Großen Senats des Bundesgerichtshofs[123] das Verhältnis 1:1 betrug.[124] Der V. Zivilsenat des Bundesgerichtshofs nimmt in diesem Fall einen beiderseitigen Rechtsirrtum an.

Diese Begründung ist fragwürdig. Es ist zu vermuten, dass die wahre Motivation des Senats vielmehr im krassen Missverhältnis zwischen dem zugrundegelegten Umrechnungskurs und der späteren Judikatur zu suchen ist. Das würde überzeugen.

(7.) Der Anstieg der Lebenshaltungskosten um nahezu 160% gegenüber dem Index zur Zeit des Vertragsschlusses begründet nach einem Urteil des V. Zivilsenats des Bundesgerichtshofs aus dem Jahre 1984 eine die Opfergrenze über-

---

121 Dazu beruft sich der Senat auf BGH LM BGB §242 (Bb) Nr. 1. Ferner wird die gleich unten wiedergegebene Entscheidung BGHZ 25, 390, zitiert.

122 BGH LM BGB §242 (Bb) Nr. 34.

123 BGHZ 11, 156.

124 BGHZ 25, 390.

schreitende Äquivalenzstörung.[125] Es ging in dem zugrundeliegenden Fall um einen Erbbauzins, dessen Erhöhung der Kläger unter Berufung auf die gestiegenen Lebenshaltungskosten vom erbbauberechtigten Beklagten verlangte. Nach dem Urteil führt die Störung des Gleichgewichts zwischen dem Wert des Erbbaurechts und der Höhe des Erbbauzinses zu einer Änderung der Geschäftsgrundlage.[126] Der Senat knüpft dabei nicht an die Formel Oertmann an. Man hat bei der Lektüre des Urteils den Eindruck, dass die Äquivalenzstörung als solche dazu berechtigt, den Erbbaurechtsvertrag an die geänderte Geschäftsgrundlage anzupassen und den Erbbauzins heraufzusetzen.

Ebenso lautet, gleichfalls zur Anpassung eines Erbbauzinses an die Geldentwertung, die „das im Vertrag vorausgesetzte Gleichgewicht zwischen Leistung und Gegenleistung“ in erheblichem Maße stört, ein Urteil des V. Zivilsenats aus dem Jahre 1990.[127]

Im Jahre 1973 hatte der V. Zivilsenat des Bundesgerichtshofs im Falle einer Option zum Kauf eines Grundstücks anders entschieden.[128] Die Vertragsparteien hatten in dem 1955 geschlossenen Vertrag den Kaufpreis bereits festgelegt. Da der Interessent berechtigt sein sollte, die Option 15 bis 20 Jahre später, zwischen 1970 und 1975, auszuüben, hatten die Parteien eine Wertsicherungsklausel vereinbart, die sich am Lebenshaltungskostenindex orientierte. Als die Klägerin im Jahre 1970 von der Kaufoption Gebrauch machte, war der Grundstückswert auf das achtfache des Betrages gestiegen, der sich nach dem Vertrag als Kaufpreis ergab. Der Bundesgerichtshof verwarf die Argumentation des Verkäufers, der sich auf Wegfall der Geschäftsgrundlage berufen hatte. Die Vertragsparteien hätten Preissteigerungen in Erwägung gezogen und vertraglich berücksichtigt. Wörtlich heißt es: „Angesichts des im Vertrag gewählten Maßstabs (Lebenshaltungskosten) für die Anpassung des Kaufpreises kann somit die Geschäftsgrundlage nicht deshalb entfallen sein weil später die Grundstückspreise eine stärkere Steigerung erfahren haben als die Lebenshaltungskosten.“[129]

Das gestörte Gleichgewicht zwischen Kaufpreis und Grundstückswert wird hier also gerade nicht berücksichtigt. Dabei hätte nach der Oertmann'schen Formel die Überlegung nahegelegen, dass die Vertragsparteien sich von der Vorstellung hatten leiten lassen, dass der Lebenshaltungskostenindex geeignet sein werde, die Veränderungen der Grundstückswerte nachzuzeichnen. Das Gericht stellt diese Überlegung nicht an. Es berücksichtigt auch nicht, dass – wie übrigens im Urteil hervorgehoben wird – seinerzeit für Grundstückspreise ein amtlicher Preis-

---

125 BGHZ 91, 32, (36).
126 BGHZ 91, 32, (36).
127 BGHZ 111, 214, (215/216).
128 BGH WM 1973, 839.
129 BGH WM 1973, 839.

stopp galt, so dass die Preisanpassung an den Lebenshaltungskostenindex besser geeignet erschien, den Kaufkraftschwund des Kaufpreises aufzufangen. Die Entscheidung des Bundesgerichtshofs erscheint danach fragwürdig.

(8.) Der Beitritt der DDR mit den damit verbundenen wirtschaftlichen Folgen für Vertragsbeziehungen hat mehrere Entscheidungen des Bundesgerichtshofs zur Geschäftsgrundlage ausgelöst.

(8a) Dem Urteil des IX. Zivilsenats des Bundesgerichtshofs aus dem Jahre 1995[130] lag folgender Fall zugrunde: Ein vor dem Beitritt der DDR volkseigener Betrieb, der sich mittlerweile in Gesamtvollstreckung befand, hatte von der Beklagten, einer in der Bundesrepublik ansässigen GmbH, Lizenzen erworben, um Produkte der Beklagten im Ostblock zu vertreiben. Die Lizenzgebühren waren in der Erwartung hohen Absatzes berechnet worden. Nach dem Zusammenbruch des Ostblocks verwirklichten sich diese Erwartungen nicht. Der Gesamtvollstreckungsverwalter der Lizenznehmerin verlangte vom Lizenzgeber Rückzahlung der Lizenzgebühren. Der IX. Zivilsenat hat die Sache an das Berufungsgericht (OLG Stuttgart) zurückverwiesen mit dem Hinweis, dass der Lizenznehmerin ein weiteres Festhalten an dem Lizenzvertrag möglicherweise nicht zuzumuten sei. Das Berufungsgericht werde zu prüfen haben, „ob ein Wegfall der Geschäftsgrundlage zu einer Minderung der Lizenzgebühr geführt oder ... die Befugnis verschafft hätte, den Lizenzvertrag für die Zukunft mit der Folge zu kündigen , daß die vereinbarten Zahlungen zeitanteilig entfallen wären ...“[131]

Eine nähere rechtliche Begründung findet sich in der Entscheidung nicht. Es wird nur darauf hingewiesen, dass die Lizenzgebühren auf der Grundlage jährlicher Verkaufszahlen von rund 2,5 Millionen DM, und zwar über insgesamt 10 Jahre, errechnet worden seien, wohingegen die Lizenznehmerin insgesamt nur für 500.000 DM Waren verkauft hatte. Ganz offensichtlich war die Entwertung der Lizenz durch die wirtschaftlichen Folgen, die der Zusammenbruch des Ostblocks nach sich gezogen hat, der Grund für die Annahme, die Geschäftsgrundlage des Lizenzvertrages weggefallen sein könnte.

Die Äquivalenzstörung lässt dies vertretbar erscheinen.

(8b) In einigen der Fälle, in denen eine Partei sich wegen wirtschaftlicher Folgen der Wiedervereinigung auf Wegfall der Geschäftsgrundlage berufen hat, hat der Bundesgerichtshof es allerdings abgelehnt, darauf eine Vertragsanpassung zu stützen. Dies komme nur in Frage, „wenn es sich um eine derart einschneidende Änderung handelt, daß ein Festhalten an der ursprünglichen Regelung zu ei-

130 BGHZ 129, 236.
131 BGHZ 129, 236, (254).

nem untragbaren, mit Recht und Gerechtigkeit schlechthin nicht mehr zu vereinbarenden Ergebnis führen würde..."[132]

Es ging in dem einem Fall, der einem Urteil des XI Zivilsenats aus dem Jahre 1994 zugrunde lag, um eine Klage auf Rückzahlung von Altkrediten aus der Zeit vor der Umstellung der Währung.[133] Den Kredit hatte die DDR-Staatsbank der Beklagten, die seinerseits ein volkseigener Betrieb gewesen war, zur Finanzierung eines Kaufvertrages gewährt.

Die Beklagte verteidigte sich gegen die Rückzahlungsforderung mit dem Argument, die Währungsumstellung habe das Gleichgewicht zwischen dem durch Kredit finanzierten Kaufpreis und dem Wert der Kaufsachen nachträglich verschoben. Dies müsse sich die Kreditgeberin entgegenhalten lassen. Die Problematik war also ähnlich einem finanzierten Kauf, bei dem der Kauf eine Geschäftsgrundlage für den Kreditvertrag sein kann. Der XI. Zivilsenat entschied jedoch: „Ein Wirtschaftsunternehmen, das bei Vertragsschluß als VEB betrieben wurde und jetzt als Handelsgesellschaft organisiert ist, kann sich nicht darauf berufen, es sei im Verhältnis zur DDR-Staatsbank oder deren Rechtsnachfolger in ähnlicher Weise schutzbedürftig wie ein Verbraucher gegenüber seiner Bank."[134]

Allerdings, so führte der Senat aus, liege die Grundvoraussetzung einer Vertragsanpassung wegen Wegfalls der Geschäftsgrundlage hier vor, weil der Kaufpreis zusätzlich zu dem Kredit durch staatliche Leistungen gestützt werden sollte und dies nach dem Beitritt der DDR ausgeblieben ist. Jedoch setze eine Vertragsanpassung noch voraus, „daß ein Festhalten an der vereinbarten Regelung zu einem untragbaren, mit Recht und Gerechtigkeit schlechthin unvereinbaren Ergebnis führen würde und der betroffenen Partei daher nicht zuzumuten ist."[135] In dem betreffenden Fall fehlte es nach Ansicht des Gerichts daran deshalb, weil nach der Einschätzung der Treuhandanstalt „das Beklagtenunternehmen trotz der Altkreditschuldenbelastung existenz- und konkurrenzfähig" war.[136]

Das Ergebnis mag aus Gründen, die im Urteil nicht mitgeteilt werden, richtig sein. Die Begründung, dass die Beklagte zahlungskräftig sei, trägt es jedenfalls nicht. Denn dieser Grund ist, wenn nicht gerade die Zahlungsunfähigkeit zum Wegfall der Geschäftsgrundlage geführt haben sollte, in anderen Fällen nie erwogen worden. Im übrigen steht dieses Urteil des XI. Zivilsenats aus dem Jahre 1994 in auffälligem Gegensatz zu der nachfolgend behandelten Entscheidung (8c).

---

132 BGHZ 121, 378, (393); gleichlautend: BGHZ 124, 1, (8).
133 BGHZ 127, 212, (215 ff).
134 BGHZ 127, 212, (217).
135 BGHZ 127, 212, (218).
136 BGHZ 127, 212, (220).

(8c) In diesem zwei Jahre älteren Urteil des VIII. Zivilsenats aus dem Jahre 1992 ging es vereinfacht um folgenden Fall.[137] Die Parteien waren ehemals volkseigene Betriebe der DDR, die in GmbH umgewandelt worden waren. Die Beklagte bestellte, seinerzeit noch ein volkseigener Betrieb, bei der Klägerin eine Druckgussmaschine, die die Klägerin in ihrer Eigenschaft als Außenhandelsbetrieb aus Österreich importieren sollte. Die Bestellung war Teil eines Projekts, das auf staatlichen Planvorgaben der DDR basierte. Nach diesem Staatsplan sollte der Erwerb zur Hälfte aus Staatshaushaltsmitteln und im übrigen aus Krediten, die die Beklagte aufnehmen sollte, finanziert werden. Die Maschine wurde im März 1990 eingeführt, im folgenden Monat an die Beklagte ausgeliefert und von ihr im Juni 1990 abgenommen. Die Klägerin hatte den Kaufpreis mit einen Kredit der Deutschen Außenhandelsbank der DDR bezahlt und verlangte von der Beklagten entsprechende Zahlung. Die Beklagte erhielt jedoch die zugesagten Mittel aus dem Staatshaushalt nicht. Sie brachte nur 376.000 DDR-Mark mit Hilfe eines von ihr aufgenommenen Kredits auf.

Das Berufungsgericht (das Kammergericht Berlin) hatte Wegfall der Geschäftsgrundlage geprüft, diesen Gedanken aber verworfen, weil ein Schuldner sich nicht mit dem Einwand unerwarteter Finanzierungsschwierigkeiten aus einem Vertrag zurückziehen könne. Der VIII. Zivilsenat hat diese Begründung, die an sich der Judikatur des Bundesgerichtshofs entsprach, „wegen Besonderheiten des Falles" nicht akzeptiert und die Sache zurückverwiesen. Die Rechtsprechung, wonach ein Scheitern der vorgesehenen Finanzierung nicht als Wegfall der Geschäftsgrundlage anzusehen ist, sei „vor dem Hintergrund einer funktionierenden Marktwirtschaft ergangen" und auf die sozialistische Planwirtschaft nicht übertragbar. Die Beklagte habe daher keine Wahl gehabt; sie habe den Planvorgaben folgen und darauf vertrauen müssen, die zugesagten Finanzmittel nach Plan zu erhalten. Daher sei der Beklagten ein weiteres Festhalten am Vertrag zu unveränderten Bedingungen nicht zuzumuten.[138] Der Senat hebt noch hervor, „daß die Anwendung der Grundsätze des Wegfalls der Geschäftsgrundlage nur ausnahmsweise zur völligen Beseitigung der vertraglichen Pflicht führen kann," vielmehr sei er nach Möglichkeit aufrechtzuerhalten und der veränderten Sachlage anzupassen.[139]

Das Urteil sagt nicht, dass in diesem Fall Vorstellungen der Beklagten, dass sie nämlich die Staatsmittel erhalten würde, enttäuscht worden sind. Aber fraglos ist der Senat davon ausgegangen. Weswegen es dem Beklagten nicht, wohl aber dem Kläger zumutbar war, das Finanzierungsrisiko zu tragen, wird nicht erörtert.

137 BGHZ 120, 10.
138 BGHZ 120, 10, (25f).
139 BGHZ 120, 10, (26 sub. e).

Daher ist der Eindruck des Lesers ambivalent. Das Urteil wirft also mehr Zweifel auf als dass es Gewissheit vermittelt.

Zur Kennzeichnung der Geschäftsgrundlage wird auch für die Problematik aus dem Zusammenbruch der DDR und dem Beitritt zur Bundesrepublik Deutschland stets die Formel Oertmanns verwandt.[140] Jedoch erkennt man an den Urteilen, die den Vertrag nur zur Vermeidung unerträglicher Ergebnisse anpassen, dass dies zu erreichen der eigentliche Grund ist.

(8d) Im Fall einer Entscheidung des Bundesgerichtshofs aus dem Jahre 1995 ging es um die Errichtung einer Kirche.[141] Die Klägerin hatte darüber mit der Rechtsvorgängerin der Beklagten, einem volkseigenen Bau-Export-Import-Betrieb, einen Vertrag über die Projektierungs-, Bau- und Ausführungsleistungen, die in DM-West beglichen werden sollten, geschlossen. Der volkseigene Baubetrieb sollte die DM-Einnahmen der DDR abführen und zur Durchführung den hinreichenden Betrag in DDR-Mark erhalten. Nach dem Beitritt der DDR entfiel dies. Daraufhin kündigte die Beklagte den Vertrag, weil sie die geschuldeten Leistungen ohne die ihr früher von der DDR zugesagten Mittel nicht kostendeckend erbringen konnte.

Der VII. Zivilsenat des Bundesgerichtshofs folgt dem Berufungsgericht (Kammergericht) darin, dass mit dem Wegfall der von der DDR zugesagten Mittel die Geschäftsgrundlage entfallen und der Vertrag anzupassen sei. „Dem Berufungsgericht", so führt der Senat aus, „ist auch darin zuzustimmen, daß das eingetretene Risiko nach der vertraglichen Regelung nicht allein von der Klägerin zu tragen ist. Die Aufteilung der vertraglichen Risikosphären kann sich aus dem dispositiven Gesetzesrecht ergeben, sie kann aber auch den Parteiabsprachen zu entnehmen sein."[142]

Da der Bundesgerichtshof weder in dem Gesetz noch in dem Vertrag Anhaltspunkte findet, heißt es dann: „Infolge des Wegfalls der Geschäftsgrundlage hat das Gericht eine interessengerechte Verteilung des Risikos bei möglichst geringem Eingriff in die ursprüngliche Regelung herzustellen."[143] Das Resultat lautet, dass die entstandenen Aufwendungen zwischen den Parteien je zur Hälfte zu teilen seien. [144]

Während die Floskel, mit der das Gericht den Wegfall der Geschäftsgrundlage begründet, nicht überzeugt, richtigerweise ist es die Störung des Äquivalenzverhältnisses, ist das Resultat, dass nämlich das Risiko aufzuteilen sei, hier von Interesse.

---

140 BGHZ 120, 10, (23); 121, 378, (391).
141 BGH ZIP 1995, 1935.
142 BGH ZIP 1995, 1935, (1938 sub d).
143 BGH ZIP 1995, 1935, (1939 sub 2.).
144 BGH ZIP 1995, 1935, (1939 sub 2.).

(8e) Nach einem Urteil des X. Zivilsenats des Bundesfinanzhofs[145] soll wegen der Wiedervereinigung die Geschäftsgrundlage eines Vertrages weggefallen sein, den eine Werft mit dem Ministerium für nationale Verteidigung der DDR über den Bau von Schnellbooten für die Marine geschlossen hat.

Liest man das Urteil, so wird deutlich, dass die Berufung auf die Formel Oertmanns nur Feigenblattfunktion hat. Die Vertragsparteien seien, wie es in dem Urteil heißt, bei Abschluss des Vertrages davon ausgegangen, dass der Finanzbedarf in vollem Umfang aus staatlichen Mitteln gedeckt werde. Keine Partei habe den vollständigen Wegfall der DDR und ihren Untergang durch den Beitritt zur Bundesrepublik Deutschland voraussehen können, wodurch die Geschäftsgrundlage weggefallen sei.

Danach wäre die Geschäftsgrundlage bei jedem unerwarteten Einbruch der Finanzgrundlage entfallen. Der Bundesgerichtshof hat in anderen Fällen die finanziellen Folgen der Wiedervereinigung nicht so gewertet. Die Besonderheit des Falles besteht aber nicht darin, dass jetzt keine Mittel mehr vorhanden waren, den Bau der Boote zu bezahlen, sondern dass durch den Beitritt zur Bundesrepublik der Vertragspartner DDR ersatzlos, nämlich ohne einen Rechtsnachfolger, verloren gegangen war. Im übrigen lässt das Urteil offen, ob das Fazit der Entscheidung, nämlich die Vertragsanpassung, nun wegen Wegfalls der Geschäftsgrundlage oder nach Maßgabe von §78 I Nr. 4 des Vertragsgesetzes der DDR geboten war. Die Aussagen zur Geschäftsgrundlage sind also nicht tragende Gründe der Entscheidung und können daher auch nicht verallgemeinert werden.

(8f) Die Wiedervereinigung hat nicht nur wegen der durch sie verursachten finanziellen Belastungen Fragen der Geschäftsgrundlage aufgeworfen. Die Gebietserweiterung löste auch für Verträge zwischen Wirtschaftseinheiten der alten Bundesländer Zweifelsfragen aus. Das beleuchtet ein Urteil des I. Zivilsenats des Bundesgerichtshofs aus dem Jahre 1996.[146]

Es ging um Senderechte, die der Westdeutsche Rundfunk (WDR) für die Fernsehsendung „Klimbim“ erworben hatte. Der Vertrag aus dem Jahre 1975 gab dem WDR das Recht, Folgen dieser Sendung in der Bundesrepublik Deutschland zu verwerten. Nach dem Beitritt der DDR vergab der WDR die Satellitenausstrahlung von „Klimbim“ an Rundfunkanstalten der neuen Bundesländer. Der I. Zivilsenat wertete das als einen rechtswidrigen Eingriff in die Urheberrechte, die der Klägerin zustanden. Zwar sei mit der Wiedervereinigung die Geschäftsgrundlage des Vertrages von 1975 weggefallen, aber nicht mit der Rechtsfolge, dass der WDR die ihm übertragenen Senderechte jetzt ohne weiteres auf die neuen Bundesländer erstrecken konnte. Vielmehr gelte, so lautet das Urteil dass „ein

145 BGHZ 137, 350, (367/368).
146 BGHZ 133, 281 (KLIMBIM).

Wegfall der Geschäftsgrundlage nur zur Anpassung des betroffenen Vertrages führen kann und nicht von selbst auf dinglicher Ebene den Umfang übertragener Rechte beeinflußt."[147] Also dürfe der WDR Senderechte an Anstalten der neuen Bundesländer erst vergeben, nachdem ihm das Recht dazu übertragen worden sei.[148]

Der Senat beruft sich zur Kennzeichnung der Geschäftsgrundlage auf die Formel Oertmanns, hebt aber hervor, es komme nicht darauf an, dass die Vertragsparteien sich bei Vertragsschluss die die Geschäftsgrundlage bildenden Vorstellungen bewusst gemacht haben. Es soll genügen, dass bestimmte Umstände selbstverständlich gewesen seien. Das heißt aber, wenn man ehrlich ist, dass es auf subjektive Parteivorstellung eben nicht ankommt. Zum Fall selbst wird ausgeführt, dass der WDR mit dem Erwerb der Senderechte beabsichtigte, die Sendung „Klimbim" entsprechend dem Zweck der ARD bundesweit auszustrahlen bzw. ausstrahlen zu lassen. Der Vertragszweck sei nach Erweiterung des Bundesgebietes, da der Vertrag die neuen Bundesländer nicht einbezieht, unerreichbar geworden. Deswegen sei die Geschäftsgrundlage des Vertrages entfallen.

Diese Argumentation überzeugt nicht. Denn die Erweiterung des Bundesgebiets hindert nicht, die Sendung dem Vertrag entsprechend auf die alten Bundesländer zu beschränken. Der Senat meint aber, dies sei mit Recht und Gerechtigkeit schlechthin unvereinbar, die Berufung auf Wegfall der Geschäftsgrundlage deshalb „zur Vermeidung untragbarer ... und damit der betroffenen Vertragspartei nicht zumutbarer Folgen ..." geboten.

Das sind starke Worte. Es sind leere Worte, wenn man sich den Anlass vergegenwärtigt. Das vom Gericht gewünschte Ergebnis ist als solches nicht zu beanstanden, dass der WDR nämlich – fraglos gegen entsprechende Vergütung – die Übertragung der Senderechte auch für die neuen Bundesländer soll beanspruchen können. Das aber wäre angemessener im Wege ergänzender Vertragsauslegung und durch eine angemessene Anhebung der Vergütung zu erreichen gewesen.

(8g) Aufschlussreich ist auch ein Urteil des I. Zivilsenats des Bundesgerichtshofs aus dem Jahre 2001.[149] In dem zugrundeliegenden Fall klagte ein Regisseur, der zur Zeit der DDR mehrere Folgen der Fernsehserie „Barfuß ins Bett" gedreht hatte, gegen den Mitteldeutschen Rundfunk, der die Serie nach dem Beitritt der DDR in der Bundesrepublik ausgestrahlt hatte. Der Kläger verlangte deswegen Schadensersatz bzw. Ausgleich. Die Begründung des Urteils zu den Fragen, wer nach dem Beitritt wessen Rechtsnachfolger geworden ist und aus

147 BGHZ 133, 281, (296).
148 BGHZ 133, 281, (293 ff/ 296, 297).
149 BGHZ 147, 244, (261 ff).

welchen Gründen das Urheberrechtsgesetz der Bundesrepublik einschlägig ist, interessieren hier nicht. Von Bedeutung unter dem Gesichtspunkt der Geschäftsgrundlage ist nur, dass nach der seinerzeit geltenden Rechtslage schon das Fernsehen der DDR das Recht hatte, die Serie auch in der Bundesrepublik ausstrahlen zu lassen. Das ist auch der Grund, weswegen der I. Zivilsenat des Bundesgerichtshofs die Klage auch unter dem Gesichtspunkt eines Wegfalls der Geschäftsgrundlage abgewiesen hat. Befremdlich ist nur, dass die Begründung nicht lautete, der Beitritt der DDR mit den damit verbundenen wirtschaftlichen Folgen habe hier nicht die Geschäftsgrundlage des maßgeblichen Rechtsverhältnisses beseitigt. Begründet hat das Gericht die Klagabweisung vielmehr damit, dass der das gesamte Schuldrecht beherrschende Grundsatz der Vertragstreue nur dann zurücktreten müsse, „wenn anders ein untragbares, mit Recht und Gerechtigkeit schlechthin unvereinbares Ergebnis nicht zu vermeiden wäre.“[150]

(8h) In einem Urteil aus dem Jahre 1995 spricht der XI. Zivilsenat des Bundesgerichtshof aus, dass das Ende der Sozialistischen Planwirtschaft nichts an der Pflicht einer ehemaligen Arbeiterwohnungsgenossenschaft geändert habe, den Kredit, den die Staatsbank der DDR für Wohnungsneubauten gewährt hatte, zu verzinsen und zurückzuzahlen.[151] Die Wohnungsbaugesellschaft klagte gegen die Rechtsnachfolgerin der Staatsbank auf Feststellung, dass sie weder Zins- noch Tilgungsleistungen schulde. Der Bundesgerichtshof verwarf die Ansicht, dass die Klägerin wegen Wegfalls der Geschäftsgrundlage eine Befreiung von ihren Schulden verlangen könne. Zwar läge eine Vertragsanpassung nach §242 BGB nahe, wenn den Wohnungsbaugenossenschaften, die weiterhin der Preisbindung unterlägen, die bisherigen Finanzierungshilfen aus staatlichen Haushaltsmitteln ersatzlos entzogen worden wären. Das aber sei nicht der Fall, weil ihnen sämtliche Zins- und Tilgungszahlungen bis Ende 1993 gestundet worden seien und das Altschuldenhilfegesetz (BGBl. 1993 I, S. 986) zu Lasten der öffentlichen Hand die Möglichkeit eröffnet habe, Zinshilfe zu erlangen bzw. von den Altkreditschulden u.U. befreit zu werden.[152]

(8i) Nach einem Urteil des V. Zivilsenats des Bundesgerichtshofs scheidet bei einem Grundstücksverkauf eine Vertragsanpassung aus, selbst wenn das verkaufte Grundstück später eine außergewöhnliche Wertsteigerung dadurch erfährt, dass im Zuge des Beitritts der DDR die LPG ihr Recht verliert, das Grundstück zu nutzen.[153] Zwar könne Wegfall der Geschäftsgrundlage in Betracht kommen. Dafür wird wieder auf die Oertmann'sche Formel verwiesen. Es sei dafür auch

150 BGHZ 147, 244, (261).
151 BGHZ 131, 44.
152 BGHZ 131, 44, (50).
153 BGHZ 131, 209.

nicht erforderlich, dass sich die Parteien insoweit konkrete Vorstellung gemacht hätten. Es genüge, wenn sie bestimmte Umstände als selbstverständlich angesehen hätten.[154] Aber die Vertragsbindung dürfe nur dann zurücktreten, „wenn anders ein untragbares, mit Recht und Gerechtigkeit schlechthin unvereinbares Ergebnis nicht zu vermeiden wäre."[155]

Diese Befürchtung sieht der Senat in diesem Fall nicht. Die Begründung lautet: „Bei einem Austauschvertrag entspricht es aber den vertragstypischen Vorstellungen der Parteien, daß spätestens nach Erbringung der Gegenleistung den Leistenden deren Schicksal künftig nichts mehr angeht und deshalb der Leistungsempfänger das Risiko aber auch die Chance der künftigen Weiterentwicklung trägt."[156]

Für sich genommen überzeugt diese Überlegung.[157] Trotzdem wirkt die Gedankenführung des Urteils insgesamt unglücklich und belegt, wie vage die Judikatur zur Geschäftsgrundlage auch im Jahre 1995 immer noch ist.

(8j) In einer Entscheidung des Bundesgerichtshofs aus dem Jahre 1994, es ist ein Urteil des V. Zivilsenats, ging es um einen Vertrag zwischen ehemaligen Wirtschaftseinheiten der DDR, die rechtlich mehrfach umgewandelt worden waren. Der Klägerin gehörte ein Grundstück, auf dem – auf der Basis eines unentgeltlichen Nutzungsrechts – von einer später als GmbH eingetragenen und in Gesamtvollstreckung befindlichen Wirtschaftseinheit eine Großbäckerei betrieben wurde. Hier interessiert nur, dass nach Ansicht des V. Zivilsenats die Geschäftsgrundlage des Nutzungsverhältnisses in der gemeinsamen Vorstellung der Vertragsparteien bestanden hat, „der Vertrag werde während der gesamten Dauer seines Bestehens von den für die Wirtschaftsordnung der DDR geltenden Regeln bestimmt werden." [158]

Dass diese Begründung nicht stichhaltig ist, liegt auf der Hand. Das Urteil liefert aber keine weiteren Erkenntnisse für eine überzeugende Begründung. Der Hintergrund ist jedoch fraglos, dass die Klägerin die nach der Wende wertvolle Gewerbefläche laut Vertrag ohne ausreichendes Äquivalent, nämlich unentgeltlich, überlassen musste.

Lesenswert ist die Entscheidung deshalb, weil sie dokumentiert, mit welcher Freiheit das Gericht die seiner Ansicht nach gebotene Anpassung des Vertrages

---

154 BGHZ 131, 209, (214/215).

155 BGHZ 131, 209, (216).

156 BGHZ 131, 209, (216).

157 Zwar hatte der Senat selbst noch kurz zuvor festgestellt hat, dass der Käufer von Bauerwartungsland dann, wenn sich diese Erwartung nicht verwirklicht, an dem Vertrag nicht festgehalten werden könne: BGHZ 74, 370. Das aber betrifft eine andere Situation, nämlich nicht die Erschütterung der Geschäftsgrundlage.

158 BGHZ 126, 150, (159/160).

an die veränderten Verhältnisse vorschreibt. Der Senat lehnt es ab, der Klägerin ein Recht zur Kündigung des Vertrages einzuräumen. Das würde, so heißt es, „das Risiko, das sich mit der Umwandlung der Wirtschaftsordnung verwirklicht hat, einseitig der Nutzerin zuschieben.[159] ... Den veränderten Verhältnissen wird eine Anpassung des Nutzungsvertrages gerecht, die sich an den Bedingungen ausrichtet, zu denen gewerbliche Flächen am Markt zum Gebrauch oder zur Nutzung überlassen werden. Hierfür kommen mittel- und langfristige Miet- und Pachtverträge in Frage, die eine Unternehmensplanung und die Amortisation übernommener Investitionen ermöglichen. Solche Verträge sind häufig mit einer Option auf die Verlängerung der Vertragsdauer, gegebenenfalls zu angepassten Bedingungen, verbunden."[160]

3. Zusätzliche Belastungsfaktoren/ Verlust der Haftungsmasse

Zusätzliche Belastungsfaktoren, die eine der Vertragsparteien nach Vertragsschluss treffen, können die Bedeutung haben, dass das Verhältnis zwischen dem Wert der Leistung und der Gegenleistung gestört wird, auch wenn die betreffenden Leistungen nicht selbst berührt werden.

(1.) Im Fall eines Urteils des V. Zivilsenats des Bundesgerichtshofs aus dem Jahre 1951[161] ging es um einen Vergleich, den die Parteien eines Kaliabbauvertrages im Jahre 1930 geschlossen hatten. Danach wurde die Anlage still gelegt, und der Bergwerksunternehmer, der spätere Beklagte, verpflichtete sich gegenüber dem Grundstückseigentümer, dem späteren Kläger, statt der bisherigen Entschädigungen zur jährlichen Zahlung eines Betrages nach Maßgabe der Kaliquote, die er nach dem Gesamtumsatz des Kalisyndikats erhielt. Das Kalisyndikat wurde nach dem Krieg verboten, so dass die Kaliquote entfiel, weswegen der Beklagte das Vertragsverhältnis kündigte. Während des Krieges war in den Stollen Munition gelagert worden, die nach Kriegsende von der englischen Militärregierung beschlagnahmt worden war. Es kam dann zu einer Explosion, die die Anlage schwer beschädigte. Nicht das aber, sondern den Fortfall der Kaliquote betrachtete der Bundesgerichtshof als einen Grund, der die Geschäftsgrundlage des Vergleichs erschüttert habe.

Wiederum beruft sich das Gericht auf die Formel Oertmanns, zu der noch die Bedingung hinzugefügt wird, die Anpassung des Schuldverhältnisses an die neue Lage sei notwendig, „wenn und soweit das Ergebnis des starren Festhaltens am

159 BGHZ 126, 150, (163).
160 BGHZ 126, 150, (164.
161 BGH NJW 1951, 836, (837), = LM BGB §242 (Ba) Nr. 2.

Vertrage dem Schuldner infolge der veränderten Lage schlechthin nicht zugemutet werden könne."[162]

Man findet in dem Urteil keine nähere Begründung dafür, weswegen der Anspruch des Beklagten auf die Kaliquote Geschäftsgrundlage für seine im Vergleich übernommene Zahlungspflicht gewesen ist. Vielmehr heißt es dazu nur: „Die Feststellung, daß die Vertragsschließenden bei Abschluß des Vergleichs von der Geltung des Quotensystems ausgegangen seien, und ihr Wille zum Vertragsschluß darauf aufgebaut habe, daß das Quotensystem also nicht nur Berechnungs-, sondern Geschäftsgrundlage gewesen sei, liegt auf tatsächlichem Gebiet; sie ist für das Revisionsgericht bindend ..."

Diese Schlussfolgerung ist aber ungenau. Die Wertung nämlich, dass es sich eben nicht nur um eine Berechnungsgrundlage gehandelt hat, sondern dass die Berechtigung des Beklagten nach der Kaliquote die Qualität einer Geschäftsgrundlage hatte, ist rechtlicher Natur. Der V. Senat hätte also diese rechtliche Annahme begründen müssen. Die Floskel, auf die sich das Gericht zurückzieht, ist daher das Eingeständnis der eigenen Unsicherheit. Man kann dem Ergebnis wohl zustimmen, aber allenfalls mit der Begründung, dass der Fortfall der Kaliquote eine dem Beklagten unzumutbare zusätzliche Belastung bedeutete.

(2.) In dem sogenannten Bohrhämmerfall nahm der I. Zivilsenat des Bundesgerichtshofs Wegfall der Geschäftsgrundlage an, weil die Beklagte die von ihr bei der Klägerin bestellten Bohrhämmer wegen der Wirtschaftsblockade gegen die damalige Ostzone nicht dorthin liefern konnte. Dem Gericht war bei der Entscheidung ersichtlich unwohl. Es heißt im Urteil: „Zwar macht in der Regel beim Werklieferungsvertrag die dem Werkunternehmer bekannte Absicht des Bestellers, die bestellten Halb- oder Fertigfabrikate an einen bestimmten Abnehmer weiterzuliefern, diesen vom Besteller verfolgten Vertragszweck noch nicht zu der für beide Parteien maßgeblichen Grundlage des Geschäftes. Aus Gründen der Vertragssicherheit muss grundsätzlich jede Partei das Risiko der Unerreichbarkeit der von ihr subjektiv mit dem Vertragsschluß verfolgten Zwecke tragen. ... Im Streitfall treten aber zu der Kenntnis des Klägers von dem von der Beklagten verfolgten Vertragszweck weitere Umstände hinzu, die die Annahme rechtfertigen, daß sich der Geschäftswille beider Parteien auf diesen Vertragszweck aufbaut."[163]

Man erwartet danach, jetzt den tragenden Grund vielleicht nicht nur für diesen Fall, sondern allgemein für die Lehre von der Geschäftsgrundlage zu erfahren, wird aber bitter enttäuscht. Alles was der I. Zivilsenat dazu mitteilt, ist, dass die Klägerin die Bestellung der Beklagten über das Eisen- und Stahlbüro der

---

162 BGH NJW 1951, 836, (837).

163 BGH LM BGB §242 (Bb) Nr. 12 (Bl. 295R) = MDR 1953, 282.

DDR erhalten hat mit dem Vermerk versehen ,im Rahmen des Berliner Abkommens für 1948'. Daraus folgert der Bundesgerichtshof: „Bei dieser Sachlage war der Klägerin erkennbar, daß der Absatz der Hämmer in die Ostzone für die Beklagte nicht nur den Beweggrund für die Bestellung bildete, sondern sich ihr Geschäftswille auf der Voraussetzung aufbaute, die Hämmer in der Ostzone absetzen zu können."[164]

In dieser Begründung klingt nicht nur die Formel Oertmanns von der Geschäftsgrundlage an, sondern sogar die Windscheid'sche Voraussetzung. Aber überzeugend begründen kann weder das eine noch das andere die Ausnahme von der Regel, dass es zum Risiko des Käufers oder Bestellers gehört, die von ihm gekaufte bzw. für ihn hergestellte Ware wunschgemäß abzusetzen. Die Kenntnis des Verkäufers oder Werkunternehmers von den weiteren Geschäftsabsichten seines Vertragspartners berührt den Vertrag eben nicht. Ob der staatliche Eingriff durch die gegen die Ostzone gerichtete Wirtschaftsblockade einen rechtfertigenden Grund liefert, ist fraglich. Der Oberste Gerichtshof für die Britische Zone hatte in einem vergleichbaren Fall, wie oben berichtet, anders geurteilt.[165] Fragwürdig ist auch die Rechtfertigung dafür, dass sich der Käufer auf Kosten des Verkäufers soll entlasten dürfen. Das Ergebnis erscheint daher ungerecht.

Das Urteil ist aber deshalb von Interesse, weil der Bundesgerichtshof die Fälle sogenannter wirtschaftlicher Unmöglichkeit hier ausdrücklich dem Institut der Geschäftsgrundlage unterstellt. Dazu heißt es: „Auch bei den Fragen, die der Begriff der wirtschaftlichen Unmöglichkeit aufwirft, handelt es sich in Wahrheit stets um das Problem der Unzumutbarkeit der Vertragserfüllung, ein Problem, das mit Rücksicht auf die zumeist widerstreitenden Interessen der Vertragsparteien vom Standpunkt ausgleichender Gerechtigkeit nur aus §242 BGB gelöst werden kann, der eine Anpassung des Vertragsinhalts an die gegenwärtigen Umstände unter Abwägung der einander gegenüberstehenden Parteiinteressen unter dem Gesichtspunkt der Zumutbarkeit ermöglicht." Der etwas gewundene Satz macht die Quelle deutlich, aus der der I. Zivilsenat des Bundesgerichtshofs geschöpft hat. Es sind nicht die Parteivorstellungen, die das Gericht wenig später mit der Oertmann'sche Formel ins Spiel bringt. Es ist eine – hier übrigens fragwürdige – nicht näher verifizierbare Billigkeitsentscheidung, die eine Vertragsanpassung vorschreibt.

(3.) Um Schwierigkeiten beim Absatz gekaufter Geräte ging es auch in einem anderen Urteil des Bundesgerichtshofs aus dem Jahre 1960.[166] Der Beklagte hatte vom Herstellerwerk, der Klägerin, elektrische Geräte gekauft, die – wie man den

164 BGH LM BGB §242 (Bb) Nr. 12 (Bl. 296).
165 OGHZ 1, 386, (395).
166 BGH LM BGB §242 (Bb) Nr. 36.

spärlichen Sachverhaltsangaben entnehmen kann – Verwendung bei Elektrizitätswerken fanden. Die Klägerin änderte die Gerätetypen, noch bevor der Beklagte alle Geräte abgesetzt hatte. Die Berufungsinstanz hatte als Geschäftsgrundlage des Vertrages angesehen, dass der Beklagte die Geräte würde verkaufen können, bevor die Klägerin neue Typen auf den Markt bringen werde. Der VIII. Zivilsenat stimmte dem wegen der besonderen Verhältnisse des Falles zu. Es heißt dazu: „Die Parteien haben einen Eigenhändlervertrag mit Ausschließlichkeitsklausel abgeschlossen, der sich einem Handelsvertretervertrag nähert. ... unter diesen Umständen habe der Beklagte nach Treu und Glauben davon ausgehen dürfen, die Klägerin werde die vorgesehene Einführung des Geräts auf dem Markt und den Absatz in Berlin nicht durch Einführung neuer Typen durchkreuzen."[167]

Die Berufung auf Wegfall der Geschäftsgrundlage, für die das Gericht wörtlich die Oertmann'sche Formel anführt, überzeugt nicht. Man vermisst eine stimmige Begründung dafür, dass nach den Vorstellungen des Beklagten die Klägerin nicht neue Typen auf den Markt bringen und dadurch den Absatz der gekauften Geräte gefährden würde. Vielmehr ist mit Händen zu greifen, dass der Beklagte an diese Möglichkeit überhaupt nicht gedacht hat, dass also von Vorstellungen, die zutage getreten und von der Gegenseite in ihrer Bedeutung für den Vertragsschluss erkannt worden sind, nicht die Rede sein kann.

Dagegen leuchtet es ein, dass die Herstellerfirma von einem Vertragspartner, dessen Stellung der eines Handelsvertreters nahekommt, den Vertrieb veralteter Geräte, wenn sie neue Gerätetypen einführt, nicht, jedenfalls nicht zu unveränderten Vertragsbedingungen verlangen kann. Ob sich für diese Überlegung die Lehre von der Geschäftsgrundlage eignet, muss bezweifelt werden.

(4.) In folgendem Fall, den der VIII. Senat des Bundesgerichtshofs im Jahre 1956 entschieden hat, ging es um später hinzugekommene finanzielle Belastungen.[168] Die Berufung auf Wegfall der Geschäftsgrundlage erscheint hier zweifelhaft. Die Parteien hatten vereinbart, dass der Beklagte auf die Räumung der von einem Mieter im Hause des Beklagten betriebenen Gaststätte drängen und dass der Kläger sie übernehmen sollte. Der Beklagte schloss in dem dann anhängig gemachten Räumungsprozess einen Vergleich, wonach die Gaststätte gegen Zahlung von 30.000 DM herausgegeben wurde. Er weigerte sich, dem Kläger die Gaststätte zu überlassen, solange dieser ihm nicht die 30.000 DM erstattete. Daraufhin klagte der Kläger auf Feststellung, dass der Beklagte schadensersatzpflichtig sei. Der Bundesgerichtshof hob das Urteil des Oberlandesgerichts, das der Klage stattgegeben hatte, auf und verwies die Sache zurück. Der Beklagte habe, so heißt es im Urteil, ein Sonderopfer erbracht, zu dem er nicht verpflichtet ge-

167 BGH LM BGB §242 (Bb) Nr. 36 (Bl. 1305).
168 BGH LM BGB §242 (Bb) Nr. 23.

wesen sei. Dadurch habe er „die Geschäftsgrundlage des Vertrages der Parteien durch eigene Entschließung wesentlich verändert. In der Regel mag es dem Schuldner verwehrt sein, aus solcher Handlungsweise Rechte aus §242 BGB herzuleiten." Jedoch, so meint das Gericht, „können die Wirkungen eines Wegfalls der Geschäftsgrundlage in besonders gelagerten Ausnahmefällen auch dann eintreten, wenn der Schuldner dies Ergebnis durch eigene Entschließung herbeigeführt hat."[169]

Von einer Begründung kann man bei dieser Entscheidung nicht sprechen. Der Senat teilt den Sachverhalt nur mit. Eine rechtliche Würdigung, die ergeben müsste, inwiefern es sich dabei um einen, noch dazu besonders gelagerten Ausnahmefall handelt, findet sich im Urteil nicht. Man findet auch keine Begründung dafür, warum denn hier die eigene Entschließung des Beklagten, vergleichsweise 30.000 DM für die Räumung aufzuwenden, die Geschäftsgrundlage wesentlich verändert hat.

Auch der Bundesgerichtshof zieht hier, wie schon das Reichsgericht und dann ebenso der OGH, das „Institut" der Geschäftsgrundlage heran, wenn Worte schweigen. Die Formel von der Störung der Geschäftsgrundlage erscheint dann gebetsmühlenartig, ohne stimmigen Bezug zum Fall. Die Entscheidung eignet sich daher nicht zu einer Verallgemeinerung.

(5.) Über eine besondere Konstellation hatte der III. Zivilsenat des Bundesgerichtshofs im Jahre 1957 zu urteilen. Um das Risiko von Kursschwankungen im Auslandsgeschäft zu reduzieren, vermittelte die deutsche Reichsbank zwischen deutschen Importeuren und Exporteuren Kurssicherungsabkommen. Stieg die ausländische Währung an, dann hatte der Exporteur, der davon profitierte, dem Importeur, der dadurch benachteiligt war, einen Ausgleich zu zahlen, so wie umgekehrt der Importeur dem Exporteur, wenn die ausländische Währung fiel. Diese Überlegung konnte nur aufgehen, wenn die gegen den ausländischen Vertragspartner gerichtete Forderung Bestand hatte. Im zugrundeliegenden Fall hatte der deutsche Exporteur seine Forderung verloren, weil die britische Regierung ihn enteignet hatte. Folglich war die Möglichkeit verloren, vom Anstieg der britischen Währung zu profitieren, und damit nach Ansicht des Bundesgerichtshofs auch die Geschäftsgrundlage des Kurssicherungsabkommens. Dazu heißt es im Urteil in den Worten der Oertmann'schen Formel: „Daß die getroffene Vereinbarung nur bei einem Fortbestand ihrer Auslandsforderungen für die Beklagte sinnvoll war und welche Bedeutung mithin dieser Umstand für die Beklagte hatte, war auch für die Klägerin so offensichtlich, daß unbedenklich angenommen werden kann, daß der Geschäftswille der Parteien sich auf der Vorstellung des Fortbestandes der Auslandsforderungen der Beklagten aufbaute. Die Vorstellung, die

---

169 BGH LM BGB §242 (Bb) Nr. 23 (Bl. 389R).

Auslandsforderung der Beklagten bleibe bestehen, war für diese mithin nicht nur ein rechtlich unerheblicher Beweggrund (Motiv) für den Vertragsschluß, sondern sie bildete die ‚Geschäftsgrundlage' des Vertrages, die mit dem Untergang dieser Forderung weggefallen war."[170]

Im Ergebnis wird man dem Urteil zustimmen. Die Begründung allerdings, die über Parteivorstellungen von künftigen Entwicklungen spekuliert, ist fragwürdig. Nicht der Umstand, dass die Parteien mit der Forderung der Beklagten gegen ihren britischen Abnehmer gerechnet haben, sondern dass das Kurssicherungsabkommen nur mit einer solchen Forderung Sinn hatte, gibt den Ausschlag.

(6.) Nach einem Urteil des V. Zivilsenats des Bundesgerichtshofs aus dem Jahre 1958 kann der Grundstückskäufer, der die zu erwartende Lastenausgleichsabgabe übernommen hat, vom Verkäufer Ausgleich verlangen, wenn die dann gesetzlich festgelegte Vermögensabgabe höher ist als erwartet. Wenn, so lautet die Begründung, das Wertverhältnis zwischen Leistung und Gegenleistung später durch besondere Umstände grob verändert wird, sei die Geschäftsgrundlage erschüttert.[171]

Diese Aussage überzeugt. Es ist das gestörte Gleichgewicht zwischen den Werten, die beide Parteien für den Vertrag einsetzen. Das begründet die Störung der Geschäftsgrundlage und nicht die Vorstellungen der Parteien. Sie haben nur im negativen Sinne die Bedeutung, dass der Vertrag trotz ungünstiger späterer Ereignisse Bestand hat, wenn die Vertragspartner diese vorausgesehen und dennoch den Vertrag geschlossen haben. Zwar hatten auch in dem zugrundeliegenden Fall die Parteien bewusst ein Risiko eingegangen waren, als sie in Kenntnis des bevorstehenden, im einzelnen aber noch ungewissen Lastenausgleichsgesetzes den Vertrag geschlossen haben. Fällt die Höhe der Vermögensabgabe dann aber wesentlich höher aus, dann kann dies den Wegfall der Geschäftsgrundlage rechtfertigen. Allerdings heißt es im Urteil unter Berufung auf Lehmann[172] sowie auf Entscheidungen des Reichsgerichts[173] und des Bundesgerichtshofs[174]: „Nicht jede Verschiebung des Gleichgewichts genügt in diesem Zusammenhang. Es muß sich um ein Überschreiten der Opfergrenze handeln, um ein untragbares, mit Recht und Gerechtigkeit schlechthin unvereinbares Ergebnis."[175]

(7.) Ein relativ junges Urteil des Bundesgerichtshofs aus dem Jahre 1993 beleuchtet das Institut der Geschäftsgrundlage als Lösungsmodell in – wie man

170 BGH LM BGB §242 (Bb) Nr. 24.
171 BGH LM BGB §242 (Bb) Nr. 25.
172 Enneccerus/Lehmann, Recht der Schuldverhältnisse, 14. Bearb., S. 173f III.
173 RGZ 112, 329, (333).
174 BGH LM BGB §242 (Ba) Nr. 2.
175 BGH LM BGB §242 (Ba) Nr. 2, a.E.

früher sagte – Fällen „wirtschaftlicher Unmöglichkeit".[176] Die Beklagte, eine Porsche-Direkthändlerin, hatte vor Erscheinen des Porsche 959 der Klägerin ein Auto dieses Typs zu einem – wie es in dem Kaufvertrag heißt – von der Porsche AG festgesetzten Preis verkauft. Die Porsche AG vertrieb dann aber dieses Modell nicht über ihr Händlernetz, also auch nicht an die Beklagte, sondern direkt ab Werk an ausgewählte Abnehmer. Der Preis dafür betrug 430.000 DM. Das Interesse des Marktes war aber so groß, dass bei einer Weiterveräußerung ein Gewinn von über 700.000 DM erzielt werden konnte. Also hätte die Beklagte einen entsprechenden Verlust hinnehmen müssen, hätte sie sich auf dem Markt eindecken und dann das Auto zum Werkspreis an die Klägerin veräußern müssen. Der VIII. Zivilsenat des Bundesgerichtshofs wertete dies als eine Äquivalenzstörung, die derart über das Beschaffungsrisiko beim Gattungskauf hinausging, dass die Geschäftsgrundlage gestört sei. Es heißt in dem Urteil: „Der erkennende Senat hat sich im Urteil vom 12.7. 1972[177] der ‚allgemeinen Meinung in Rechtsprechung und Schrifttum' angeschlossen, auch bei Gattungsschulden stehe die in §279 BGB ausgesprochene Verpflichtung des Schuldners, für nachträgliches Unvermögen einzustehen, unter dem Vorbehalt des Grundsatzes von Treu und Glauben. Unter dem Gesichtspunkt der wirtschaftlichen Unmöglichkeit oder demjenigen des Wegfalls der Geschäftsgrundlage könne die Leistungspflicht des Schuldners aber allenfalls dann hinfällig werden, wenn die Beschaffung der Gattungssache so schwierig geworden sei, daß sie ihm nicht mehr zugemutet werden könne (NJW 1972, 1702). ... Anknüpfend an das zitierte Senatsurteil und drei grundlegende Entscheidungen des Reichsgerichts (RGZ 57, 116; 116, 88; 107, 156) kann als gesichert und praktisch handhabbar gelten, daß nach den Regeln, wie sie für den Wegfall der Geschäftsgrundlage entwickelt worden sind, die Haftung des Verkäufers aus §279 BGB dann entfällt, wenn infolge nichtvorhersehbarer Umstände so erhebliche Leistungshindernisse eingetreten sind, daß dem Schuldner die Beschaffung nicht mehr zugemutet werden kann." Der VIII. Zivilsenat hebt weiter hervor: „An jedes der genannten Erfordernisse für eine Befreiung des Schuldners von der Leistungspflicht sind strenge Anforderungen zu stellen. ... Auf die Anwendung der für den Wegfall der Geschäftsgrundlage entwickelten Regelungen kann sich der Beklagte ... nur dann mit Erfolg berufen, wenn die Ausschaltung der Händlerorganisation für den Verkauf des Porsche 959 unvorhersehbar war."[178]

(8.) Im Jahre 1984 entschied der VIII. Zivilsenat des Bundesgerichtshofs über einen Fall, dessen Hintergrund der politische und religiöse Umsturz in Persien

---

176 BGH NJW 1994, 515.
177 BGH NJW 1972, 1702.
178 BGH NJW 1994, 515.

durch den Ayatollah Khomeini bildete.[179] Die Klägerin war eine iranische Importfirma, die von der Beklagten, einer deutschen Brauerei, Dosenbier gekauft hatte. Das Bier wurde in den Iran geliefert, stellte sich aber zum Teil als verdorben heraus, weswegen man u.a. über eine Ersatzlieferung einen Vergleich schloss. Zu dieser Lieferung kam es aber nicht, weil mit der Machtübernahme durch Khomeini in Persien ein striktes Alkoholverbot erlassen wurde.

Der VIII. Zivilsenat betrachtet übereinstimmend mit dem Berufungsgericht (OLG Celle) die Möglichkeit weiterer Zusammenarbeit zwischen den Parteien als eine Geschäftsgrundlage des Vergleichs, wobei das Gericht zur Bestimmung die Formel Oertmann's zitiert. Diese Begründung ist sowenig überzeugend wie in anderen Fällen: Von einer entsprechenden Vorstellung der Parteien kann keine Rede sein. Richtig ist allerdings, dass die Ausführung des Vergleichs wegen der Veränderung der politischen Verhältnisse, durch zusätzliche Belastungsfaktoren also, vereitelt wurde. Im übrigen wird entsprechend ständiger Rechtsprechung noch angefügt, dass die Berufung auf Wegfall der Geschäftsgrundlage nur dann in Betracht kommt, „wenn dies zur Vermeidung untragbarer, mit Recht und Gerechtigkeit schlechthin nicht vereinbarer und damit der betroffenen Vertragspartei nicht zumutbarer Folgen unabweislich erscheint.“[180]

Der Bundesgerichtshof stimmt dem Berufungsgericht darin zu, dass der Vergleich mit angepasstem Inhalt, nämlich gegen Ersatz in Geld, aufrechtzuerhalten sei. Das Risiko, nicht mehr Alkohol in den Iran einführen zu dürfen, das an sich die Klägerin als die Käuferin des Bieres hätte treffen müssen, wird der Beklagten, der Verkäuferin angelastet. Die Begründung dafür lautet, dass es sich bei dem Vergleich, um dessen Anpassung es ging, eben nicht um einen Kauf, sondern um Schadensersatz für eine mangelhafte Kaufsache gehandelt habe. Das überzeugt nicht.

4. Die wechselseitige Abhängigkeit miteinander verkoppelter Rechtsverhältnisse als Geschäftsgrundlage

(1.) Das sogenannte Volkswagensparerurteil aus dem Jahre 1951 betrifft Kriegsfolgen besonderer Art.[181] Um breiteren Volksschichten zu einem Auto, nämlich einem Volkswagen, zu verhelfen, war in den Jahren unmittelbar vor dem Krieg ein – wie es der Bundesgerichtshof später charakterisiert hat – verwickeltes Sparvertragssystem entwickelt worden. Danach zahlten Kaufinteressenten, die einen Volkswagen erwerben wollten, Kaufpreisraten auf ein Konto zugunsten des

179 BGH NJW 1984, 1746.
180 BGH NJW 1984, 1746, (1747 sub dd).
181 BGH NJW 1952, 137.

Volkswagenwerks ein. Nach vollständiger Zahlung sollte geliefert werden. Wegen des Krieges wurden diese Verträge, es waren schließlich über 300.000 Volkswagensparer zusammengekommen, nicht ausgeführt. Das Volkswagenwerk weigerte sich nach Kriegsende, zu den alten Konditionen zu leisten. Das Guthabenkonto mit insgesamt 268 Millionen Reichsmark war von der russischen Besatzungsmacht beschlagnahmt worden und für die VW-AG danach verloren. Der Bundesgerichtshof konnte über die Klage, die von zwei Volkswagensparern erhoben worden war, nicht selbst entscheiden, sondern musste an das Berufungsgericht (OLG Celle) zurückverweisen, wo es dann später zu einem Vergleich kam. Dem Urteil, das nicht amtlich veröffentlicht, sondern nur von einem der Prozessanwälte mitgeteilt worden ist, kann der Sachverhalt nur in Umrissen entnommen werden. Dass die Geschäftsgrundlage der über das Sparsystem finanzierten Kaufverträge weggefallen war, wird vom I. Zivilsenat des Bundesgerichtshofs mit keinem Wort erläutert, sondern als Begründung für die Klagabweisung durch das Berufungsgericht nur mitgeteilt. Der Grund war offenbar die Abhängigkeit des Kaufvertrages von dem „verwickelten" Sparsystem und die Unmöglichkeit, es fortzusetzen oder anzupassen. Eine Rolle wird auch gespielt haben, dass das Volkswagenwerk auf das Konto mit dem angesparten Guthaben nicht mehr zugreifen konnte. Darüber kann allerdings nur spekuliert werden. Der Fall interessiert hier aber unabhängig von der damaligen Rechtsauffassung der Gerichte wegen der besonderen Gestaltung. Von Interesse sind auch die an die Berufungsinstanz gerichteten Hinweise des Bundesgerichtshofs, was, um über die Klage entscheiden zu können, alles zu bedenken sei. Während die auf Lieferung der gekauften Autos gerichtete Klage in den Vorinstanzen abgewiesen worden war, machte der I. Zivilsenat des Bundesgerichtshofs dem Oberlandesgericht eine Fülle von Auflagen, um festzustellen, welche Belastung dem VW-Werk zumutbar sei, um die Kaufverträge in abgeänderter Form doch zu erfüllen. Geklärt werden sollte, was für Vorteile die Volkswagen AG, wenn auch nur mittelbar, aus dem angesparten Guthaben der Käufer gezogen hat, wie sich die Wirtschaftslage des Unternehmens mittlerweile entwickelt hat, welche Belastungen ihm zuzumuten sind, wenn die Verträge zum Teil zu einem Vorzugspreis erfüllt, zum Teil die Guthaben den Sparern, und zwar möglicherweise über dem für Reichsmark geltenden Umstellungskurs, erstattet würden und ob nicht das Sparsystem bei entsprechender Preiserhöhung entfallen könnte.

Das Urteil steht mit diesen detaillierten Auflagen in auffälligem Gegensatz zu anderen Entscheidungen, die zum Zwecke einer Vertragsanpassung nicht so viele Anstrengungen erkennen lassen. Es kann vermutet werden, dass dafür die wirtschaftliche Potenz der Volkswagen AG mitgespielt hat.

(2.) Im Fall eines Urteils des VIII. Zivilsenats des Bundesgerichtshofs aus dem Jahre 1958[182] hatten die Parteien ein Kauf-/ Tauschgeschäft mit Autos vereinbart. Der Kläger hatte dem Beklagten einen Borgward-Kombi verkauft mit der Befugnis, an Stelle des Kaufpreises einen Ford-Kombi mit Zuzahlung zu liefern. Der Fordhändler, von dem der Beklagte den Ford erstehen wollte, weigerte sich, die Konkurrenz zu beliefern, so dass die Ersetzung des Kaufpreises für den Borgward scheiterte. Der VIII. Zivilsenat hebt hervor, „daß eine Lösung vom Vertrage oder seine Abänderung nur dann zulässig sein dürfe, wenn dem Schuldner infolge der veränderten Lage das Ergebnis des starren Festhaltens am Vertrage schlechthin nicht zuzumuten sei."[183] In dem zugrundeliegenden Fall war nach Ansicht des Gerichts dem Beklagten aber durchaus zuzumuten, die Kaufpreisschuld durch Zahlung zu tilgen.

Dieses Ergebnis ist fraglos richtig. Die Entscheidung belegt aber wiederum, dass der Bundesgerichtshof sie nicht aus der Formel von der Geschäftsgrundlage, sondern aus einer letztlich nicht verifizierten Wertung gewonnen hat.

(3.) Um die Abhängigkeit zweier Rechtsverhältnisse voneinander ging es auch in einem Urteil des Bundesgerichtshofs aus dem Jahre 1967.[184] Eigentlicher Anlass waren Anwaltsgebühren, die der Kläger vom Beklagten beanspruchte. Dieser verteidigte sich mit der Behauptung, deshalb nicht Kostenschuldner zu sein, weil Auftraggeber nicht er, sondern eine Kommanditgesellschaft gewesen sei. Zwar sei er deren Komplementär gewesen, er hafte aber deshalb nicht, weil der Kläger der Gesellschaft die betreffende Schuld erlassen habe. So verhielt es sich in der Tat, allerdings mit der Maßgabe, dass der Kläger seine Forderung gegen den Beklagten weiter verfolgte, also den Erlass nur auf die Gesellschaftsschuld, nicht auf die daran anknüpfende Gesellschafterschuld bezog.

Der II. Zivilsenat des Bundesgerichtshofs führte dazu aus, das Verhältnis zwischen der Gesellschaft und ihren Gesellschaftern sei kein echtes Gesamtschuldverhältnis. Folglich gelte in diesem Verhältnis nicht die Vorschrift des §423 BGB, wonach der Erlass zugunsten des einen Gesamtschuldners die Schuld des anderen Gesamtschuldners nicht berührt. Also habe der Kläger der KG die Schuld nicht mit der Maßgabe erlassen können, dass die Haftung des Komplementärs bestehen blieb. Das aber sei die Geschäftsgrundlage des Erlassvertrages gewesen. Dieser sei daher, weil seine Geschäftsgrundlage gefehlt habe, nichtig, weswegen die Gebührenschuld des Beklagten begründet sei.

Der Bundesgerichtshof stützt seine Annahme, dass es sich hier um eine Geschäftsgrundlage des Erlassvertrages handele, auf beiderseitig irrige Vorstellun-

182 BGH NJW 1958, 1772

183 BGH NJW 1958, 1772, (1773).

184 BGH NJW 1967, 2155.

gen der Vertragsparteien. Wörtlich heißt es: „Zu einem Erlaß der Schuld der Gesellschaft wäre es nicht gekommen, wäre den Vertragspartnern klar gewesen, der Gläubiger würde auf diese Weise seine Forderung gänzlich verlieren.“ Dann aber folgt eine Argumentation, die deutlich macht, dass die eigentliche Begründung eine andere ist. Es heißt nämlich weiter: „Nach Treu und Glauben kann die Gesellschaft unter diesen Umständen nach Aufklärung des Irrtums, der sie einseitig begünstigte, auf den Vorteil nicht bestehen, der ihr aus dem Vertrag zugeflossen ist.“[185]

Nicht der Irrtum liefert also den tragenden Grund für die Unwirksamkeit des Erlassvertrages. Vielmehr verbietet das Verhältnis zwischen Gesellschafts- und Gesellschafterschuld eine Vereinbarung, nach der die Gesellschaftsschuld entfällt, während die Gesellschafterschuld fortbestehen soll.

(4.) In mehreren Entscheidungen hat sich der Bundesgerichtshof zum Verhältnis zwischen einem Finanzierungsleasingvertrag und dem Kaufvertrag, den der Leasinggeber mit dem Verkäufer der Leasingsache geschlossen hat, geäußert. Hat der Leasinggeber, wie in solchen Fällen üblich, die Gewährleistungsansprüche des Leasingnehmers gegen sich ausgeschlossen und dafür dem Leasingnehmer die kaufrechtlichen Gewährleistungsansprüche gegen den Verkäufer abgetreten, so ist der Fortbestand des Kaufvertrages nach Ansicht des Gerichts Geschäftsgrundlage für den Leasingvertrag. Entfällt der Kaufvertrag etwa infolge einer Wandlung wegen Sachmangels, so entfällt damit auch der Anspruch des Leasinggebers auf die Leasingraten. Diesen Hinweis gibt der VIII. Zivilsenat des Bundesgerichtshofs im Jahre 1977 in einem obiter dictum, ohne nähere Begründung.[186] In einem Urteil aus dem Jahre 1981, in dem es darauf ankam, wiederholt der VIII. Zivilsenat diese Aussage.[187] In dem zugrundeliegenden Fall hatte der Beklagte den Kauf einer Funkstation mit Hilfe eines mit der Klägerin vereinbarten Leasingvertrages finanziert. Die Klägerin schloss Gewährleistungsansprüche gegen sich aus und trat dafür ihre Gewährleistungsrechte gegen die Verkäuferin der Funkstation ab. Der Beklagte ließ die Funkanlage unbenutzt und zahlte keine Leasingraten an die Leasinggeberin, weil sich herausstellte, dass er nicht, wie von der Verkäuferin zugesagt, mit einer Reichweite von 100 km, sondern nur auf 20 km funken konnte. Die Verkäuferin wurde deshalb zur Wandlung verurteilt und nahm die Anlage zurück. Der VIII. Senat erörtert zunächst, dass die Leasingnehmerin die Wandlung des Kaufs deshalb gegen sich gelten lassen müsste, weil sie dies mit der Abtretung der Gewährleistungsansprüche vertraglich hingenommen hätte. Sodann geht das Gericht auf den Wegfall der Geschäftsgrundlage

185 BGH NJW 1967, 2155, (2157).
186 BGHZ 68, 118, (126 sub f).
187 BGHZ 81, 298, (306 ff).

ein und führt dazu aus: „Die Geschäftsgrundlage, auf die der Leasingvertrag nach den bei Vertragsschluß zutage getretenen Vorstellungen beider Parteien aufbaut, nämlich der käufliche Erwerb einer gebrauchsfähigen Sache durch den Leasinggeber zum Zweck der Weitergabe an den Leasingnehmer, ist mithin nicht nachträglich für die Zukunft weggefallen, sondern hat sich mit der Wandlung des Kaufvertrages als von vornherein nicht vorhanden erwiesen.“[188]

Die Frage der Rückwirkung, die vom Senat noch ausführlich erläutert wird, interessiert hier nicht näher. Von Interesse ist jedoch die Rückführung der Geschäftsgrundlage wiederum auf die – hier übereinstimmenden – Vorstellungen der Vertragsparteien. Da der Kauf mit Hilfe des Leasingvertrages finanziert werden sollte, waren beide Verträge miteinander verbunden. Das aber entsprach nicht Parteivorstellungen, die als bloße Geschäftsgrundlage dem im Vertrag ausgedrückten Parteiwillen vorgeschaltet sind. Vielmehr handelt es sich um eine Verknüpfung rechtlicher Art, weil sie vereinbart worden ist. Wenn es für derart verbundene Verträge eine den Vorschriften der §§358, 359 BGB n.F. entsprechende Regelung nicht gibt, ist das Institut der Geschäftsgrundlage ein plausibler Ersatz. Es handelt sich zugleich um einen Fall der Zweckvereitelung.

In einem Urteil wiederum des VIII. Zivilsenats des Bundesgerichtshofs aus dem Jahre 1989 wird dann entschieden, dass in solch einem Fall der Leasinggeber die ihm bereits geleisteten Leasingraten dem Leasingnehmer nach Bereicherungsrecht zurückzuzahlen habe.[189]

(5.) Im Jahre 1983 entschied der III. Zivilsenat des Bundesgerichtshofs in einem sehr speziellen Prozess über den Wegfall der Geschäftsgrundlage.[190] Der durch eine Fülle von Verträgen und gesetzlichen Regelungen verwickelte Sachverhalt muss zum besseren Verständnis verkürzt werden. Kläger war ein 1933 gegründeter kommunaler Zweckverband mit Aufgaben der Elektrizitätswirtschaft. Diese Aufgaben hat er überwiegend durch private Energieversorgungsunternehmen, u.a. auf Grund von zwei Verträgen aus den Jahren 1939 und 1957 durch die beklagte RWE, erfüllt. Der Kläger kündigte diese Verträge und verlangte die Rückgabe der örtlichen Stromleitungsnetze nach Maßgabe der für diesen Fall getroffenen Vertragsvereinbarung. Nach Ansicht des III. Zivilsenats war jedoch deren Geschäftsgrundlage weggefallen. Der Hintergrund dieser Annahme war folgender: Die Aufgabe des Klägers zur Stromversorgung basierte auf einem oldenburgischen Gesetz aus dem Jahre 1933. Es normierte für den Kläger ein Monopol u.a. auch zur Straßennutzung für Zwecke der Elektrizitätsversorgung. Dieses Monopol war durch das niedersächsische Straßengesetz von 1963 besei-

188 BGHZ 81, 298, (307); bestätigt von BGHZ 94, 44, (48) und BGHZ 109, 139, (142).
189 BGHZ 109, 139, (143/144).
190 BGHZ 89, 226, (231 ff).

tigt worden, so dass das Recht des Klägers, das öffentliche Wegenetz für seine Stromleitungen zu nutzen und damit – nach Meinung des Bundesgerichtshofs – auch die Geschäftsgrundlage für den Vertragsanspruch auf Rückführung dieses Leistungssystems entfallen war. Der Senat zitiert, um das zu belegen, wieder die Formel Oertmanns, wonach die Geschäftsgrundlage eines Vertrages gebildet wird „durch die nicht zum eigentlichen Vertragsinhalt erhobenen bei Vertragsschluß aber zutage getretenen gemeinsamen Vorstellungen beider Vertragsparteien oder die dem Geschäftsgegner erkennbaren und von ihm nicht beanstandeten Vorstellungen der einen Vertragspartei von dem Vorhandensein oder dem künftigen Eintritt bestimmter Umstände, auf denen der Geschäftswille der Parteien sich aufbaut. Derartige Umstände können auch in dem Fortbestand oder der Änderung der bestehenden Gesetzeslage liegen."[191] Der Senat stützt sich, was die tatsächliche Seite betrifft, auf die Feststellung des Berufungsgerichts, die Verträge von 1939 und von 1957 mit der Klausel, dass die Stromleitungsnetze bei Vertragsbeendigung dem Kläger zurückzugeben sind, hätten auf der gemeinsamen Überzeugung der Vertragsparteien von der Gültigkeit und der Fortdauer des oldenburgischen Gesetzes von 1933 aufgebaut.

Diese Feststellung, an die das Revisionsgericht gebunden war, wirkt wenig überzeugend. Noch weniger überzeugt die rechtliche Schlussfolgerung, dass der Vertragsanspruch auf Rückgabe des Stromnetzes deshalb hinfällig sei, weil die Parteivorstellungen nach Erlass des niedersächsischen Straßengesetzes nicht mehr der Rechtslage entsprächen. Nicht die Vorstellungen der Parteien, sondern die Verknüpfung der Befugnis des Klägers mit seinem Monopol zur Nutzung der öffentlichen Wege für das Stromleitungsnetz, also objektive Gegebenheiten der Rechtslage, sind hier ausschlaggebend. Nachdem der Kläger sein Straßennutzungsmonopol verloren hat, ist das Stromleitungsnetz für ihn wertlos, da er es nicht mehr verwerten kann. Ob sich daraus ergibt, dass die Beklagten das Stromnetz behalten dürfen, ist allerdings die Frage.

(6.) Der Fall, der einem Urteil des XII. Zivilsenat des Bundesgerichtshofs aus dem Jahre 2002 zugrunde lag, hat seine Wurzeln im Beitritt der DDR.[192] Es handelte sich aber nicht um wirtschaftliche Folgen etwa aus der Währungsumstellung oder dem Verlust von Märkten im Ostblock. Vielmehr ging es um die Abhängigkeit zweier Rechtsverhältnisse voneinander. Der Kläger, seinerzeit Oberbürgermeister einer Stadt in der DDR, hatte ein Wochenendhaus erworben und mit der Rechtsvorgängerin der Beklagten einen Nutzungsvertrag über das Grundstück, auf dem das Wochenendhaus stand, abgeschlossen. Wegen Sittenwidrigkeit des Kaufvertrages wurde der Kläger im Jahre 1995 verurteilt, das Wochenendhaus zu

---

191 BGHZ 89, 226, (231/232 sub a).
192 BGHZ 150, 102, (107 ff).

räumen. Das wertete der XII. Zivilsenat des Bundesgerichtshofs als Wegfall der Geschäftsgrundlage des Grundstücksnutzungsvertrages, weil die Grundstücksnutzung nur im Zusammenhang mit der Bewohnung des Wochenendhauses sinnvoll war. Da das dem Kläger untersagt war, sprach das Gericht der Beklagten das Recht zu, den Nutzungsvertrag wegen Wegfalls der Geschäftsgrundlage zu kündigen.

Das Ergebnis überzeugt, aber unabhängig davon, ob sich die Parteien Gedanken darüber gemacht haben, dass der Kläger das Wochenendhaus würde behalten dürfen, sondern deshalb, weil die Grundstücksmiete mit dem Recht, das Haus zu nutzen, verkoppelt war.

(7.) In einem Urteil aus dem Jahre 2005 hat der III. Zivilsenat des Bundesgerichtshofs entschieden, dass dem Behandlungsvertrag, der zwischen dem Krankenhausträger und dem Patienten geschlossen worden ist, die Geschäftsgrundlage fehlt, wenn die Annahme, es bestünde eine gesetzliche Krankenversicherung, unzutreffend ist.[193]

In dem zugrundeliegenden Fall war die minderjährige Tochter der Beklagten im Krankenhaus der Klägerin zur stationären Behandlung aufgenommen worden in der Annahme, dass sie über ihren Vater gesetzlich krankenversichert sei. Dies traf nicht zu. Deswegen fehlte nach Ansicht des III. Zivilsenats „dem privatrechtlichen Behandlungsverhältnis, das zwischen den Parteien bestand, die Geschäftsgrundlage." Das allerdings hatte hier nicht etwa zur Folge, dass der Vertrag etwa hinfällig war, sondern dass „die deshalb gebotene Vertragsanpassung zu einem Zahlungsanspruch der Klägerin gegen die Beklagte führt."[194]

Als Begründung dafür heißt es, die beklagte Mutter trüge das Risiko dafür, dass ihr Kind krankenversichert war.[195] Diese Überlegung ist sicherlich richtig. Die Konstruktion, mit der das Gericht den Zahlungsanspruch gegen die Mutter begründet, erscheint aber doch hergeholt. Es will auch nicht überzeugen, dass das Bestehen einer Krankenversicherung Geschäftsgrundlage für den Behandlungsvertrag mit dem Krankenhaus ist und deshalb diesen Vertrag berührt. Da es eben das Risiko des Patienten ist, ob und wie er für die Krankenhausbehandlung versichert ist, hat beides nichts miteinander zu tun.

5. Zweckverfehlung

(1.) In einem 1967 vom Bundesgerichtshof entschiedenen Fall hatten die Parteien einen Vertrag geschlossen, nach dem der Kläger dem Beklagten Grundstücke

193 BGHZ 163, 42.
194 BGHZ 163, 42, (48).
195 BGHZ 163, 42, (49).

seines Grundbesitzes verkaufte, wogegen der Beklagte auf einem anderen Grundstück des Klägers ein Mietswohnhaus mit 12 Wohnungen oder auch, falls dies nicht genehmigt würde, zwei entsprechend große Häuser errichten sollte. Da mangels Baugenehmigung weder die an den Beklagten verkauften Grundstücke, noch ein Grundstück des Klägers wie vorgesehen bebaut werden konnte, verlangte der Kläger u.a. Rückauflassung der verkauften Grundstücke und Feststellung, dass der Vertrag unwirksam sei. Das Oberlandesgericht gab der Klage statt. Der V. Zivilsenat des Bundesgerichtshof hob dieses Urteil auf und verwies die Sache zurück. Zeitweilige Erfüllungshindernisse machten den Vertrag nicht nach §306 BGB (gemeint war die alte Fassung dieser Vorschrift) nichtig. Wenn jedoch die Behebung eines solchen Hindernisses wesentlich längere Zeit in Anspruch nimmt als bei Vertragsschluss angenommen, dann, so sagt das Urteil „liegt ein beiderseitiger Irrtum vor, dessen Rechtsfolgen nicht nach §306 BGB zu beurteilen sind, sondern unter dem Gesichtspunkt des Wegfalls der Geschäftsgrundlage (§242 BGB)." Der Irrtum begründet jedoch für sich alleine noch nicht die Störung der Geschäftsgrundlage. Im Urteil heißt es nämlich weiter: „es muß geprüft werden, ob und inwieweit sich durch die unvorhergesehene Hinauszögerung des Erfüllungszeitpunkts der Sachverhalt, von dem die Vertragsschließenden ausgegangen sind, so tiefgreifend verändert hat, daß der Vertrag nach Treu und Glauben nicht mehr in der zunächst vorgesehenen Weise durchgeführt werden kann."[196]

Das heißt mit anderen Worten, dass die Geschäftsgrundlage entfallen ist, wenn der Vertragszweck nicht mehr erreicht werden kann.

(2.) Über einen Fall ganz eigener Art, nämlich die Entwertung eines Bundesligaspielers durch Verlust seiner Spielberechtigung, hatte der Bundesgerichtshof im Jahre 1975 zu entscheiden.[197] Parteien des Prozesses waren Vereine der Fußballbundesliga. Der Beklagte hatte gegen eine Ablösesumme von 40.000 DM den Transfer eines Vereinsspielers des Klägers vereinbart. Der Spieler war, was die Parteien bei Vertragsschluss nicht wussten, in den Bundesligabestechungsskandal verwickelt, so dass ihm der Verlust seiner Spielberechtigung und dem Beklagten der Verlust des „eingekauften" Spielers drohte. Das Berufungsgericht und auch der III. Zivilsenat des Bundesgerichtshofs werteten dies als einen beiderseitigen „Irrtum über die Geschäftsgrundlage". Wieder wird die Formel Oertmanns zitiert: „Die Geschäftsgrundlage eines Vertrages wird gebildet durch die nicht zum eigentlichen Vertragsinhalt erhobenen, aber bei Vertragsschluß zutage getretenen gemeinschaftlichen Vorstellungen beider Vertragsparteien oder die dem Gegner erkennbaren und von ihm nicht beanstandeten Vorstellungen der einen Vertragspartei von dem Vorhandensein oder dem künftigen Eintritt gewisser

196 BGHZ 47, 48, (50).
197 BGH NJW 1976, 565.

Umstände, auf denen der Geschäftswille der Parteien sich aufbaut."[198] Der III. Zivilsenat des Bundesgerichtshofs erörtert noch, ob nicht der Beklagte hier das Risiko tragen muss, dass der eingekaufte Spieler sich als wertlos herausstellt. Das Gericht hebt hervor, dass es sich so verhielte, wenn der Spieler die in ihn gesetzten Erwartungen sportlich nicht erfüllt. Dagegen sei es dem Risikobereich des „alten" Vereins zuzurechnen, wenn der Spieler während seiner Vereinszugehörigkeit die Spielberechtigung durch unsportliches Verhalten verloren hat.[199]

Diese Überlegung erscheint stichhaltig. Zugleich aber scheint in ihr auch die eigentliche Begründung für das Resultat zu liegen, dafür nämlich, dass der III. Zivilsenat des Bundesgerichtshofs das Berufungsurteil, nach dem der Kläger die Transfersumme dem Beklagten zurückzahlen musste, bestätigt hat. Dass der angebliche Irrtum beider Vertragsparteien den tragenden Grund dafür liefert, ist nicht glaubhaft, zumal das Gericht wenig später selbst einräumt: „Die Vorstellung, daß der Spieler nicht in einer Weise belastet sei, die seine Spielerlaubnis für den übernehmenden Verein gefährde, sei für die Vertragsparteien eine Selbstverständlichkeit gewesen."[200] Das heißt aber mit anderen Worten, dass keine der Parteien über die Spielberechtigung des die Vereine wechselnden Spielers nachgedacht hat, dass man von einem beiderseitigen Irrtum daher nicht sprechen kann. Zugleich stellt das aber die Formel in Frage, wonach sich die Geschäftsgrundlage aus Parteivorstellungen ergibt und ihre Störung daraus folgt, dass sich diese Vorstellungen nicht bewahrheiten.

Auch andere Urteile des Bundesgerichtshofs legen diese Vermutung nahe. So wird eine Störung der Geschäftsgrundlage in einem Fall abgelehnt, in dem der Mann sich von einer vor der Scheidung für eine Schuld seiner Frau eingegangenen Bürgschaft lösen möchte. In dem betreffenden Urteil heißt es, die Annahme des Berufungsgerichts, die Parteien hätten u.a. den Fortbestand der Ehe zur Geschäftsgrundlage gemacht, „wäre nur dann richtig, wenn es einen dahingehenden übereinstimmenden inneren Willen der Parteien ... hätte feststellen können."[201] Demgegenüber sollen sich Bundesligavereine über die Geschäftsgrundlage geirrt haben, wenn der transferierte Spieler, was von keiner Seite bedacht worden ist, seine Spielberechtigung verloren hatte.

Vergleicht man beide Gerichtsentscheidungen, dann wird deutlich, dass das Gericht mit der angeblich relevanten Vorstellungswelt der Vertragsparteien je nach gewünschtem Ergebnis jongliert. Der Grund dafür ist, dass eben nicht die beiderseitigen oder gar die einseitigen, unbeanstandeten Parteivorstellungen den

---

198 BGH NJW 1976, 565, (566 sub 2a).
199 BGH NJW 1976, 565, (567 sub c/d).
200 BGH NJW 1976, 565, (566 sub 2b).
201 BGH NJW 1987, 1629, (1630 sub 1.).

Ausschlag für die Lösung vom Vertrag oder für eine Vertragsanpassung liefern. Vielmehr sind es andere rechtliche Aspekte, für die das Gericht aber nur die Formel von der Unzumutbarkeit, der mit Treu und Glauben unvereinbaren Vertragsbindung aufführen kann. Im Bürgschaftsfall hätte der Mann die Bürgschaft doch fraglos nicht übernommen, wäre die Schuldnerin seinerzeit nicht seine Frau gewesen. Es war für das Gericht aber kein Anhaltspunkt ersichtlich, weswegen die Bürgschaftsverpflichtung nach der Scheidung eine rechtlich unerträgliche, mit Treu und Glauben unvereinbare, eben unzumutbare Bindung gewesen wäre. Deshalb war die Geschäftsgrundlage mit der Scheidung nicht entfallen und nicht etwa, weil die Parteien nicht gewusst hätten, dass die Ehe ein Anlass für die Bürgschaftsübernahme gewesen war.

In einem Urteil aus dem Jahre 1959 spricht der VIII. Zivilsenat des Bundesgerichtshofs dies auch aus: „Der Rev. ist zuzugeben, daß man beim Fehlen oder späteren Wegfall der Geschäftsgrundlage im Regelfalle in dem Verhalten des durch den Vertrag begünstigten Teiles, der den Gegner an dem Vertrag festhalten will, nur dann eine unzulässige Rechtsausübung erblicken kann, wenn die Einhaltung des Vertrages für den Gegner unzumutbar ist, weil sie zu schlechterdings untragbaren Ergebnissen führen müßte. Eine solche Unzumutbarkeit mag im Regelfalle nur dann anzunehmen sein, wenn der unter den irrigen Voraussetzungen zustande gekommene Vertrag ein grobes Mißverhältnis zwischen Leistung und Gegenleistung erkennen läßt."[202]

Die Berufung auf fehlende oder vorliegende Fehlvorstellungen der Parteien überzeugt also nicht. Im Bundesligafall ist es in Wahrheit die Untauglichkeit des Spielers, künftig für den neuen Verein zu spielen, also die Vereitelung des Vertragszwecks. Bei einem Kauf hätte man nicht eine Störung der Geschäftsgrundlage, sondern einen Sachmangel angenommen. Das aber passt für die Übernahme eines Fußballspielers nicht. Trotzdem ist die Parallelwertung hilfreich, zeigt sie doch, dass man die Lösung nicht in den Parteivorstellungen suchen darf.

(3.) Die Versagung der Baugenehmigung für Fertighäuser, die die Kläger von der Beklagten bestellt hatten, soll nach einem Urteil des VIII. Zivilsenats des Bundesgerichtshofs aus dem Jahre 1966 den Wegfall der Geschäftsgrundlage begründen. Beide Parteien, so führt das Gericht aus, hätten die Vorstellung gehabt, dass die Baugenehmigung für die Häuser erteilt werden würde. Diese Vorausset-

202 BGH LM BGB §119 Nr. 8. In dem zugrundeliegenden Fall hatte sich der Beklagte gegenüber dem Kläger verpflichtet, die von diesem berechnete Kaufpreisrestschuld eines Studenten abzulösen. Versehentlich hatte der Kläger die Anzahlung des Studenten zweimal vom Kaufpreis abgezogen und daher den Ablösungsbetrag zu niedrig angesetzt. Der Beklagte beharrte darauf, nur in dieser Höhe verpflichtet zu sein. Das sah der VIII. Zivilsenat ausnahmsweise, „auch ohne daß ein grobes Mißverhältnis der beiderseitigen Leistungen" vorlag, als missbräuchlich an.

zung sei Geschäftsgrundlage der Kaufverträge geworden.[203] Die Überlegung, dass es das Risiko des Bauherrn sei, ob die Baugenehmigung erteilt werde, wird mit dem Argument verworfen, dass der Fertighaushersteller die Häuser nicht verkauft hätte, wenn er nicht überzeugt gewesen wäre, dass sie auf den Grundstücken der Bauherren errichtet werden könnten.

Über diese Begründung lässt sich streiten. Sie erscheint aber doch auch vertretbar. Die richtige Begründung müsste lauten, dass in Ermangelung einer Baugenehmigung der Zweck des Fertighauskaufs vereitelt ist.

(4.) Im Fall einer Entscheidung, die der VIII. Zivilsenat des Bundesgerichtshofs im Jahre 1968 gefällt hat, beabsichtigten die Kläger, ein Ehepaar, eine Gaststätte zu eröffnen. Der Beklagte, der Ladeneinrichtungen baute, hatte in einem im Bau befindlichen Haus Räume zum Betrieb einer Gaststätte gemietet. In diesen Mietvertrag traten die Kläger ein und kauften von dem Beklagten die gesamte Gaststätteninneneinrichtung. Der Bau wurde jedoch ein Jahr später völlig stillgelegt. Deshalb übernahmen die Kläger eine andere Gaststätte und traten von dem Vertrag mit dem Beklagten zurück.

Der VIII. Zivilsenat nimmt an, Geschäftsgrundlage für die Bestellung der Ladeneinrichtung sei die Verschaffung der Mieträumen für die Gaststätte gewesen. Die rechtzeitige Fertigstellung der Räume sei nicht das Risiko der Kläger gewesen, sondern das Risiko des Beklagten, der für den Bau einen Baukostenzuschuss gezahlt hatte und daran interessiert war, dass die Kläger ihn mit Eintritt in den Mietvertrag übernehmen sollten. Da die Räume nicht beizeitig bezugsfertig waren, seien die Kläger berechtigt gewesen, sich vom Vertrag loszusagen.[204]

Das Gericht hat sich nicht auf die Überlegung gestützt, dass hier der Zweck des Einrichtungskaufs, die Mieträume auszustatten, durch die Einstellung des Hausbaus vereitelt worden ist. Die Problematik des Falles gehört aber in diesen Zusammenhang. Bedeutsam ist auch, dass die Parteien den Kauf der Ausstattung und die Verschaffung der Mieträume durch Eintritt der Kläger in den Mietvertrag des Beklagten miteinander verkoppelt hatten. In welche der Fallgruppen dieser Fall gehört, ob es sich um eine Zweckverfehlung handelt oder um eine Verkoppelung zweier Rechtsverhältnisse, ist nicht so wichtig. Das Ergebnis jedenfalls, dass sich die Kläger vom Kauf der Einrichtung lösen konnten, erscheint richtig.

(5.) Über einen eigenartigen Fall einer Zweckvereitelung hatte der IX. Zivilsenat des Bundesgerichtshofs im Jahre 1995 zu entscheiden. Es ging um die Frage, ob nach einer Scheidung der Ehe die Bürgschaft der vermögenslosen Frau ihren Zweck nicht mehr erreichen kann.[205] Der Hintergrund dieser Fragestellung ist

---

203 BGH JZ 1966, 409.
204 BGH LM BGB §242 (Bb) Nr. 54.
205 BGHZ 128, 230.

die Rechtsprechung, dass die Bürgschaft eines vermögenslosen Angehörigen sittenwidrig sein kann.[206] Allerdings ist das dann nicht anzunehmen, wenn der Gläubiger ein berechtigtes Interesse an der Bürgschaft hat, um nämlich zu verhindern, dass der Hauptschuldner Vermögensgegenstände seinem Ehegatten schenkt und dadurch dem Zugriff des Gläubigers zu entzieht.[207] Nach einer Scheidung ist mit solchen Vermögensverlagerungen zwischen den geschiedenen Ehegatten zum Nachteil der Gläubiger des Schuldners nicht mehr zu rechnen. Daher, so meint der IX. Zivilsenat, könne der mit der Bürgschaft verfolgte Zweck nicht mehr verwirklicht werden. Das soll hier zum Wegfall der Geschäftsgrundlage geführt haben.[208] Als Rechtsfolge soll das den Verlust eines Anspruchs aus der Bürgschaft nach sich ziehen.[209]

Wieder wird, um die Geschäftsgrundlage zu kennzeichnen die Formel Oertmanns herangezogen.[210] Die betreffenden Vorstellungen sind hier wohl die Befürchtungen des Gläubigers, die Ehegatten könnten Vermögen des Hauptschuldners dem anderen Ehegatten verschieben. Diese Begründung und auch die These, dass nach der Scheidung der Zweck der Bürgschaft nicht mehr erreicht werden könnte,[211] ist zweifelhaft.

(6.) Im Jahre 1991 entschied der XII. Zivilsenat des Bundesgerichtshofs, dass Wegfall der Geschäftsgrundlage denkbar sei, wenn die Brautleute in der Verlobenszeit für ein gemeinsames Heim Leistungen erbracht haben, die später eingegangene Ehe dann aber geschieden wird.[212] Für Leistungen während der Ehe gibt es nach Ansicht des Bundesgerichtshof einen Ausgleich regelmäßig nur über den Zugewinnausgleich und nicht wegen Wegfalls der Geschäftsgrundlage. Anders verhalte es sich dagegen bei Leistungen, die in der Zeit vor der Ehe erbracht worden sind und auf einem, wenn auch stillschweigend geschlossenen Vertrag beruhen. Allerdings hat das Gericht den Gedanken des Gesetzes, dass jedem Ehegatten nur die Hälfte des Zugewinns zusteht, auf diesen Ausgleichsanspruch übertragen. Für die Leistungen, die der eine in der Verlobungszeit erbracht hat, wird wegen Wegfalls der Geschäftsgrundlage Ausgleich also nur in Höhe der Hälfte gewährt.

---

206 BGHZ 125, 206, (213).
207 BGHZ 128, 230, (234/235).
208 BGHZ 128, 230, (237/238); bestätigt durch BGHZ 132, 328, (332 ff), wenn nicht der Wunsch nach Erweiterung der Haftungsmasse, sondern die Befürchtung vor Vermögensverlagerungen auf den Ehegatten für den Gläubiger den Grund bildet, die Ehegattenbürgschaft zu verlangen.
209 BGHZ 128, 230, (239).
210 BGHZ 128, 230, (236)
211 BGHZ 128, 230, (237).
212 BGHZ 115, 261, (264 ff).

Dass das Institut der Geschäftsgrundlage hier heranzuziehen ist wird nur mit der Überlegung dargetan, dass der prinzipielle Vorrang des Zugewinnausgleichs für Leistungen in der Verlobungszeit nicht gilt. Eine Begründung dafür, dass der Fortbestand der Ehe Geschäftsgrundlage der Leistungen für den Bau gewesen sind,[213] liefert das Urteil nicht. Die Annahme leuchtet aber ein. Nur fragt sich, ob hier nicht die Regelung des §812 I 2 BGB näher gelegen hätte, jedenfalls dann, wenn man eine Vertragsgrundlage für die Leistungen in Frage stellt. Nimmt man jedoch Wegfall der Geschäftsgrundlage an, dann überzeugt nicht die Kürzung des Anspruchs in Parallele zu Leistungen während der Ehe. Das Argument, dass bei Leistungen während der Ehe der Zugewinnausgleichsanspruch einen Ausgleich wegen Wegfalls der Geschäftsgrundlage verdränge, ist nicht stichhaltig. Denn das gilt für Leistungen während der Verlobenszeit ja gerade nicht. Also muss der dafür begründete Ausgleichsanspruch auch nicht der Höhe nach ebenso bemessen werden. Wenn man aber wie der XII. Zivilsenat die Lösung mit der Geschäftsgrundlage bevorzugt, dann erscheint die Kürzung des Anspruchs entsprechend einem Zugewinnausgleich unhaltbar. Denn die Leistung des einen Partners während der Verlobenszeit ist kein Zugewinn des anderen.

(7.) Im Urteil des XII. Zivilsenats des Bundesgerichtshofs aus dem Jahre 1999[214] ging es um die Frage, worin der angemessene Ausgleich für Leistungen in einer später geschiedenen Ehe zu suchen ist. Ein Lösungsmodell ist die Annahme einer Ehegatteninnengesellschaft

Dazu heißt es im Urteil: „Der Bundesgerichtshof hat statt dessen, soweit möglich, auf die Figur der sogenannten ehebezogenen Zuwendung zurückgegriffen und den Ausgleich nach den Regeln des Wegfalls der Geschäftsgrundlage durchgeführt. Eine ehebezogene Zuwendung liegt vor, wenn ein Ehegatte dem anderen einen Vermögenswert um der Ehe willen und als Beitrag zur Verwirklichung und Ausgestaltung, Erhaltung oder Sicherung der ehelichen Lebensgemeinschaft zukommen läßt, wobei er die Vorstellung oder Erwartung hegt, daß die eheliche Lebensgemeinschaft Bestand haben und er innerhalb dieser Gemeinschaft am Vermögenswert und dessen Früchten weiter teilhaben werde. Darin liegt die Geschäftsgrundlage der Zuwendung. ... Aus diesem ehebezogenen Rechtsgeschäft eigener Art können sich nach Scheitern der Ehe entsprechend den Regeln über den Wegfall der Geschäftsgrundlage Ausgleichsansprüche ergeben, wenn die Beibehaltung der durch die Zuwendung herbeigeführten Vermögenslage dem benachteiligten Ehegatten nicht zumutbar ist (BGHZ 127, 48, 50).“[215]

---

213 BGHZ 116, 167, ((170 mit Bezug auf BGH FamRZ 1990, 600).
214 BGHZ 142, 137.
215 BGHZ 142, 137, (147/148).

Dieser Nachsatz macht wieder deutlich, dass es nicht eigentlich das Fehlgehen bestimmter Erwartungen einer Vertragsseite, sondern die Unzumutbarkeit der gegenwärtigen Sach- und Rechtslage ist, die die Vertragsanpassung gebietet. Im übrigen verwahrt sich der Senat gegen den Vorwurf einer „schlecht berechenbaren Billigkeitsjustiz", den das Schrifttum verschiedentlich erhoben hat, sucht aber seinerseits Grenzen „gegen eine zu weite Ausdehnung des Anwendungsbereichs der Rückabwicklung ehebezogener Zuwendungen nach den Grundsätzen des Wegfalls der Geschäftsgrundlage" zu ziehen.[216] Es heißt dazu: „Das Instrument des Wegfalls der Geschäftsgrundlage mit seiner Lösung über Billigkeitsgrundsätze nach §242 BGB kann schließlich immer nur in Ausnahmefällen in Betracht kommen, in denen sachnähere schuldrechtliche oder familienrechtliche Regelungen versagen."[217]

Diese Rechtsprechung zum Wegfall der Geschäftsgrundlage bei ehebezogenen Zuwendungen ist fragwürdig. Das Gericht greift hier sehr eigenmächtig in das Schenkungsrecht und die Regelung über den Zugewinnausgleich ein. Verallgemeinerungen können daran nicht geknüpft werden.

6. Irrtümliche Annahmen als Motiv zum Vertragsschluss

(1.) Im Jahre 1952 hatte der IV. Zivilsenat des Bundesgerichtshofs über die Bindung an einen Vergleich über Vermächtnisansprüche zu entscheiden.[218] Der Erblasser hatte seinen unehelichen Kindern, die seinerzeit keine Pflichtteilsansprüche besaßen, testamentarisch Vermächtnisse in Höhe des Pflichtteils ehelicher Kinder ausgesetzt. Die Kinder hatten sich, vertreten durch ihren Vormund, mit den Erben über die Höhe ihrer Vermächtnisse verglichen, diesen Vergleich aber später angegriffen mit der Behauptung, der Berechnung sei ein zu niedriger Nachlasswert zugrunde gelegt worden. Zu der Frage, ob der Wert des Nachlasses eine Eigenschaft im Sinne des §119 II BGB ist und ob deshalb hier eine Anfechtung in Betracht kommen könne, führt der IV. Zivilsenat aus: „Für eine möglichst weite Auslegung des Begriffs der wesentlichen Eigenschaft und damit für eine Erweiterung der Möglichkeit, ein Rechtsgeschäft wegen eines Irrtums im Beweggrund anzufechten, besteht heute um so weniger ein Bedürfnis, als der in den letzten Jahrzehnten von der Rspr. und Rechtslehre entwickelte Begriff des Fehlens der Geschäftsgrundlage bei der Beurteilung der Rechtsfolgen eines Rechtsgeschäfts in weitem Umfange auch die Berücksichtigung irrtümlicher nicht zum Inhalt des Rechtsgeschäfts erhobener Vorstellungen eines Beteiligten oder beider Ver-

216 BGHZ 142, 137, (150).
217 BGHZ 142, 137, (152).
218 BGH LM BGB §779 Nr. 2.

tragsteile über das Vorhandensein oder Nichtvorhandensein bestimmter Umstände zuläßt, ohne dabei notwendig zu derartig einschneidenden und oft der Interessenlage nicht gerecht werdenden Eingriffen in die Rechtsbeziehungen der Vertragsteile zu führen, wie das bei der Anfechtung regelmäßig der Fall ist." Der Bundesgerichtshof konnte den Fall nicht entscheiden, sondern musste zurückverweisen, so dass offenblieb, wie es sich hier mit der Geschäftsgrundlage verhielt. Hervorgehoben wird aber, dass auch wenn die Voraussetzungen des §779 BGB nicht gegeben sind, das Institut der Geschäftsgrundlage in Betracht kommen könne, und dass der Vergleich danach nicht notwendigerweise nichtig, sondern gegebenenfalls anzupassen sei.

Das Urteil lässt erkennen, dass es diese nach Ansicht des Gerichts gegenüber einer Anfechtung vorzugswürdige Rechtsfolge ist, die hier für die Lehre von der Geschäftsgrundlage spricht. Aber nicht allein Abweichungen von irgendwelchen Parteivorstellungen sind entscheidend. In dem Urteil heißt es weiter: „Umfang und Inhalt der aus dem Rechtsgeschäft sich ergebenden Rechte und Pflichten der Vertragsteile sind vielmehr in einem solchen Falle nach dem inneren Sinn und Zweck des Geschäftes unter Berücksichtigung aller Umstände des Einzelfalles, insbes. der verkannten ‚richtigen' Geschäftsgrundlage, gemäß den §§157, 242 BGB so zu beurteilen und zu bemessen, d.h. gegebenenfalls so an die wirkliche Sachlage anzupassen, wie es bei Zugrundelegung eines von Treu und Glauben, insbesondere von dem Gedanken der Treue zu dem gegebenen Wort bestimmten Verhaltens der Parteien gerecht und billig ist."[219]

Fragt man nach dem tragenden Grund, weswegen der wahre Nachlasswert Geschäftsgrundlage des Vergleichs über die Vermächtnisforderungen ist, so ist es keine Äquivalenzstörung, die die Vertragsbindung als unzumutbar erscheinen lässt. Es ist schlicht der Umstand, dass die Vermächtnisse nach dem Willen des Erblassers wie Pflichtteile berechnet werden sollten und der Vergleich darauf basierte. Daher scheint die Lösung hier in einer entsprechenden Auslegung des Vergleichs zu suchen sein, nicht eigentlich im Institut der Geschäftsgrundlage.

(2.) Nach einem Urteil des VII. Zivilsenats des Bundesgerichtshofs aus dem Jahre 1991 kann ein Irrtum über die Geschäftsgrundlage zu einer Vertragsanpassung nötigen.[220] Es ging in dem zugrundeliegenden Fall um eine vorweggenommene Erbfolge, durch die die Eltern ihr Vermögen schon zu Lebzeiten auf ihre vier Kinder übertragen hatten. Da die verteilten Vermögensgegenstände, Grundstücke und Gewerbebetriebe, unterschiedliche Werte aufwiesen, waren Gleichstellungszahlungen zugunsten des benachteiligten Klägers vereinbart worden. Der Berechnung lag das Gutachten eines Sachverständigen, der die Vermögens-

219 BGH LM BGB §779 Nr. 2 (sub 5.).
220 BGHZ 113, 310.

werte der Eltern geschätzt hatte, zugrunde. Der Beklagte wehrte sich mit der Behauptung, dass die Bewertung unzutreffend sei, gegen die eingeklagte Gleichstellungszahlung. Der Bundesgerichtshof musste die Sache zurückverweisen. Dem Berufungsgericht wird aufgegeben zu prüfen, ob nicht eine Vertragsanpassung nach den Grundsätzen vom Wegfall der Geschäftsgrundlage geboten sei, was „bei einer ungewöhnlichen, aus dem Rahmen fallenden Differenz infolge anfänglicher Fehlbewertung in Betracht kommen kann."[221]

Das Urteil ist nicht sehr ergiebig. Da die Parteien die Höhe der Gleichstellungszahlungen auf der Basis des Sachverständigengutachtens vereinbart hatten, handelt es sich um einen Fall beiderseitigen Irrtums über Berechnungsgrundlagen. Der Hinweis des Senats, dass eine Vertragsanpassung nur dann in Betracht komme, wenn die Differenz zwischen den geschätzten und den zutreffenden Werten „aus dem Rahmen" falle, weist daraufhin, dass nicht allein der Irrtum, sondern der Grad der Abweichung die Vertragsanpassung diktiert.

(3.) Gleichfalls um unrichtige Berechnungsgrundlagen ging es in einem im Jahre 1960 entschiedenen Fall.[222] Der Beklagte hatte sich zur Ablösung der von der Klägerin berechneten Kaufpreisrestschuld eines Studenten verpflichtet. Versehentlich hatte die Klägerin die Anzahlung des Studenten zweimal vom Kaufpreis abgezogen und daher den Ablösungsbetrag zu niedrig angesetzt. Der VIII. Zivilsenat des Bundesgerichtshofs ging davon aus, „daß bei Abschluß des Vertrages bei beiden Parteien der gleiche wesentliche Irrtum bestanden hat, daß nämlich die Angabe der Kl. über das ‚Restkaufgeld' auf einer richtigen Berechnung beruhe." Es heißt in dem Urteil dann weiter: „Diesem übereinstimmenden Irrtum der Parteien kommt ... die Bedeutung eines Irrtums über die von den Parteien angenommene Geschäftsgrundlage zu."[223] Das Beharren des Beklagten auf der vereinbarten Ablösungssumme sah der VIII. Zivilsenat als rechtsmissbräuchlich an. Zwar müsse für die Annahme, dass die Vertragsbindung unzumutbar sei, regelmäßig noch ein „grobes Mißverhältnis der beiderseitigen Leistungen" hinzukommen. Das soll in diesem besonderen Fall aber nicht erforderlich sein.[224] Als Grund dafür gibt das Gericht nur an, dass das Verhalten des Beklagten, der den Berechnungsfehler nicht korrigieren wolle, eben missbräuchlich sei.

Wie im oben (1.) wiedergegebenen Fall scheint die rechtlich überzeugendere Lösung in der Vertragsauslegung zu liegen. Wenn der Beklagte eine Kaufpreisrestschuld ablösen sollte und auch wollte, dann ist deren zutreffende Berechnung

---

221 BGHZ 113, 310 (314/315)..
222 BGH LM BGB §119 Nr. 8.
223 BGH LM BGB §119 Nr. 8 (sub 2.c).
224 BGH LM BGB §119 Nr. 8 (sub 2.c).

nicht nur Geschäftsgrundlage des Vertrages, sondern richtigerweise Vertragsinhalt.

(4.) Im Fall eines Urteils aus dem Jahre 1973 hatte der Kläger einer für ihn ungünstigen Änderung eines Gesellschaftsvertrages zugestimmt in der Annahme, ein Ehegattentestament sei frei widerruflich.[225] Der Sachverhalt war etwas verwickelt. Der Kläger war mit dem Beklagten, seinem Bruder, und den mittlerweile verstorbenen Eltern Mitglied einer Kommanditgesellschaft. Der Vater war Komplementär, die übrigen Gesellschafter waren Kommanditisten. Der Gesellschaftsvertrag räumte dem Vater das Recht ein, zu Lebzeiten oder durch Verfügung von Todes wegen die Aufnahme eines Abkömmlings als Komplementär zu verlangen. In einem gemeinschaftlichen Ehegattentestament bestimmte der Vater die beiden Brüder je zur Hälfte als Erben, setzte seiner Frau Vermächtnisse aus und bestimmte, dass der Beklagte nach seinem Tod Komplementär werden sollte. Die Mutter setzte den Vater zu ihrem Erben und die beiden Brüder je zur Hälfte zu Ersatzerben ein. Später änderten die Ehegatten ihr gemeinschaftliches Testament dahin ab, dass auch der Kläger das Recht haben sollte, nach dem Tode des Vaters Komplementär zu werden. Als die Mutter starb veranlasste der Vater seine Söhne zu einer Änderung des Gesellschaftsvertrages. Danach sollte nach dem Tode des Vaters doch nur der Beklagte Komplementär werden und den Kapitalanteil des Vaters auch nicht nur zur Hälfte, sondern zu 11/20 erhalten. Der Kläger griff nach dem Tode des Vaters diese Änderung des Gesellschaftsvertrages an mit dem Ziel, seinerseits auch Komplementär zu werden. Der II. Zivilsenat des Bundesgerichtshof hob die Klagabweisung durch das Berufungsgericht (OLG Frankfurt a.M.) auf und verwies die Sache zurück mit der Begründung, wegen eines möglichen Rechtsirrtums könnte der Vertragsänderung die Geschäftsgrundlage gefehlt haben. Es heißt dazu wörtlich: „All diese Äußerungen lassen es als nicht fernliegend erscheinen, daß außer dem Kläger auch die übrigen Vertragsbeteiligten von der freien Widerruflichkeit des gemeinschaftlichen Testaments ausgingen. Nimmt man das aber an, so wäre ein Fehlen der Geschäftsgrundlage für den Vertrag von 1966 grundsätzlich zu bejahen. Gingen die Parteien nämlich irrtümlich von der Widerruflichkeit des Testaments aus, so hatte die vertragliche Änderung der Nachfolgebestimmung in ihrer Vorstellung möglicherweise nur die Bedeutung, dem Vater eine Testamentsänderung zu ersparen, mit der er die gewünschte Nachfolgeregelung auch ohne Zustimmung der Mitgesellschafter hätte erreichen können. Nach der wirkliche Rechtslage dagegen – wenn das Testament unwiderruflich war – war die Änderung des Gesellschaftsvertrages die einzige Möglichkeit ..., die testamentarischen Bestimmungen zu Lasten des Klägers abzuändern. Ein Irrtum hierüber ... war ein Irrtum über die Grundlage des Vertrages, und zwar

225 BGHZ 62, 20.

auch, wenn sie (gemeint sind die anderen Gesellschafter) die Rechtslage zwar richtig beurteilten, aber den Irrtum des Klägers kannten."[226] Rechtsfolge wäre nach Ansicht des II. Zivilsenats in diesem Fall die Nichtigkeit der Vertragsänderung von Anfang an und nicht nur mit Wirkung für die Zukunft.[227]

Das Gericht ist nicht darauf eingegangen, ob die Lösung vom Vertrag nicht zusätzlich voraussetzt, dass die Vertragsbindung unzumutbar, nämlich mit Treu und Glauben unvereinbar wäre. Schon aus diesem Grund muss bezweifelt werden, dass es sich um einen klassischen Fall fehlender Geschäftsgrundlage handelt. Es könnte auch sein, dass in diesem Beispiel die Notwendigkeit sichtbar wird, die gesetzliche Regelung der Irrtumsproblematik zu erweitern.

(5.) Einer Einordnung in die Typologie bisher entschiedener Konstellationen entzieht sich ein Urteil des XII. Zivilsenats des Bundesgerichtshofs aus dem Jahre 1995.[228] Es ging um die Unterhaltsklage zweier Kinder, die aus einer heterologen Insemination hervorgegangen waren. Beklagter war der inzwischen geschiedene Ehemann der Mutter. Er hatte mit dieser einen Vertrag über die Insemination geschlossen und sich darin verpflichtet, ein nach der Insemination geborenes Kind als ehelich anzusehen. Die Ehe zwischen dem Beklagten und der Mutter der Kinder wurde ein Jahr nach deren Geburt geschieden. Der Beklagte erreichte in einem Ehelichkeitsanfechtungsprozess die Feststellung, dass die Kinder nicht ehelich seien.

Der XII. Zivilsenat wertete die Vereinbarung über die Insemination als einen berechtigenden Vertrag zugunsten der Kinder mit der Pflicht, für deren Unterhalt wie ein ehelicher Vater zu sorgen. Diese Wertung ist überzeugend, ebenso das endgültige Resultat des Senats, dass weder Scheidung noch Ehelichkeitsanfechtung die Unterhaltspflicht beseitigt haben. Zuvor jedoch überrascht das Gericht mit verschlungenen Überlegungen. Die Geschäftsgrundlage der zwischen den Eheleuten geschlossenen, die Kinder berechtigenden Vereinbarung soll dadurch entfallen sein, dass der Beklagte sich nach der erfolgreichen Ehelichkeitsanfechtung nicht mehr als der leibliche Vater fühlen könne. Nach Maßgabe der Oertmann'schen Formel heißt es dazu im Urteil: „Im vorliegenden Fall hatten der Beklagte und die Mutter der Kläger bei Abschluß der Vereinbarung vom 19. Juli 1985 erkennbar die Vorstellung, die persönlichen und rechtlichen Beziehungen zwischen dem Beklagten und dem aus der heterologen Insemination hervorgehenden Kind würden sich so entwickeln als sei der Beklagte der biologische Vater. Es ist davon auszugehen, daß sie ohne diese Vorstellung die Vereinbarung nicht getroffen und von einer heterologen Insemination abgesehen hätten. Diese

226 BGHZ 62, 20, (25).
227 BGHZ 62, 20, (26).
228 BGHZ 129, 297.

Geschäftsgrundlage ist nicht schon deshalb entfallen, weil die Ehe der Mutter der Kläger mit dem Beklagten gescheitert ist und die Kläger deshalb nicht in einer Hausgemeinschaft mit dem Beklagten aufwachsen. Eine solche Entwicklung hätte genauso eintreten können, wenn der Beklagte der biologische Vater der Kläger wäre. Diese Geschäftsgrundlage ist aber entfallen, nachdem durch das rechtskräftige Statusurteil die Nichtehelichkeit der Kläger festgestellt worden ist."[229]

Diese Beurteilung zeigt schlaglichtartig, wie fragwürdig es ist, mit Hilfe der Formel Oertmanns die Geschäftsgrundlage nach Parteivorstellungen zu bemessen, die das Gericht mehr oder weniger willkürlich bestimmt. Die Unterhaltspflicht für Kinder, die der Mann hat in die Welt setzen lassen, wäre danach abhängig von dem guten Willen, sich wie der leibliche Vater zu fühlen. Bei einer heterologen Insemination ist aber die Möglichkeit, dass der Samen eines anderen Samenspenders die Befruchtung bewirkt hat, ebenso naheliegend oder sogar noch wahrscheinlicher als die Befruchtung durch den Ehemann. Das ist bekannt, der betreffende Zweifel des Ehemannes also auch nicht von der Hand zu weisen. Dass der Mann aber, wenn er sich auf ein solches Experiment einlässt, den Unterhalt der Kinder schuldet, gleichgültig, wessen Samen nun zur Befruchtung geführt hat, sollte rechtlich eindeutig sein. Auch eine Adoption wird in der Erwartung, das adoptierte Kind eben als das eigene zu empfinden, vereinbart, ohne dass die Geschäftsgrundlage entfallen wäre, wenn sich das später nicht ergibt. Das scheint der XII. Zivilsenat letztlich auch so empfunden zu haben. Nachdem sich das Gericht aber auf den Weg begeben hat, die Hoffnung auf Vatergefühle als Geschäftsgrundlage und die Enttäuschung als deren Wegfall zu werten, fiel es schwer, davon fortzukommen. Der Senat vollzieht die Kehrtwendung mit einer ihrerseits fragwürdigen Begründung. Im Urteil heißt es dazu: „Dennoch fehlt es an den Voraussetzungen für eine Anpassung der Unterhaltsregelung an die veränderten Verhältnisse. Es ist dem Kläger vielmehr zuzumuten, die eingetretene Störung hinzunehmen. Nach ständiger Rechtsprechung kann nämlich derjenige, der die entscheidende Änderung der Verhältnisse selbst bewirkt hat, aus dem dadurch herbeigeführten Wegfall der Geschäftsgrundlage keine Rechte herleiten."[230]

Wenn man aber den Fortbestand persönlicher Wohlgefühle zur Geschäftsgrundlage erhebt, dann dürfte man deren Umschlagen in Missfallen nicht rechtlich ignorieren. Oder wie es richtiger umgekehrt heißen muss: Die Einsicht, dass allein willkürliche Empfindungen einer Vertragspartei nicht den Wegfall der Geschäftsgrundlage begründen dürfen, zeigt, dass man solchen Gefühlen rechtlich nicht deren Qualität zusprechen darf.

229 BGHZ 129, 297, (309/310).
230 BGHZ 129, 297, (310).

III. Zusammenfassende Würdigung der Rechtsprechung

Überblickt man die oben vorgestellten Urteile zum Wegfall der Geschäftsgrundlage, so können bereits an dieser Stelle, noch bevor das Schrifttum zur Sprache gekommen und analysiert worden ist, gewisse Einsichten ausgesprochen und Folgerungen gezogen werden:

1. Zur Bestimmung der Geschäftsgrundlage

Eine wichtige Erkenntnis lautet, dass in keinem der Urteile die Geschäftsgrundlage mit Hilfe von Parteivorstellungen nach der Formel Oertmanns eindeutig bestimmt worden ist. Verbal allerdings wird bis in die Gegenwart die Geschäftsgrundlage in fast jedem Urteil des Bundesgerichtshofs danach definiert. Im einzelnen Fall aber wirkt ihre vom Gericht dekretierte Rückführung auf Parteivorstellungen beliebig, als reine Behauptung ohne überzeugenden Beleg.[231] Dass dem Vertragsschluss jeweils Parteivorstellungen zugrunde liegen, auch solche, die nicht eigentlich zum Vertragsinhalt erhoben worden sind, trifft fraglos zu. Welche davon aber den Charakter einer Geschäftsgrundlage in dem Sinne haben, dass ein Fehlgehen den Fortbestand des Vertrages in Frage stellt, legt kein Urteil überzeugend dar. Die Gerichte wollen zwar den Eindruck vermitteln, dies könne mit Hilfe der Formel Oertmanns gelingen. Das trifft aber nicht zu, eben weil es nicht nur die eine, vom Gericht dann zur Geschäftsgrundlage erklärte Parteivorstellung gibt, sondern daneben eine ganze Fülle anderer, auf die die Oertmann'sche Kennzeichnung als Geschäftsgrundlage gleichfalls zutrifft. Wenn man nicht das absurde Ergebnis akzeptieren will, dass sie alle denselben Charakter haben, bleibt nur zuzugeben, dass ein Unterscheidungskriterium, welche davon nun als Geschäftsgrundlage wesentlich sind, welche nicht, eben fehlt.

Es kommt aber noch ein zweites hinzu. Der Bundesgerichtshof desavouiert seine Aussagen zur Geschäftsgrundlage dadurch, dass mehrfach ausdrücklich hervorgehoben wird, die die Geschäftsgrundlage bildenden Vorstellungen müssten gar nicht in das Bewusstsein der Vertragsparteien gedrungen sein.[232] Und damit widerlegt das Gericht sich selbst.

Der Rückgriff auf Vorstellungen, auf Wünsche und Zielsetzungen der Parteien, die sie zum Vertragsschluss mitbestimmt haben, resultiert aus dem Stellenwert, den man dem Prinzip der Privatautonomie beimisst. Sie erscheint als die ei-

---

231 Kegel hat sie ein reines Ornament genannt: Kegel, 40. 40. Dt. Juristentag, S. 157, 161. Fikentscher schreibt, die psychologisierende Formel werde nur „ äußerlich mitgeschleppt, und im Einzelfall nicht mehr ernstlich geprüft ...": Fikentscher, Geschäftsgrundlage, S. 15.

232 BGHZ 131, 209, (215); 133, 281, (293).

gentliche Grundlage der Vertragsbindung. Daher, so wird schon seit Windscheid argumentiert, müssen auch deren Grenzen durch die Privatautonomie, durch die Vorstellungen und Zielsetzungen der Parteien festgelegt werden.

Das ist fraglos möglich, dann jedenfalls, wenn die Parteien ihre Vorstellungen in den Vertrag eingebunden, wenn sie sie im Vertrag etwa zu Bedingungen erhoben haben. Im übrigen aber steht der Vertrag, steht die Bindung und deren Fortdauer unter dem Schirm, aber auch unter dem Gebot des geschriebenen wie des ungeschriebenen Rechts. Dass das Festhalten an dem Vertrag unter bestimmten Umständen rechtlich nicht mehr – wie es die Gerichte ausdrücken – zumutbar ist, ist ein Rechtssatz. Nach normativem Rechtsverständnis dient die Rechtsordnung der Gerechtigkeit. Der Jurist muss, um Gerechtigkeit zu verwirklichen, das danach Gebotene als ein Gebot der Rechtsordnung verstehen und handhaben. Er braucht es nicht künstlich aus Parteivorstellungen herauszuziehen, aus Vorstellungen, die vielfach nicht einmal in das Bewusstsein der Parteien gedrungen sind.

Diese Einsicht ist den Gerichten aber bewusst gewesen. Schon das Reichsgericht,[233] ebenso der Oberste Gerichtshof für die Britische Zone[234] und auch der Bundesgerichtshof, sie alle haben immer wieder betont, dass über den Fortbestand oder die Anpassung des Vertrages nach dem Gerechtigkeitsprinzip, dass nach Treu und Glauben zu entscheiden sei. In einem Urteil des VIII. Zivilsenats des Bundesgerichtshofs aus dem Jahre 1992 heißt es dazu ausdrücklich, dass das Rechtsinstitut des Wegfalls der Geschäftsgrundlage aus dem Prinzip von Treu und Glauben abgeleitet sei.[235]

Analysiert man die oben wiedergegebenen Urteile daraufhin, so muss man feststellen, dass neben dieser Wertung die Bestimmung einer Geschäftsgrundlage mit Hilfe von Parteivorstellungen funktionslos ist. Es ist nicht mehr als ein nur verbales Zugeständnis an die juristische Tradition. Die rechtlich ausschlaggebende Frage lautet also nicht, wie man die Geschäftsgrundlage bestimmt. Sie lautet, nach welchen Kriterien sich die Billigkeitsentscheidung richtet.

2. Kriterien für eine Billigkeitsentscheidung nach §242 BGB

Die Berufung auf Treu und Glauben ist eine Berufung auf das Gerechtigkeitsprinzip. Danach hat die Vertragsbindung dann zurückzutreten, „wenn anders ein untragbares, mit Recht und Gerechtigkeit schlechthin unvereinbares Ergebnis nicht zu vermeiden wäre.“[236]

---

233 RGZ 94, 68, (69); 107, 78, (91/929; 125, 37, (40/41).
234 OGHZ 1, 62, (68).
235 BGHZ 120, 10, (22).
236 Z.B. BGHZ 131, 209, (216).

Diese Aussage ist allerdings so allgemein, dass sie für die praktische Handhabung nicht einfach umgesetzt werden kann. Sie gibt kaum mehr an als die Zielsetzung, nämlich das Bemühen um Gerechtigkeit. Wann das Festhalten an der Vertragsbindung unerträglich und der benachteiligten Partei nicht mehr zuzumuten ist, lässt sich allein daraus nicht erschließen. Auch die oben wiedergegebenen Entscheidungen sind nicht sehr viel aussagekräftiger. Zwar liest man, dass das Gericht das Festhalten an dem Vertrag im konkreten Fall als unzumutbar oder aber als weiterhin zumutbar betrachtet hat. Selten aber kann man diese Einschätzung anhand der Urteilsgründe verifizieren. Dies hat seinen Grund zum einen darin, dass die rechtliche Wertung, wie es sich nun verhält, für jeden Fall individuell vorgenommen werden muss. Zum andern wird der Richter die Notwendigkeit seiner Entscheidung gelegentlich nur empfunden haben aber nicht imstande gewesen sein, die Gründe nachvollziehbar zu artikulieren. Bei einer Zurückverweisung an das Berufungsgericht ist dem Revisionsurteil nur selten zu entnehmen, wie denn der Bundesgerichtshof entschieden hätte, wenn das Gericht alle Fakten bereits gekannt hätte. Man darf daher den Gewinn, den man aus einer Auswertung der vielen Urteile ziehen kann, nicht überschätzen.

Wäre dies letztlich das einzige Fazit aus der Betrachtung der bisher zur Geschäftsgrundlage ergangenen Urteile, dann lohnte sich deren Studium kaum. Man kann daraus aber doch Nutzen für künftige Problemfälle ziehen. Die Fallgruppen, in die oben die verschiedenen Urteile eingeordnet worden sind, bezeichnen nämlich den Rahmen, innerhalb dessen ein Wegfall der Geschäftsgrundlage in Betracht kommen kann. Damit ist zwar noch nichts über das Bewertungsergebnis gesagt, aber eben der Rahmen, in dem sich die rechtliche Bewertung bewegen muss, gesteckt. Zu diesen Fallgruppen ist folgendes festzuhalten:

a) Zu II. 1. Existenzbedrohung

Die zu dieser Konstellation oben II. 1. (1.) beschriebene Entscheidung, wonach der Hofübergabevertrag abgeändert werden sollte, weil der Bruder die gesuchte Lebensgrundlage nicht gefunden hatte und deshalb die Geschäftsgrundlage entfallen sein soll,[237] kann weder verallgemeinert werden, noch kann sie in dem zugrundeliegenden Fall überzeugen. Daher kann sie nicht als Beispiel einer eigenen Fallgruppe dienen.

---

237 BGH NJW 1953, 1585 = LM BGB §242 (Bb) Nr. 18.

b) Zu II.2. Äquivalenzstörungen

Die Äquivalenzstörungen und die Fälle nachträglich hinzutretender Belastungsfaktoren bilden eine zentrale Gruppe der Geschäftsgrundlagenproblematik. An ihrer Berechtigung kann in abstracto kein Zweifel bestehen. Fraglich sind nur jeweils die Grenzen, wann also anzunehmen ist, dass der wechselseitige Einsatz im Wert zu weit auseinanderklafft, bzw. sich im Verlauf der Zeit so weit voneinander fort entwickelt hat, dass eine rechtliche Korrektur geboten ist.

Betrachtet man die hierzu oben beschriebenen Fälle rückwärts gewandt, von den jüngsten Urteilen ausgehend, so lassen sich folgende Feststellungen treffen:

Die Aussage des V. Zivilsenat des Bundesgerichtshofs in einem Urteil aus dem Jahre 1995, dass bei einem bereits beiderseits durchgeführten Austauschvertrag das Schicksal der jeweiligen Leistung grundsätzlich nur noch den Empfänger etwas angehe und nicht mehr den Leistenden,[238] erscheint überzeugend – oben II.2. (8i).

Im Fall des „Klimbim-Urteils"[239] wirkt die Berufung auf Wegfall der Geschäftsgrundlage hergeholt – oben II.2. (8f).

Inwieweit Finanzierungsprobleme eine Vertragsanpassung wegen Störung der Geschäftsgrundlage gestatten bzw. gebieten, lässt sich nicht allgemein beantworten. Schlägt die Finanzfrage auf die Bewertung der beiderseitigen Leistungen eines Austauschvertrages durch, dann kann in besonderen Fällen die Geschäftsgrundlage gestört sein. Fragwürdig ist das oben beschriebene Urteil in dem Fall, in dem die beklagte Käuferin Mittel aus dem Staatshaushalt der DDR verloren hatte und deshalb den von der Deutschen Außenhandelsbank der DDR zum Kauf gewährten Kredit nicht tilgen wollte.[240] Kritisch ist an dem Urteil, das das sanktionierte, dass nicht die Anpassung des Kaufvertrages in Frage stand, sondern eine Anpassung des Kreditvertrages, bei dem an sich keine Äquivalenzstörung zu verzeichnen war. Jedoch war der Fortfall der Staatsmittel fraglos ein wesentlicher zusätzlicher Belastungsfaktor. Die Übertragung auf andere Fälle ist deshalb zweifelhaft, weil das Urteil keine Antwort darauf gibt, weshalb der Kreditgeber den Nachteil der Belastung tragen soll. Als einzig plausibler Grund, den das Gericht allerdings nicht nennt, findet sich nur die Überlegung, dass mit der Staatshandelsbank der DDR Kreditgeber ein Institut der DDR war. Mit dieser Begründung erscheint das Urteil tragfähig, aber wohl nicht für andere Fälle verwertbar – oben II.2. (8c).

---

238 BGHZ 131, 209, (216).
239 BGHZ 133, 281.
240 BGHZ 120, 10.

Es gibt demgegenüber aber auch die Entscheidung, in der es heißt: „Ein Wirtschaftsunternehmen, das bei Vertragsschluß als VEB betrieben wurde und jetzt als Handelsgesellschaft organisiert ist, kann sich nicht darauf berufen, es sei im Verhältnis zur DDR-Staatsbank oder deren Rechtsnachfolger in ähnlicher Weise schutzbedürftig wie ein Verbraucher gegenüber seiner Bank."[241] Der Kreditnehmer wurde danach an der Pflicht festgehalten, das von der Staatsbank der DDR gewährte Darlehen zurückzuzahlen. Die Begründung, dies sei kein untragbares Ergebnis,[242] ist wiederum nicht verallgemeinerungsfähig – oben II.2. (8b).

Die beiden zuletzt genannten, gegensätzlich anmutenden Entscheidungen zeigen, wie uneinheitlich bei ähnlichen Fallgestaltungen geurteilt worden ist, wohl deshalb, weil die wahren Gründe für die Annahme, die Vertragsbindung sei untragbar oder aber sie sei doch zumutbar, nicht offengelegt werden. Es kann allerdings sein, dass das bei einer Wertungsfrage wie der der Geschäftsgrundlage nicht ohne weiteres möglich ist.

Die Entwertung einer Lizenz für den Verkauf bestimmter Produkte, die sich nach dem Zusammenbruch des Ostblocks nicht mehr in dem erwarteten Umfang absetzen ließen, tangiert die Geschäftsgrundlage des Lizenzvertrages. Die betreffende Entscheidung aus dem Jahre 1995[243] passt zu entsprechenden früheren Urteilen des Bundesgerichtshofs. Fraglos war die immense Differenz zwischen den prognostizierten und den dann tatsächlich erreichten Absatzzahlen der Grund für die Annahme, dass ein starres Festhalten am Vertrag dem Lizenznehmer nicht mehr zuzumuten sei. Dies ist ein klassisches Urteil zur Geschäftsgrundlagenproblematik. Die im Urteil angegebenen Zahlen erlauben die Übertragung auf entsprechende Fälle – oben II.2. (8a).

Das gilt auch für das Urteil, das bei einem Anstieg der Lebenshaltungskosten um nahezu 160% die Pflicht zur Anpassung eines Erbbauzinses wegen einer die Opfergrenze übersteigenden Äquivalenzstörung ausgesprochen hat – oben II.2. (7.).[244]

Dass die völlige Entwertung einer Lizenz, die darauf beruht, dass das Patent rückwirkend für nichtig erklärt worden ist, zur Lösung vom Lizenzvertrag berechtigen muss, hat der Bundesgerichtshof richtig entschieden – oben II.2. (3.).[245]

Ähnlich wie im Fall des rückwirkend vernichteten Patents verhielt es sich im Fall der durch Aufhebung des Konzessionierungssystems wertlos gewordenen Apothekenkonzession.[246] Zur Zeit des Kaufs dieser Konzession im Jahre 1956

---

241 BGHZ 127, 212, (217).
242 BGHZ 121, 378, (393).
243 BGHZ 129, 236, (254).
244 BGHZ 91, 32, (36).
245 BGH LM PatG §9 Nr. 8.
246 BGH LM BGB §242 (Bb) Nr. 33.

war das Gerichtsverfahren vor dem Bundesverwaltungsgericht, in dessen Folge das Konzessionierungssystem dann fiel, schon anhängig. Bei objektiver Betrachtung muss man die Konzession daher als schon bei Kaufabschluss wertlos betrachten – oben II.2. (4.).

Zutreffend erscheint auch die Entscheidung zur Höhe einer Enteignungsentschädigung, die auf der Basis einer Umrechnung von RM zu DM im Verhältnis 10:1 vereinbart worden war, während die Rechtsprechung später die Umrechnung im Verhältnis 1:1 vorsah.[247] Die benachteiligte Partei hätte sich, wäre es bei dem Vertrag über die Entschädigung geblieben, mit einem Zehntel dessen begnügen müssen, was die Gerichte später als angemessen betrachtet haben. Diese Wertdifferenz war so hoch, dass dem Bundesgerichtshof eine Korrektur der Abfindungsvereinbarung geboten erschien – oben II.2. (6.).

Dagegen empfand das Gericht den Kaufkraftschwund von nur 2/3 nicht als eine schwerwiegende Verzerrung des Gleichgewichts[248] wie oben berichtet worden ist – oben II.2. (5.).

Nach alledem kann festgehalten werden, dass die völlige oder doch weitgehende Entwertung der empfangenen Leistung einen Grund liefert, den Vertrag wegen Wegfalls der Geschäftsgrundlage anzupassen oder aufzuheben.

c) Zu II.3. zusätzliche Belastungsfaktoren

Im Fall des oben wiedergegeben Porsche-Urteils aus dem Jahre 1993 vertrieb die Porsche AG den Porsche 959 nicht über ihre Händler. Die Beklagte hätte daher, um ihren Vertrag zu erfüllen, das Auto für mehr als eine Million DM auf dem Markt einkaufen und dann mit Verlusten von über 700.000 DM der Klägerin veräußern müssen. Das erschien dem Bundesgerichtshof als möglicher Grund, wegen Wegfalls der Geschäftsgrundlage den Vertrag aufzulösen, „wenn die Ausschaltung der Händlerorganisation für den Verkauf des Porsche 959 unvorhersehbar war."[249] Diese Einschränkung bezieht sich auf die Frage, ob das Vertragsrisiko nicht doch der Beklagten anzulasten war. Dieser generellen Frage ist unten gesondert nachzugehen. Hier kann festgestellt werden, dass der zusätzliche Belastungsfaktor in Höhe von 700.000 DM dem Gericht für die Annahme ausreichte, die Geschäftsgrundlage könnte entfallen sein – oben II.3. (7.).

Ob die oben II. 3. (3.) betrachtete Entscheidung[250] zur Verallgemeinerung geeignet ist, ist zweifelhaft. Hier hatte die Klägerin als die Herstellerin der Elektro-

247 BGHZ 25, 390.
248 BGH LM BGB §242 (Bb) Nr. 34.
249 BGH NJW 1994, 515.
250 BGH LM BGB §242 (Bb) Nr. 36.

geräte, die der Beklagte vertreiben sollte, dessen Absatz durch Einführung eines neuen Modells erschwert. Dafür, dass sie die Vertragserfüllung unter diesen Umständen nicht zu den alten Vertragsbedingungen verlangen konnte, benötigt man nicht unbedingt die Lehre vom Wegfall der Geschäftsgrundlage.

d) Zu II.4. Die wechselseitige Abhängigkeit miteinander verkoppelter Rechtsverhältnisse

Lange bevor der Gesetzgeber mit der Vorschrift des §358 BGB n.F. die rechtlichen Konsequenzen aus der wechselseitigen Abhängigkeit verbundener Verträge gezogen hat, hat die Rechtsprechung entsprechende Folgerungen mit dem Institut der Geschäftsgrundlage statuiert.

Von dem oben wiedergegebenen Volkswagensparerurteil[251] bis zu dem Krankenhausurteil[252] oder auch dem oben skizzierten Wochenendhausurteil[253] sind die Fallgestaltungen zwar verschieden. Die Problematik aber ist die gleiche: Sind zwei Rechtsverhältnisse wechselseitig so aufeinander bezogen, dass das eine seinen Sinn nur durch das andere hat und umgekehrt, dann muss der Wegfall des einen zum Wegfall des anderen führen. Darüber kann kein Zweifel bestehen. Fraglich kann nur sein, wann zwei Rechtsverhältnisse in dieser Beziehung zueinander stehen. Es geht hier jedenfalls nicht um Äquivalenzstörungen oder zusätzliche Belastungen, sondern um den Sinnbezug, der über das rechtliche Schicksal entscheidet.

e) Zu II. 5. Zweckverfehlung

Die oben in dieser Gruppierung vorgestellten Urteile sind vom Bundesgerichtshof nicht unter dem Aspekt der Zweckverfehlung gefällt worden. Er bietet sich aber an. Inwieweit Zweckverfehlungen die Problematik der Geschäftsgrundlagen betreffen, kann hier noch nicht endgültig entschieden werden. Jedenfalls erscheint dieser spezifische Gesichtspunkt überzeugender als die Berufung auf allgemeine Parteivorstellungen.

Dass Geschenke an den Partner während der Ehe oder schon während der Verlobungszeit in der sicheren Annahme, die Verbindung werde Bestand haben, zugewendet werden, ist wohl unbestreitbar. Fraglich ist nur, ob das Scheitern der Beziehung auch zur Rückgabe führen muss. Wie das oben aufgeführte Urteil aus-

---

251 BGH NJW 1952, 137.
252 BGHZ 163, 42.
253 BGHZ 150, 102, (107 ff).

spricht,[254] setzt dies weiter voraus, dass es unzumutbar erschiene, wenn es bei dem Geschenk bliebe. Wer aber kann sagen, wann es sich so verhält? Im Fall von Verlobungsgeschenken verhält es sich deshalb etwas anders, weil die Verlobungszeit eben ausdrücklich eine Probezeit ist, Geschenke also sozusagen unter dem Vorbehalt stehen, dass die Probe gelingt. Daher normiert §1301 BGB die Rückgabepflicht gesetzlich. Das Besondere des vom Bundesgerichtshof entschiedenen Falles lag darin, dass es nicht um klassische Geschenke, sondern um Leistungen zum Hausbau ging.[255] Eine entsprechende Anwendung des §1301 BGB erschiene aber naheliegender als die Lösung mit Hilfe der Lehre von der Geschäftsgrundlage.

Die Rechtsprechung zu Ehegattenbürgschaften hat viele Facetten. Der Gedankengang, die Bürgschaft könne bei Vermögenslosigkeit des bürgenden Ehegatten sittenwidrig, aber zu dem Zweck Vermögensverlagerungen vom Schuldner auf den Ehegatten entgegenzuwirken, doch wirksam sein, ist zwar vertretbar, aber nicht gerade zwingend. Die danach wirksame Bürgschaft im Scheidungsfalle wegen Wegfalls der Geschäftsgrundlage wiederum zu beseitigen,[256] erscheint daher nicht unzweifelhaft – oben II.5. (5.).

Im oben beschriebenen Fall des Bundesligaspielers, der wegen seiner Verstrickung in den Bundesligaskandal die Spielberechtigung verlor, liegt auf der Hand, dass der Zweck des Übernahmevertrages unerreichbar geworden war. Die Lösung des Falles unter Berufung auf Wegfall der Geschäftsgrundlage[257] erscheint vertretbar – oben II.5. (2.).

f) Zu II. 6. Irrtümliche Annahmen zum Vertragsschluss

Die Kritik zu den oben angeführten Urteilen lässt erkennen, dass es sich hier nicht um eine eigenständige Fallgruppe der Geschäftsgrundlagenproblematik handelt. Die Fälle beiderseitigen Irrtums über Berechnungsgrundlagen sind allerdings seit jeher mit Hilfe dieses Instituts gelöst worden. Dafür könnte sprechen, dass dies zugleich eine Einschränkung bedeutet, nämlich dass die Geschäftsgrundlage danach nur dann gestört ist, wenn die Berechnung vom dem korrekten Berechnungsergebnis erheblich abweicht. Vor diesem Hintergrund könnte man Berechnungsfehler als eine Sondergruppe gestörter Geschäftsgrundlage betrachten.

---

254 BGHZ 142, 137, (147/148).
255 BGHZ 115, 261, (264 ff).
256 BGHZ 128, 230, (239).
257 BGH NJW 1976, 565.

Die gesetzliche Regelung des Motivirrtums durch §119 II BGB grenzt den Anwendungsbereich dadurch erträglich ein, dass der Irrtum sich auf wesentliche Eigenschaften der Sache oder der Person beziehen muss. Die Vorstellungen, die nach der Judikatur angeblich die Geschäftsgrundlage bestimmen, können sich dagegen auf alles und jedes beziehen. Das erscheint als nicht akzeptabel. Doch braucht das nicht weiter erörtert werden, weil die angeblichen Parteivorstellungen für die Rechtsprechung ohnehin nur Feigenblattfunktion haben. Ausschlaggebend ist vielmehr die Einschätzung, dass die Vertragsbindung unerträglich oder aber dass sie im betreffenden Fall doch (noch) zumutbar ist. Das gibt den Gerichten große Freiheit. Es belädt sie zugleich mit großer Verantwortung.

Gegenüber den Nichtigkeitsfolge der §§119 II, 142 I BGB und der Schadensersatzfolge nach §122 BGB hat das Institut der Geschäftsgrundlage den Vorteil einer flexibleren, fall- und deshalb sachgerechteren Lösung. Das hat das oben wiedergegebene Urteil aus dem Jahre 1952 deutlich ausgesprochen.[258]

3. Das Problem der Risikoverteilung

Die zentrale Frage, die in jedem Fall gestörter Geschäftsgrundlage beantwortet werden muss, ist die nach der gerechten Risikoverteilung. Darauf ist schon oben hingewiesen worden. Der Bundesgerichtshof drückt das so aus: Umstände, die nach dem Vertragszweck erkennbar in den Risikobereich nur des einen Vertragsteils fallen, sind grundsätzlich nicht geeignet, dem hierdurch betroffenen Vertragsteil eine Berufung auf Wegfall der Geschäftsgrundlage zu ermöglichen.[259]

Im Fall einer Entscheidung des Bundesgerichtshofs aus dem Jahre 2006[260] ging es um Darlehen, die der Großvater und später auch der Vater des Klägers in den Jahren 1926 bis 1941 von verschiedenen Banken und vom Deutschen Reich aufgenommen hatte. Die Kredite waren an dem landwirtschaftlichen Anwesen der Darlehensnehmer in Brandenburg grundpfandrechtlich gesichert worden. 1949 wurden die Banken enteignet und ihr Vermögen verstaatlicht. 1955 wurde auch das Anwesen der Darlehensnehmer enteignet. Die Grundpfandrechte wurden gelöscht. Im Jahre 1996 wurde das Eigentum an den enteigneten Grundstükken auf den Kläger, der seinen Vater beerbt hatte, übertragen. Die beklagte Bundesrepublik, auf die die Darlehensforderungen übergegangen waren, kündigte die Kredite. Der Kläger tilgte sie. Mit der Klage verlangte er Rückzahlung aus ungerechtfertigter Bereicherung mit der Begründung, durch die Enteignung der Grundstücke, die den Kredit gesichert hätten, sei die Geschäftsgrundlage für die

---

258 BGH LM BGB §779 Nr. 2.
259 BGH WM 1964, 1025.
260 BGHZ 167, 25.

Darlehen entfallen. Der XI. Zivilsenat des Bundesgerichtshofs ließ das nicht gelten. Dazu heißt es im Urteil: „Grundsätzlich trägt allein der Darlehensnehmer das Risiko, ob und aus welchen Mitteln ihm die Rückzahlung des Darlehens möglich ist.“[261]

Im oben II. 4. wiedergegebenen Fall, in dem die Mutter ihr Kind in der Annahme, es sei über den Vater gesetzlich krankenversichert, im Krankenhaus hat stationär aufnehmen lassen, heißt es 2005 in einem Urteil des III. Zivilsenats des Bundesgerichtshofs: „Die Beklagte trug das Risiko, daß das von ihr zur stationären Behandlung gebrachte Kind krankenversichert war. Es ist nicht Sache des Krankenhausträgers, für den Versicherungsschutz des Patienten Sorge zu tragen. Der Patient (bzw. bei Minderjährigen deren Eltern) hat hierzu in eigenem Interesse das Nötige zu veranlassen und den Krankenhausträger zutreffend zu unterrichten.“[262]

Ein Aspekt der Risikozurechnung ist auch die Aussage, die der VIII. Zivilsenat des Bundesgerichtshofs in einem Urteil aus dem Jahre 2004 so ausdrückt: „Der Leasingnehmerin wäre es ... nach Treu und Glauben verwehrt, sich auf Wegfall der Geschäftsgrundlage der Leasingverträge zu berufen, weil sie die zum Fehlen der Geschäftsgrundlage führenden Umstände selbst vorsätzlich herbeigeführt hat.“[263]

In einem Urteil des IX. Zivilsenats des Bundesgerichtshofs aus dem Jahre 1995 zum Problem der Ehegattenbürgschaft heißt es: „Allerdings kommt bei einer Haftungsvereinbarung für fremde Schulden ein Wegfall der Geschäftsgrundlage nur ganz ausnahmsweise in Betracht; denn der Verpflichtete übernimmt hier in der Regel schlechthin und uneingeschränkt das Risiko, daß der Schuldner bei Fälligkeit der Schuld nicht leistungsfähig ist. ... Unter solchen Voraussetzungen gehören sowohl alle die Zahlungsfähigkeit des Bürgen betreffenden Umstände als auch der Fortbestand der Ehe zum alleinigen Risikobereich des Bürgen.“[264]

Aufschlussreich ist ein Urteil des XI. Zivilsenats des Bundesgerichtshofs aus dem Jahre 1994 zur Anpassung von Altkreditschulden einer VEB-Nachfolge-GmbH. Hier heißt es dazu, dass seitens der DDR geplant war, den betreffenden volkseigenen Betrieb in seiner Preisbildung staatlich zu stützen und seine Verluste zu übernehmen: „Die Klägerin kann sich demgegenüber auch nicht darauf berufen, diese besondere Betriebsstruktur falle allein in den Risikobereich des Kreditnehmers und könne daher nicht zu einer Vertragsanpassung führen; eine solche

261 BGHZ 167, 25, (34).
262 BGHZ 163, 42, (49).
263 BGHZ 161, 90, 105); gleichlautend: BGHZ 129, 297, (310 m.w.N.).
264 BGHZ 128, 230, (236).

Risikozuweisung mag für Darlehen im marktwirtschaftlichen System der Bundesrepublik berechtigt sein; den Rahmenbedingungen der sozialistischen Planwirtschaft würde sie nicht gerecht."[265]

4. Zu den Rechtsfolgen

Der Bundesgerichtshof hat als einen besonderen Vorteil der Lehre von der Geschäftsgrundlage hervorgehoben, dass ihre Rechtsfolgen dem Gericht eine Anpassung des Vertrages gestatten und ihn nicht zwingen, stets mit der Unwirksamkeit des Vertrages zu arbeiten.[266] Es heißt dazu generell: „Die Anwendung der Grundsätze über den Geschäftsgrundlage-Wegfall führt nur ausnahmsweise zur völligen Beseitigung des Vertragsverhältnisses; in aller Regel ist – aus Gründen der Vertragstreue und der Verkehrssicherheit – der Vertrag nach Möglichkeit aufrechtzuerhalten und lediglich in einer den berechtigten Interessen beider Partner Rechnung tragenden Form der veränderten Sachlage anzupassen."[267]

Anders urteilt der Bundesgerichtshof aber etwa dann, wenn ein Leasingvertrag wegen Wegfalls der Geschäftsgrundlage unwirksam ist, weil der Käufer wegen eines Sachmangels gewandelt hat. Dann gilt nach einem Urteil des VIII. Zivilsenats des Bundesgerichtshofs aus dem Jahre 1989: „Der von Anfang an seiner Geschäftsgrundlage beraubte Leasingvertrag kann als Grundlage für zukünftige oder bereits erbrachte Vertragsleistungen nicht mehr herangezogen werden. Er ist deshalb rück abzuwickeln. Dem lässt sich nicht entgegenhalten, dass nach der Rechtsprechung des Bundesgerichtshofs zum Wegfall der Geschäftsgrundlage ein Vertrag in aller Regel der veränderten Sachlage anzupassen ist und nur ausnahmsweise eine völlige Beseitigung des Vertragsverhältnisses eintritt (BGHZ 47, 48, 51/52). ... Die somit gebotene Rückabwicklung des Leasingvertrages erfolgt nach Bereicherungsrecht."[268]

„Bei Wegfall der Geschäftsgrundlage eines teilweise abgewickelten Vertrages sind im allgemeinen nur die noch nicht erbrachten Leistungen anzupassen (BGHZ 58, 355, 363; ... vgl. aber auch BGHZ 74, 370, 373; BGH NJW 1953, 1585)."[269]

Wie das Urteil im Kirchenbaufall[270] – oben II.2. (8d) – belegt, neigt der Bundesgerichtshof in jüngerer Zeit dazu, die Belastung durch Risikofaktoren zwischen den Vertragsparteien zu teilen.

---

265 BGHZ 127, 212, (218).
266 Z.B. BGH LM BGB §779 Nr. 2.
267 BGHZ 47, 48, (51/52).
268 BGHZ 109, 139, 143/144).
269 BGHZ 129, 236, (255).
270 BGH ZIP 1995, 1935, (1938 sub d).

Der Richter hat danach hinsichtlich der Rechtsfolgen große Gestaltungsfreiheit.

B. Schrifttum zur Geschäftsgrundlage

I. Übersicht

Die Aufgabe des Schrifttums hat mit Bezug zur Lehre von der Geschäftsgrundlage Kegel so beschrieben: „Theorien zum Einfluß veränderter Umstände auf Verträge haben m.E. die Aufgabe, den rechtspolitischen Grundgedanken und seine Verzweigungen, wie sie sich aus dem reichen Entscheidungs- und Gesetzgebungsmaterial ergeben, möglichst genau zu formulieren." Um den rechtspolitischen Grundgedanken also geht es im folgenden. Darüber, was er besagt, sind die Ansichten im Schrifttum – ganz im Gegensatz zu der formelhaft wiederkehrenden Aussage der Judikatur – sehr geteilt. Auf die vielen Stimmen, die nur rekapitulieren, was andernorts vertreten wird, ist hier nicht einzugehen. Es sollen nur diejenigen Autoren zur Sprache kommen, die eigenständige Gedanken zur Geschäftsgrundlage beigetragen haben.

An erster Stelle ist Karl Larenz zu nennen. Seine Monographie „Geschäftsgrundlage und Vertragserfüllung" ist in 1. Auflage 1951, in 3. Auflage 1963 erschienen und hat, wenn auch nicht unangefochten, über die zweite Hälfte des 20. Jahrhunderts Einfluss gehabt.

1. Die Larenz'sche Lehre von der Geschäftsgrundlage

a) Grundlegung der Lehre von Larenz

Für Larenz stand die Geschäftsgrundlage lange Jahre im Zentrum seiner Forschungen. Schon in seiner Schrift „Vertrag und Unrecht" von 1936 wird diese Frage aufgeworfen. Seine Zielsetzung, die als solche im Schrifttum weithin Zustimmung erhalten hat,[271] lautet, die Gerichte von dem Weg in eine unreflektierte und unkontrollierbare Billigkeitsrechtsprechung abzubringen und für die Geschäftsgrundlage eine nachvollziehbare Tatbestandsbildung zu entwickeln.[272]

Zunächst hatte sich Larenz gegen die seiner Ansicht nach psychologisch fundierte Theorie Oertmann's gewandt, wonach die Geschäftsgrundlage verstanden

---

271 Esser, JZ 1958, 113, (114), spricht von dem verdienstvollen Kampf gegen eine Verwilderung der Judikatur.

272 Larenz, Geschäftsgrundlage, Einleitung S. 2.

wird „als eine von den Parteien gehegte Vorstellung, die für ihren Willensentschluß mitbestimmend gewesen sei."[273] Demgegenüber heißt es in der Schrift „Vertrag und Unrecht": „Die Bedeutsamkeit der fraglichen Umstände für das Vertragsverhältnis beruht nicht darauf, daß die Parteien sie sich vorgestellt haben, sondern darauf, daß sie die objektive Voraussetzung darstellen, unter der der Vertrag allein als sinnvoll, als ein brauchbares Gestaltungsmittel im Rahmen der gesamten Ordnung betrachtet werden kann. Wir müssen den Begriff der Geschäftsgrundlage daher objektiv verstehen;"[274]

Von dieser in „Vertrag und Unrecht" konzipierten Auffassung hat sich Larenz dann aber in der späteren Monographie immer mehr entfernt und sich letztlich doch Oertmann's Sicht angenähert. Die Geschäftsgrundlage erscheint seither bei Larenz als ein Institut mit zwei Gesichtern, einmal als „eine den Vertragschließenden gemeinsame Vorstellung, von der sich beide bei der Festsetzung des Vertragsinhalts haben leiten lassen,[275] zum andern als die ‚objektive' Grundlage des Vertrages (als eines verstehbaren Sinngebildes), nämlich als die Gesamtheit der Umstände, deren Vorhandensein oder Fortdauer sinngemäß in ihm vorausgesetzt ist ..., da andernfalls der Vertragszweck ... nicht verwirklicht werden kann ...".[276] Dazu hebt Larenz im Vorwort zur 3. Auflage seiner „Geschäftsgrundlage" hervor, dass mit der Gliederung in eine subjektiv und eine objektiv bestimmte Geschäftsgrundlage nicht zwei einander ausschließende, starr begrenzte Tatbestände gemeint seien. Vielmehr gehe es dabei um Falltypen mit fließenden Grenzen und vielfach ineinander verschränkten Strukturen. Diese Aussage erscheint dem Leser zunächst vage und wenig hilfreich. Man muss sie aber als ein methodisches Bekenntnis verstehen. Dies drückt Larenz in seinem Vorwort mit folgenden Worten aus: „Der mögliche Fortschritt der rechtswissenschaftlichen Problemerkenntnis liegt m.E. nicht in der Bildung von Einheitsformeln, die alles sagen sollen und deshalb in Wahrheit nichts besagen, sondern in der Ausdifferenzierung des konkret-allgemeinen Begriffs in einer Typenreihe."[277] So ist auch die in dieser Schrift aufgefächerte Typologie der Rechtsprechung gemeint (oben A.).

Subjektive und objektive Geschäftsgrundlage werden jeweils noch weiter präzisiert. Gemeint ist mit der subjektiven Geschäftsgrundlage „nicht der Geschäftswille als solcher, sondern die von ihm zwar regelmäßig getragene, aber auch in gewisser Weise schon abgelöste Erklärung als ein objektiv verstehbares Sinngebilde ... der zureichende Grund der Rechtsfolge."[278] Wesentlich ist nach

273 Larenz, Vertrag und Unrecht, S. 163.
274 Larenz, Vertrag und Unrecht, S. 164.
275 Larenz, Geschäftsgrundlage, S. 20.
276 Larenz, Geschäftsgrundlage, S. 17.
277 Larenz, Geschäftsgrundlage, Vorwort.
278 Larenz, Geschäftsgrundlage, S. 158/159.

Larenz und dies in Abkehr von der anders lautenden Rechtsprechung, dass es sich um gemeinsame Vorstellungen handeln muss, von der sich beide Vertragsparteien haben leiten lassen.[279] Dieses „objektiv verstehbare Sinngebilde" begründet die Vertragsbindung und bildet die Grundlage für dessen Verständnis. Es liefert für Larenz damit aber auch die Grenzen der vertraglichen Bindung. Die Vertragsparteien unterstellen sich nach Larenz, indem sie sich wechselseitig an das von ihnen Erklärte binden, „zugleich dem höheren sittlichen Gebot der immanenten Vertragsgerechtigkeit."[280] Dies sind Aussagen, die, wie es bei Larenz auch wörtlich heißt, „im Rahmen einer Privatrechtsphilosophie beantwortet werden."[281] Noch einmal sei hervorgehoben, dass nach Larenz erst die gemeinsame Vorstellung beider Vertragsteile eine Geschäftsgrundlage bilden kann und nicht schon die Vorstellung nur einer Partei, wie dies im Anschluss an Oertmann die Gerichte bis in die Gegenwart vertreten haben. Allerdings beeinflussen auch für Larenz noch andere Faktoren die Annahme, dass die Geschäftsgrundlage gestört und dass eine Vertraganpassung oder gar eine Lösung der Vertragsbindung geboten ist.

Die Thesen von Larenz zur Geschäftsgrundlage basieren also auf seinem rechtsphilosophischen Rechtsverständnis, das seine rechtsdogmatischen Aussagen bestimmt. Dabei nähert er die Fallgruppe der subjektiven Geschäftsgrundlage der der objektiven an. Denn für die Parteien gilt: „indem sie für diese ihre Regelung rechtliche Verbindlichkeit beanspruchen, zu ihrer Durchführung notfalls die Hilfe der Rechtsordnung in Anspruch nehmen, unterstellen sie sie damit dem Grundgedanken des Rechts, der Idee des Sozialen. ... Deshalb auch kann sich keine Partei auf eine von ihr gewollte Unredlichkeit berufen (Einwand der Arglist). Jedem Vertrag wohnt einfach deshalb, weil er eine rechtsverbindliche Regelung sein will, die Richtung auf ausgleichende Gerechtigkeit inne."[282] Mit dieser Überlegung will Larenz die Fälle bewältigen, in denen – wie er annimmt – ein beiderseitiger Motivirrtum vorliegt. Das sind die Fälle etwa eines Irrtums beider Vertragsteile über die von ihnen angenommene Berechnungsgrundlage. Gemeint ist etwa der Fall, in dem Aktien zu einem Kurs veräußert werden, den beide Parteien fälschlich als den Tageskurs angesehen haben.[283] Auch wenn Larenz nicht die – wie er sagt – psychologische Deutung der Vertragsbindung teilt, so führt er die Bindung an den Vertrag doch mehr auf den Vertrag zurück und weniger auf die Rechtsordnung, die ihn sanktioniert.

---

279 Larenz, Geschäftsgrundlage, S. 184.
280 Larenz, Geschäftsgrundlage, S. 161.
281 Larenz, Geschäftsgrundlage, S. 160.
282 Larenz, Geschäftsgrundlage, S. 162.
283 Larenz, Geschäftsgrundlage, S. 163.

Bei einer Störung der objektiven Geschäftsgrundlage lautet die Begründung dafür, dass die Vertragsbindung hier endet, verbal etwas anders, weil nach Larenz hier eine von den Vertragsparteien als maßgebend anerkannte Wertungsgrundlage fehlt.[284] „Aber", so heißt es bei ihm dazu weiter: „der von ihnen in seiner Bedeutung für den Vertrag gar nicht bedachte Umstand ist von der Art, daß sein Fortfall den Sinn des Vertrages als eines Ausgleichs der beiderseitigen Interessen völlig zerstört, sei es, daß Leistung und Gegenleistung, entgegen der beabsichtigten Äquivalenz, in ein ‚grobes Mißverhältnis' geraten sind, sei es, daß der beiderseits anerkannte, wesentliche Vertragszweck unerreichbar geworden ist oder sonst der Vertrag sinngerecht nicht mehr durchgeführt werden kann. ... Treu und Glauben verlangen, dem Rechnung zu tragen, wenn der Vertrag infolge unvorhersehbarer Umstände schlechterdings nicht mehr als ein solcher (gemeint ist ein gerechter) Ausgleich angesehen werden kann."[285]

Larenz beruft sich hier also auch auf Treu und Glauben, will aber mit seiner Begründung dem reinen Billigkeitsjudiz entgegenwirken. Nicht die nach freiem Ermessen verfügte Billigkeit, sondern eine am Vertrag orientierte Denkweise ‚redlicher' Vertragsparteien, die Bindung an den Sinn des Vertrages, soll Richtschnur sein.[286] Für Larenz ist daher der Vertrag Ausgangspunkt aller Überlegungen um die Bindung wie auch um die Lösung von dieser Bindung.

Die Rechtsfolgen reichen bei Larenz von einer Anpassung im Wege einer „korrigierenden Vertragsauslegung",[287] Rücktritt vom Vertrag mit bereicherungsrechtlichen Folgen[288] bzw. bei Dauerschuldverhältnissen Kündigung[289] bis hin zum Aufwendungsersatz bei Zweckvereitelung.[290]

In der 7. Auflage des Allgemeinen Teils, hat sich Larenz 1989 letztmalig zu seiner Theorie von der subjektiven Geschäftsgrundlage geäußert,[291] in der 14. Auflage des Allgemeinen Teils seines Lehrbuch des Schuldrechts von 1987 letztmalig zum Fortfall der sogenannten objektiven Geschäftsgrundlage.[292] Larenz nimmt Stellung zu einzelnen Gerichtsentscheidungen und zu einigen Thesen im Schrifttum. Im wesentlichen paraphrasieren seine Ausführungen aber seine Monographie.

---

284 Larenz, Geschäftsgrundlage, S. 164.
285 Larenz, Geschäftsgrundlage, S. 164/165, 185.
286 Larenz, Geschäftsgrundlage, S. 165/166.
287 Larenz, Geschäftsgrundlage, S. 170.
288 Larenz, Geschäftsgrundlage, S. 172/177.
289 Larenz, Geschäftsgrundlage, S. 173.
290 Larenz, Geschäftsgrundlage, S. 178.
291 Larenz, Allgemeiner Teil des Bürgerlichen Rechts, 7. Aufl. 1989, §20 III.
292 Larenz, Lehrbuch des Schuldrechts, Allgemeiner Teil § 21 II.

b) Kritik gegenüber den Thesen von Larenz

Wie schon hervorgehoben, hat Larenz selbst zu relativieren versucht, dass die Geschäftsgrundlage bei ihm zwei Facetten hat.[293] Das ist schon gegenüber der 1. Auflage der Monographie von Kegel, gegenüber der 2. Auflage von Esser kritisiert worden. Kegel moniert gegenüber der Figur der subjektiven Geschäftsgrundlage, dass kein Grund bestehe, „den Gegner mit der Gefahr eines Irrtums zu belasten, den er zwar geteilt hat, der ihm aber nicht schadet, der also nur einen Umstand betrifft, an dem er nicht interessiert ist."[294] Weiter meint Kegel: „Hat der Irrende das Risiko seines Irrtums nicht im Vertrag auf den Gegner überwälzt, dann trägt er es selbst, außer wenn zu seinen Gunsten die Geschäftsgrundlage-Regeln anwendbar sind, für die im übrigen gleichgültig ist, ob auch der Gegner sich irrte und ob der Irrtum in der Vorstellung von etwas Falschem oder in der Nichtvorstellung von etwas Richtigem bestand."[295] Deshalb verwirft Kegel die Zweiteilung. Vielmehr sei die Lehre von der Geschäftsgrundlage einteilig. „Es geht immer um dieselbe Frage: Wann und wie weit ist einer Partei, die nach dem Inhalt der Vereinbarung oder dem ergänzenden dispositiven Recht die Folgen einer nachteiligen Tatsachengestaltung tragen, d.h. den Vertrag gleichwohl durchstehen muß, unter außergewöhnlichen Umständen zu helfen?"[296]

Esser hält Larenz entgegen, dass die Störung der Geschäftsgrundlage zwar nicht ohne Rückgriff auf die vertraglichen Vereinbarungen ermittelt, andererseits auch nicht ohne eine objektive Bewertung der Vertragsfunktion beantwortet werden könne. Für die Rechtsbedeutsamkeit einer Störung komme es auf die von den Parteien redlicherweise gemeinte Risikoverteilung an, „gleich ob die Störung eine Partei deshalb trifft, weil sie sich etwas Falsches vorstellt, oder weil sie sich das Wirkliche nicht vorgestellt hat." Das allein sei der reale Unterschied zwischen subjektiver und objektiver Formel.[297] Schließlich könnten die Rechtsfolgen nicht im Wege einer ‚korrigierenden', sondern nur durch eine ergänzende Vertragsauslegung gewonnen werden. Esser hebt insbesondere zur subjektiven Geschäftsgrundlage hervor, dass man allein mit der – wie er schreibt – „Fiktion gemeinsamer Absichten und Vorstellungen" die maßgeblichen Vertragsgrundlagen nicht von den unmaßgeblichen Motiven trennen könne: „Die Gemeinsamkeit einer Vorstellung hebt sie nicht aus der Masse der Motive heraus. ... Das, worauf

293 Larenz, Geschäftsgrundlage, Vorwort.
294 Kegel, 40. Dt. Juristentag, S. 196.
295 Kegel, 40. Dt. Juristentag, S. 197.
296 Kegel, 40. Dt. Juristentag, S. 199.
297 Esser, JZ 1958, 113, (115).

es hier wie bei der ‚objektiven GG' ankommt, ist nicht psychologisch nachzuweisen, sondern nur normativ zu beurteilen, nämlich die Risikofrage."[298]

Dieses Argument, das schon oben (A. I.) der von der Rechtsprechung verwendeten Oertmann'schen Formel entgegengesetzt worden ist, ist nicht von der Hand zu weisen. Daher lässt sich auch der beiderseitige Irrtum nicht allein mit Berufung eben darauf, dass sich in diesem Punkt beide Parteien geirrt haben, bewältigen. Hinzukommen muss die rechtliche Bewertung, dass der Vertrag mit Rücksicht darauf nicht unverändert bestehen bleiben darf. Die Frage ist nur, ob man insoweit über die mehr oder weniger unverbindlichen Berufung auf Treu und Glauben hinauskommt.

Eine sehr herbe Kritik gegenüber Larenz hat Blomeyer geäußert.[299] Er hält es für verfehlt, nämlich für ungerecht, die subjektive Geschäftsgrundlage durch gemeinsame Beweggründe beider Vertragsparteien festzulegen.[300] Den Vorwurf der Ungerechtigkeit erhebt er auch gegenüber der Ansicht, die Geschäftsgrundlage sei durch eine Störung des Äquivalenzverhältnisses nur dann betroffen, wenn ein grobes Missverhältnis vorliege. Blomeyer kritisiert ferner, dass Larenz mit Äquivalenzstörungen und Zweckverfehlungen die Störung der objektiven Geschäftsgrundlage im wesentlichen auf gegenseitige Verträge beschränkt und vertragsfremde Risiken bei einseitig verpflichtenden Verträgen nicht berücksichtigt.[301]

2. Kegels Gutachten für den 40. Deutschen Juristentag

Kegel hat seine Gedanken zur Problematik der Geschäftsgrundlage in einer Veröffentlichung aus dem Jahre 1941[302] und dann 1953 in seinem Gutachten für den 40. Deutschen Juristentag[303] umrissen.

Für ihn geht es bei der Lehre von der Geschäftsgrundlage um eine Frage der Gefahr- oder Schadenstragung.[304] Grundsätzlich müsse jeder seinen Schaden selbst tragen.[305] Das gelte jedenfalls für Gefahren solcher Ereignisse, die seinem Lebens- oder Geschäftsbereich entstammen. Dagegen sollen Gefahren, die in den Bereich keiner Vertragspartei fallen – wie Krieg, Währungsverfall, Gesetzesänderung, staatliche Zwangsmaßnahmen – grundsätzlich von beiden Parteien zur

298 Esser, JZ 1958, 113, (115).
299 Blomeyer, AcP 152 (1952), 276.
300 Blomeyer, AcP 152 (1952), 276, (278 f).
301 Blomeyer, AcP 152 (1952), 276, (279).
302 Kegel in Kegel/Rupp/Zweigert, Die Einwirkung des Krieges, S. 18, (111 ff).
303 Kegel, 40. Dt. Juristentag, S. 189 ff.
304 Kegel, 40. Dt. Juristentag, S. 199.
305 Kegel, 40. Dt. Juristentag, S. 200.

Hälfte getragen werden.[306] Kegel spricht von Störungen außerhalb des Machtbereichs der Parteien, wie z.B. bei Gemeingefahren.[307] Damit sind insbesondere Gefahren gemeint, die vom Staat ausgehen. Wenn sie einen Vertragsteil erheblich betreffen, er mit diesem Risiko nicht zu rechnen brauchte und ihm das Risiko auch nicht aus anderen Gründen zuzurechnen ist, dann muss die Vertragsbindung weichen. Allerdings „wäre es um kein Haar gerechter, nunmehr dieses Risiko dem anderen Vertragsteil aufzubürden. Vielmehr muß grundsätzlich der Schaden geteilt werden.“[308]

Die Überlegung, dass die Lösung vom Vertrag zwar den einen Teil von seinem Nachteil befreien kann, dafür aber den anderen belastet, ist nicht von der Hand zu weisen. Allerdings hat Kegel mit diesem rigorosen Vorschlag wenig Anhänger gefunden, soweit nicht eine Vertragsanpassung auf Ähnliches hinausläuft. Allerdings spricht sich auch Köhler neuerdings für eine Schadensteilung aus.[309] So hat in dem Kirchenbaufall auch der Bundesgerichtshof geurteilt.[310]

Ausnahmsweise sollen auch Störungen, die sich im Machtbereich der Parteien ereignen, die Geschäftsgrundlage tangieren,[311] wenn der Betroffene damit nicht zu rechnen brauchte.[312] Jedoch sind die Ausführungen bei Kegel dazu vage.

3. Schmidt-Rimplers Theorie auf der Basis des „richtigen Rechts“

Schmidt-Rimplers sehr eigenwillige Thesen zur Geschäftsgrundlage sind durch Rudolf Stammlers Verständnis vom richtigen Recht bestimmt worden.[313] Danach ist auch der Vertrag Mittel zur richtigen sozialen Gestaltung, eben zum Richtigen. Das heißt für Schmidt-Rimpler: „Auch durch den Vertrag als rechtliches Institut soll nicht schlechthin irgendwelcher Wille der Parteien zur Durchführung gebracht werden, sondern menschliches Zusammenleben richtig geordnet ... werden.“[314] Da die Richtigkeitsgewähr des Vertrages allerdings ihre Grenzen hat, „müssen neben dem Vertragsinstitut ... hoheitliche Mittel gegeben sein, die bei Nichterreichung des richtigen Zieles eingreifen: ... die Ordnung kann alsdann nicht mit dem Mittel des Vertrages, sondern sie muß mit hoheitlichen Mitteln ge-

306 Kegel in Kegel/Rupp/Zweigert, Die Einwirkung des Krieges, S. 111; 40. Dt. Juristentag, S. 200 ff.
307 Kegel, 40. Dt. Juristentag, S. 200.
308 Kegel, 40. Dt. Juristentag, S. 204.
309 Köhler in Festgabe der Wissenschaft 50 Jahre Bundesgerichtshof, I, S. 295, (321 ff).
310 BGH ZIP 1995, 1935, (1939 sub 2.)
311 Kegel, 40. Dt. Juristentag, S. 202.
312 Kegel, 40. Dt. Juristentag, S. 203.
313 Stammler, Die Lehre vom richtigen Recht.
314 Schmidt-Rimpler, Festschrift Nipperdey 1955, S. 5.

schaffen werden."[315] Was die Fälle gestörter Geschäftsgrundlage angeht, so läuft die Gedankenführung Schmidt-Rimplers folgendermaßen: „Beruht so die rechtliche Anerkennung der vereinbarten Rechtsfolge darauf, daß sie von beiden Parteien als richtig ... anerkannt ist ..., so ergibt sich ohne weiteres, daß die Rechtsfolge mangels Richtigkeitsgewähr da nicht anerkannt werden dürfte, wo die Wertung auch nur einer Partei entweder auf falschen Voraussetzungen beruht ... oder Voraussetzungen, auf denen die Wertung beruht, nachträglich fortfallen ..."[316] „Wenn eine Wertungsgrundlage fehlt, so ist sachlich die Richtigkeit der Rechtsfolge nicht gewährleistet und sie dürfte daher vom Rechte nicht anerkannt werden. Aber der Gedanke der Verkehrssicherheit fordert, daß sie dennoch anerkannt wird."[317]

Schmidt-Rimpler entfaltet auf der Basis dieser konträren Aspekte seine Lösung des Problems der Geschäftsgrundlage, die danach lautet: „... die sachliche Richtigkeit darf nur dann hintangesetzt werden, wenn die Verkehrssicherheit es erfordert und nur insoweit dies der Fall ist."[318] Es folgen verschiedene Überlegungen zur Abwägung zwischen Richtigkeitserfordernis auf der einen Seite und Verkehrssicherheit auf der anderen. Danach spielt es eine Rolle, ob eine Partei mit der Änderung der Verhältnisse gerechnet hat, ob sie selbst für sie verantwortlich ist und ob es sich um erhebliche oder um nur unwesentliche Erschwernisse handelt.[319]

Gegenüber Schmidt-Rimpler ist eingewandt worden, dass seine Vertragslehre, wonach der Vertrag dazu dient, eine richtige, das soll heißen eine sozial richtige Ordnung zu schaffen, nicht mit der Rechtsgeschäftslehre des BGB übereinstimme. Allerdings ist festzustellen, dass die Ergebnisse seiner Überlegungen, was die Problematik der Geschäftsgrundlage betrifft, sich im wesentlichen mit denen anderer Ansichten über die Geschäftsgrundlage decken, wie er eingangs selbst hervorgehoben hat.[320] Daher erübrigt es sich, seine Lehre vom richtigen Recht weiter auszuloten.

4. Die Lehmann'sche Formel von der Geschäftsgrundlage

Heinrich Lehmann hat seine Ansicht zur Lehre von der Geschäftsgrundlage in seinen Lehrbüchern, zuletzt in der 15. Bearbeitung seines Schuldrechts im En-

---

315 Schmidt-Rimpler, Festschrift Nipperdey 1955, S. 7.
316 Schmidt-Rimpler, Festschrift Nipperdey 1955, S. 10.
317 Schmidt-Rimpler, Festschrift Nipperdey 1955, S. 12.
318 Schmidt-Rimpler, Festschrift Nipperdey 1955, S. 12.
319 Schmidt-Rimpler, Festschrift Nipperdey 1955, S. 13 ff.
320 Schmidt-Rimpler, Festschrift Nipperdey 1955, S. 2.

neccerus/Lehmann[321] und in der 14. Auflage seines Allgemeinen Teils des Bürgerlichen Gesetzbuches[322] ausgesprochen. Für Lehmann resultiert die Lehre von der Geschäftsgrundlage mit der Folge eines Rücktrittsrechts aus einem praktischen, unabweisbaren Bedürfnis. Dabei orientiert er sich, wie dies seit Oertmann Tradition hat, an den Parteivorstellungen. Seiner Ansicht nach ist ein Umstand, der eine Partei zum Vertragsschluss bestimmt hat, unter einer dreifachen Voraussetzung Geschäftsgrundlage: die grundlegende Bedeutung des Umstandes muss dem Vertragsgegner erkennbar gewesen sein, die Partei muss wegen der Gewissheit abgehalten worden sein, ihn zur Vertragsbedingung zu machen, und redlicherweise hätte sich die Gegenseite darauf einlassen müssen. Für den Fall, dass entsprechende Vorstellungen gefehlt haben, soll diese Formel dem angepasst werden. Die maßgeblichen Umstände sollen dann aus dem objektiven Vertragszweck gewonnen werden und die Geschäftsgrundlage dann bestimmen, wenn nur die Unkenntnis davon abgehalten hat, sie zur Bedingung des Vertrages zu erheben.[323]

Aus welchen Quellen Lehmann dies geschöpft hat, wird nicht mitgeteilt. Bei näherem Zusehen lösen seine Thesen Bedenken aus.[324] Lehmann sucht wie Larenz die Begründung für eine Lösung von der Vertragsbindung im Vertrag selbst. Es soll darauf ankommen, ob der Gegner redlicherweise gehalten gewesen wäre, sich auf eine entsprechende Bedingung einzulassen. Nipperdey hat dagegen eingewandt, dass niemand sich, auch nicht redlicherweise darauf einlassen müsse, einen Vertrag unter einer Bedingung, noch dazu unter einer im Interesse allein der anderen Seite, zu schließen.[325] Einseitige Vorstellungen einer Partei, die für sie motivierend gewirkt haben, seien wohl Grundlage ihrer Willenserklärung, aber deswegen nicht schon Grundlage des Vertrages.[326]

Wenn die Rechtsordnung die Störung berücksichtigt, dann kann das also nicht der Vertrag begründen. Nicht fiktive Vertragsbedingungen, sondern nur rechtliche Wertungen können die Lösung vom Vertrag rechtfertigen. Welche Wertungen anzustellen sind, sagt die Formel Lehmanns nicht. Erst recht erweist sich der Rückgriff auf den Vertrag als eine Fiktion in den Fällen, in denen keine Partei Vorstellungen davon hatte, was später als eine grundlegende Vertragsstörung eingetreten ist.

---

321 Enneccerus/Lehmann, Recht der Schuldverhältnisse, §41.
322 Lehmann, Allgemeiner Teil §35 A VII, S. 273 ff, 277/278.
323 Enneccerus/Lehmann, Recht der Schuldverhältnisse, §41, S. 179.
324 So auch Stötters Kritik an Lehmann: AcP 166 (1966), 149, (158/159).
325 Enneccerus/Nipperdey, Allgemeiner Teil §177 III 2.
326 Enneccerus/Nipperdey, Allgemeiner Teil §177 III 3.

5. Essers Gedanken zur Geschäftsgrundlage

Esser widmet der Lehre von der Geschäftsgrundlage einen umfangreichen Abschnitt seines Schuldrechtslehrbuchs.[327] Sein Versuch, einen festen Tatbestand der Geschäftsgrundlage zu bilden, geht nach dem Vorbild von Larenz von einer objektiven und einer subjektiven Bestimmung aus. Objektiv kommt es danach darauf an, welche Umstände vorauszusetzen waren, damit der Vertrag sinnvoll erscheint, subjektiv nach der Formel Oertmanns darauf, auf welchen Vorstellungen sich der Geschäftswille der einen Seite für die andere Seite ersichtlich aufgebaut hat.[328] Aber diese Begriffsbestimmung wird dadurch relativiert, dass Esser dann, darin der Rechtsprechung folgend, erst mit Hilfe der Formel von Treu und Glauben ermitteln will, ob die jetzt gegebene Sachlage, die eine Störung der Geschäftsgrundlage darstellt, eine Vertragsanpassung verlangt. „Der Wegfall der Geschäftsgrundlage löst für sich allein noch keine Rechtsfolgen aus, sondern wird erst erheblich, wenn das Festhalten am Vertrag wegen Unzumutbarkeit gegen Treu und Glauben verstößt.“[329] Das versucht Esser dann zu präzisieren. Dabei nimmt er die Aufspaltung der Fälle in eine subjektive und eine objektive Geschäftsgrundlage wieder zurück. Es heißt nämlich: „Für die Rechtsbedeutsamkeit einer Durchführungsstörung kommt es stets auf die von den Parteien redlicherweise gemeinte Risiko- und Aufwandsverteilung an, gleich ob diese Störung eine Partei trifft, weil sie sich etwas Falsches vorgestellt oder die Wirklichkeit nicht vorgestellt hatte. ... Dieser psychologische Unterschied rechtfertigt eine doppelte Theorie nicht. Die zu verwirklichende Aufgabe jeder Theorie bleibt vielmehr die Herausstellung der Faktoren, die eine Voraussetzung sachlich, nicht psychologisch aus der Menge der unbeachtlichen Motive hervorheben. Zu diesen Faktoren kann im Einzelfall gehören: Der Vertragszweck, die Äquivalenzbasis sowie jeder Umstand, dessen Fehlen oder Wegfall nach der typischen oder besonderen Interessen- und Risikoverteilung eines Geschäfts ausnahmsweise nicht dem allein zur Last fällt, in dessen Geschäftsbereich die betr. Störung eingetreten ist. Es müssen also entweder äußere (d.h. außerhalb des Machtbereichs beider Parteien liegende) Ereignisse sein, die vor Abwicklung des Vertrags beide Teile treffen und die nicht voraussehbar waren, oder Umstände und Vorgänge, die eine Rücksichtnahme auf die Unzumutbarkeit i.S. von §242 fordern.“[330]

Sieht man genau hin, dann ist Esser also über die Aussage der Judikatur, dass alles nach §242 BGB zu beurteilen sei, nicht hinausgekommen. Hinzuweisen ist

---

327 Esser, Schuldrecht, §86, S. 384 – 405.
328 Esser, Schuldrecht, §86, 2.
329 Esser, Schuldrecht, §86, 3.
330 Esser, Schuldrecht, §86, 6.

noch darauf, dass Esser die Fälle einer Zweckstörung nicht zur Geschäftsgrundlage einordnet, sondern sie für sich betrachtet. Dabei will er bei anfänglicher Zweckverfehlung danach unterscheiden, ob die Leistung noch erbringbar oder ob sie unmöglich ist.[331] Zweckerreichung vor Vertragsschluss bedeutet Zweckverfehlung.[332] Nachträglicher Zweckfortfall kann Unmöglichkeit bedeuten. Der Einfluss auf eine etwa bestehende Gegenleistungspflicht soll sich nach der Voraussehbarkeit richten.[333]

6. Heinrich Lange

Heinrich Lange hat nicht eigentlich eine neue Theorie, aber doch nachdenkenswerte Überlegungen zur Geschäftsgrundlage entwickelt. Dabei schließt er sich an die Larenz'sche Sicht von einer subjektiven und einer objektiven Geschäftsgrundlage an,[334] aber auch an die Unzumutbarkeitsformel der Rechtsprechung.[335] Dass die Störung der Geschäftsgrundlage ein zu Recht anerkanntes Institut der (ungeschriebenen) Rechtsordnung ist, steht für ihn fest. Sein eigener Beitrag besteht darin, dass er von den Rechtsfolgen ausgeht, die die Rechtsordnung im Vertragsrecht von der Nichtigkeit und entsprechenden Sanktionen über die Anfechtbarkeit bis zur Kündigung vorsieht. In die jeweiligen Voraussetzungen, die diese Rechtsfolgen nach geltendem Recht haben, bettet er die verschiedenen Fallgestaltungen eines Fehlens oder Wegfalls der Geschäftsgrundlage ein. Er vergleicht also die Voraussetzungen, die das Gesetz etwa für die Nichtigkeit nach §779 BGB,[336] für die Anfechtung nach §119 BGB,[337] für die Rechtsfolgen nach den §§321, 610 BGB, des §812 I 2 2.Fall BGB,[338] aber auch wegen anfänglicher und nachträglicher Unmöglichkeit[339] wegen Verzuges und positiver Vertragsverletzung,[340] der Kündigung von Dauerschuldverhältnissen aus wichtigem Grund[341] vorsieht, mit den unterschiedlichen Konstellationen einer Störung der Geschäftsgrundlage.[342] Dadurch gewinnt er Maßstäbe zu deren Bewertung.

---

331 Esser, Schuldrecht, §85, 3.
332 Esser, Schuldrecht, §85, 4.
333 Esser, Schuldrecht, §85, 6b.
334 Lange, Festschrift Gieseke, S. 21, (24 ff).
335 Lange, Festschrift Gieseke, S. 21, (36 ff).
336 Lange, Festschrift Gieseke, S. 21, (24f).
337 Lange, Festschrift Gieseke, S. 21, (25f).
338 Lange, Festschrift Gieseke, S. 21, (27f).
339 Lange, Festschrift Gieseke, S. 21, (28 ff).
340 Lange, Festschrift Gieseke, S. 21, (31).
341 Lange, Festschrift Gieseke, S. 21, (31).
342 Lange, Festschrift Gieseke, S. 21, (32 ff).

Diese methodische Vorgehensweise von Lange hat dann Vorbildfunktion, wenn sich eindeutige Formeln zur abstrakten Bewältigung der Geschäftsgrundlagenfälle nicht finden lassen, die Problematik als solche aber – wie feststeht – nicht geleugnet werden kann.

7. Wieacker

Wieacker will die sogenannte subjektive Geschäftsgrundlage auf den Irrtum über solche Umstände, die bei Vertragsschluss bestanden, beschränken und ihre Lösung einer den Bedürfnissen angepassten Irrtumslehre zuweisen.[343] Dass diese Fälle in die Lehre von einer subjektiven Geschäftsgrundlage aufgenommen worden sind, liege daran, dass die Mittel des Gesetzes nicht für alle Fälle des gemeinsamen Irrtums ausreichen. Die Schadensersatzpflicht des Anfechtenden werde der angemessenen Risikoverteilung beim gemeinsamen Irrtum nicht gerecht. Auch müsse ein gemeinsamer Motivirrtum in weiterem Umfang berücksichtigt werden als nach der gesetzlichen Regelung in den §§119 II, 779 BGB.[344]

Als Störungen der Geschäftsgrundlage will Wieacker nur solche Fälle betrachten, in denen durch nachträgliche Veränderung der Umstände das Vertragsrisiko unverhältnismäßig wird. Beim gegenseitigen Vertrag geht es dabei nach Wieackers Ansicht um schwere Äquivalenzstörungen, bei einseitigen oder unvollkommen zweiseitigen Verträgen um das Risiko enttäuschter Parteidispositionen.[345] Die Fälle einer Zweckverfehlung sollen durch Rückgriff auf die Risikoverteilung bei den verschiedenen Schuldverhältnissen gelöst werden.[346]

Die Erkenntnis, die aus diesen Überlegungen zu ziehen ist, lautet nicht eigentlich, ob man dies oder jenes aus der Lehre von der Geschäftsgrundlage ausscheidet. Sie lautet vielmehr, dass die verschiedenen Fälle sich einer einheitlichen Wertung entziehen.

8. Flume

Werner Flume hat seine Ansicht zur Lehre von der Geschäftsgrundlage eingehend in der Festschrift zum hundertjährigen Bestehen des Deutschen Juristentages und dann in der Rechtsgeschäftslehre seines Allgemeinen Teils vorgetragen.[347]

---

343 Wieacker, Festschrift Wilburg, S. 229, (242/243).
344 Wieacker, Festschrift Wilburg, S. 229, (246).
345 Wieacker, Festschrift Wilburg, S. 229, (247/248 ff).
346 Wieacker, Festschrift Wilburg, S. 229, (251 ff).
347 Flume Festschrift Juristentag Bd. I, S. 137, (207 – 238); Allgemeiner Teil, Bd. 2 §26.

Flume lehnt für die Fälle fehlender Geschäftsgrundlage, in denen eine Partei oder beide Parteien die Wirklichkeit nicht richtig eingeschätzt haben, eine Einheitslösung ab. Die Lösung müsse nach den einzelnen Vertragstypen unterschiedlich ermittelt werden.[348] Durch den Hinweis auf Treu und Glauben sei nichts gewonnen, weil es gerade die Frage sei, welche Entscheidung denn nun Treu und Glauben entspreche.[349] Flume betrachtet dann verschiedene aus der Rechtsprechung bekannte Fälle, in denen die vertragliche Leistung auf einer unrichtigen Grundlage bestimmt worden ist, wie etwa den Börsenkursfall und ähnliche Fälle mit unrichtiger Berechnungsbasis. Seine Frage lautet hier, ob die unrichtige Bezugnahme nur ein einseitiges, grundsätzlich unbeachtliches Motiv oder ob sie Teil des Vertrages ist. Letzterfalls ist nach Ansicht von Flume zu entscheiden, ob ein Bezug, nämlich der zur unrichtigen Annahme oder der zur Wirklichkeit, Vorrang hat. Sind beide gleichrangig, so soll keine Seite an dem für sie ungünstigen Bezug festgehalten werden.[350] Danach sind für die Lösung des Konflikts nicht die Parteivorstellungen als ein neben dem Vertrag bestehender Tatbestand maßgeblich. Maßgeblich ist für Flume vielmehr zunächst, ob der Bezug zu der irrigen Annahme Vertragsbestandteil ist. Das nimmt Flume z.B. in dem oft behandelten Fall an, in dem zur Besichtigung eines öffentlichen Aufzuges Zimmer mit Blick auf die Straße, durch die der Aufzug gehen soll, vermietet worden sind. Fällt der Aufzug aus oder wird er in eine andere Straße verlegt, so erhält der Mieter nicht das, was er von dem Blick auf die Straße erwartet hat. Flume kann daher hier auf die Lehre von der Geschäftsgrundlage verzichten und das Ergebnis durch eine Vertragsauslegung gewinnen, die die Frage beantwortet, ob und wie das unrichtige Verhältnis zur Wirklichkeit korrigiert werden kann.[351] Zu entscheiden ist dann, wer das Risiko, dass die Wirklichkeit von der vertraglichen Bezugnahme abweicht, zu tragen hat. Dafür wird die für verschiedene Vertragstypen unterschiedliche gesetzliche Risikoverteilung zugrunde gelegt.[352] Flume wehrt sich daher gegen die etwa von Larenz vertretene These, dass man für alle Fälle der sogenannten Geschäftsgrundlage einen selbständigen, nicht im Vertragsinhalt enthaltenen Geschäftszweck statuieren und wegen dessen Verfehlung Korrekturen anbringen könne.[353]

Ganz anders beurteilt Flume die Fälle, in denen – wie es in seinen Worten heißt – Änderungen der Sozialexistenz auf den Vertrag einwirken, wie Wäh-

348 Flume, Festschrift Juristentag, Bd. I, S. 208 ff; Allgemeiner Teil, Bd. 2, §26, 3.
349 Flume, Allgemeiner Teil, Bd. 2, §26, 3.
350 Flume, Allgemeiner Teil, Bd. 2, §26, 4c.
351 Ähnlich auch Huber, JuS 1972, 57 ff, (64/65).
352 Flume, Festschrift Juristentag, S. 217 ff; Allgemeiner Teil, Bd. 2, §26, 5; zustimmend Ulmer, AcP 174 (1974), 167, (182).
353 Flume, Festschrift Juristentag, Bd. I, S. 215/216.

rungsverfall, Kriegseinwirkungen, Naturkatastrophen und ähnliche unvorhersehbare Störungen, die die Äquivalenz von Leistung und Gegenleistung beeinflussen.[354] Das Risiko der Sozialexistenz gehe die Vertragspartner in gleicher Weise an. Entweder müsse der Vertrag dann ganz oder zum Teil hinfällig sein oder den Verhältnissen angepasst werden.[355]

Es muss nach Flume daher von der Allgemeinheit getragen werden. Der Vertrag selbst könne in solchen Fällen für den Ausgleich keinen Anhalt geben.[356]

Nach alledem fasst Flume als Ergebnis seiner Überlegungen zusammen, dass die allgemeine Lehre von der Geschäftsgrundlage aufzugeben sei. In den Fällen einer Abweichung der Wirklichkeit von dem Vertrag müsse der Vertrag ganz oder zum Teil entfallen oder das Risiko müsse die eine Seite treffen, je nachdem, welche Risikoverteilung angemessenen sei. Für die Frage, wie Änderungen der Sozialexistenz auf Verträge einwirken, gäbe es gleichfalls keine Einheitslösung, weil eine gerechte Verteilung des Risikos nach Maßgabe des einzelnen Vertrages nicht möglich sei.[357]

9. Fikentscher

Fikentscher hat seine Überlegungen zum Problem der Geschäftsgrundlage in einer Monographie aus dem Jahre 1971[358] und in seinem Schuldrechtslehrbuch[359] niedergelegt. Der Leser findet leichteren Zugang bei der Lektüre des Lehrbuchs. Daher werden im folgenden die betreffenden Ausführungen zugrunde gelegt. Wohl weniger in den Ergebnissen als vielmehr in der gedanklichen Konzeption weicht Fikentscher wesentlich von anderen Autoren ab.

Fikentscher siedelt das Institut der Geschäftsgrundlage im Zentrum des Grundsatzes von Treu und Glauben an. Es heißt bei ihm: „Immer wenn §242 zur Lösung eines Einzelfalles herangezogen wird, muß gefragt werden, ob die spezielle Anwendung, wenn auch nur mittelbar und abgeleitet, auf der Grundbedeutung des §242 fußt. ... Nur wenn die Anwendung im Einzelfall eine Konkretisierung der Grundidee ist, darf man sich auf §242 berufen.“[360] Die Grundidee von §242 sei nicht – so Fikentscher –, Treu und Glauben als allgemeinen Maßstab menschlichen Verhaltens im Recht zu fordern. Vielmehr schaffe §242 auf der Grundlage des Vertrauensprinzips kraft Gesetzes in Sonderverbindungen Ergän-

354 Flume, Festschrift Juristentag, Bd. I, S. 229 ff; Allgemeiner Teil, Bd. 2, §26, 6.
355 Flume, Allgemeiner Teil, Bd. 2, §26, 7.
356 Flume, Festschrift Juristentag, Bd. I, S. 229 ff; Allgemeiner Teil, Bd. 2, §26, 6.
357 Flume, Allgemeiner Teil, Bd. 2, §26, 7.
358 Fikentscher, Die Geschäftsgrundlage als Frage des Vertragsrisikos, 1971.
359 Fikentscher, Schuldrecht, §27 Treu und Glauben, III.e) Geschäftsgrundlage.
360 Fikentscher, Schuldrecht, §27 I.1.

zungen und Korrekturen von Rechten und Pflichten.[361] Inwiefern Ergänzungen und Korrekturen in Betracht kommen, ist durch Konkretisierung zu ermitteln.[362] In diesen Rahmen gehört für Fikentscher auch das Problem der Geschäftsgrundlage, das danach kein selbständiges Rechtsinstitut bildet, sondern einen Teil der Theorie von den Vertrauensumständen.[363] Die Vertrauensumstände, die für Fikentscher die Vertrauensgrundlage bilden, umfassen „die von jeder Partei in ihren jeweiligen Risikorahmen aufgenommenen Umstände, deren Bedeutung für das von dieser Partei eingegangene Vertragsrisiko so groß ist, daß eine Abweichung in der Wirklichkeit von der Vorstellung der Partei bei Bildung ihres Zweckwillens es für die Partei unzumutbar macht, am Vertrag festgehalten zu werden."[364]

Die Abwägung, die danach vorzunehmen ist, lautet nach Fikentscher: „Erstens: Auf welchen Umstand hat der Schuldner (bzw. Gläubiger) vertraut? Und zweitens: Ist die Enttäuschung des auf diesen Umstand gerichteten Vertrauens so schwerwiegend, daß man den Schuldner von dieser Pflicht befreien und das Vertrauen des Gläubigers an das Weiterbestehen der Pflicht dadurch enttäuschen muß?"[365] Als pflichtenbefreiende Vertrauensumstände zählt Fikentscher fünf aus der Rechtsprechung gewonnene Fallgruppen auf, von denen drei Probleme bezeichnen, die man sonst der Lehre von der Geschäftsgrundlage zuordnet, nämlich (1.) tatsächliche Umstände von wertgebender Bedeutung, von deren Fortbestand Schuldner und Rechtsverkehr ausgehen, wie Äquivalenzstörungen, ferner (2.) vertragsindividuelle Wertmesser, die sich als falsch gewählt herausstellen, wie z.B. der Börsentageskurs, schließlich (3.) Vertrauen des Schuldners auf den Fortbestand bestimmter Rechtsverhältnisse, z.B. auf die Ehe, auf eine Kreditzusage.

Vergleicht man diese Fallgruppen mit den oben bei Wiedergabe der Rechtsprechung gebildeten Gruppierungen, so stellt man leicht die Übereinstimmungen fest. Ob auch das theoretische Gerüst, auf dem Fikentscher seine Gedanken aufbaut, überzeugt, ist eine andere Frage.

10. Beuthiens Lehre von der Zweckstörung im Schuldverhältnis

Beuthien behandelt in seiner Tübinger Habilitationsschrift die Geschäftsgrundlage nicht in ihrem Kernbereich, sondern nur zur Abgrenzung von seinem Thema,

---

361 Fikentscher, Schuldrecht, §27 I.3.
362 Fikentscher, Schuldrecht, §27 III.
363 Fikentscher, Schuldrecht, §27 III.e).
364 Fikentscher, Schuldrecht, §27 III.e) a.E.
365 Fikentscher, Schuldrecht, §27 III.g).

nämlich der Zweckerreichung und Zweckstörung.[366] Wie die Geschäftsgrundlage eines Vertrages zu bestimmen ist, übernimmt Beuthien von Lehmann. Im übrigen geht er davon aus, dass die Geschäftsgrundlage eben Grundlage und nicht Inhalt des Vertrages sei.[367] Alles was er zum Vertragsinhalt rechnet und daher mit der Unmöglichkeitslehre fassen will, scheidet er also aus der Geschäftsgrundlagenproblematik aus. Wörtlich schreibt er: „Die Unmöglichkeit der Leistung ist eine Elementarstörung des Geschäftsinhalts und keine Grundlagenstörung. Sie ist daher mit der Lehre vom Wegfall der Geschäftsgrundlage nicht zu erfassen ..."[368] Ähnlich wie Flume zieht Beuthien die Verwendungszwecke zum Vertragsinhalt, so dass deren Störung sich als ein Fall der Unmöglichkeit darstellt.

Das ist verschiedentlich scharf kritisiert worden. Köhler z.B. wendet dagegen ein, dass dadurch das Problem der Risikotragung unzulässigerweise zu einem Problem des Leistungsinhalts umgemünzt werde. Das wird auch von Larenz kritisiert,[369] ebenso von Koller,[370]weil die danach zweckgebundene Leistungspflicht zu unbestimmt sei und die Grenzen zur Nebenpflichtverletzung[371] verwischt würden.[372]

Die Frage, weswegen subjektive Vorstellungen einer Vertragspartei oder beider Seiten, die nicht den Vertragsinhalt bestimmen, die Grundlage des Vertrages bilden und weswegen sie insoweit Einfluss auf den Bestand des Vertrages haben, ist nicht das Untersuchungsprogramm der Schrift von Beuthien. Daher gibt er darauf auch keine Antwort.

11. Köhlers Theorien zu Zweckstörungen im Schuldverhältnis

Köhler hat in seiner von Larenz angeregten und betreuten Münchener Dissertation nur einen Ausschnitt der Lehre von der Geschäftsgrundlage behandelt, nämlich die Fälle von Zweckstörungen.[373] Er unterscheidet dabei zwei Gruppen. Die eine wird gebildet durch Zweckstörungen, die die geschuldete Leistung selbst betreffen, weil diese entweder vereitelt oder weil sie anderweitig erreicht worden ist. In beiden Fällen handelt es sich nach Köhler um eine Unmöglichkeit der Leistung, deren Rechtsfolgen für die Gegenleistungspflicht er nach Maßgabe

366 Beuthien, Zweckerreichung, S. 58 ff.
367 Beuthien, Zweckerreichung, S. 61.
368 Beuthien, Zweckerreichung, S. 65.
369 Larenz, Schuldrecht AT §21 II.1. (S. 327).
370 Koller Risikozurechnung, S. 37 ff.
371 – nach geltendem Recht zu Schutzpflichtverletzungen im Sinne des §241 II BGB –
372 Köhler, Unmöglichkeit und Geschäftsgrundlage, S. 116.
373 Köhler, Unmöglichkeit und Geschäftsgrundlage, 1971.

des jeweiligen Vertragstyps dem Gesetz entnimmt.[374] Die zweite Fallgruppe betrifft Störungen des weiteren vom Gläubiger gesetzten Verwendungszweckes. Für ihn trägt, wie Köhler feststellt, grundsätzlich der Gläubiger das Verwendungsrisiko. Ausnahmsweise muss dieses Risiko auf den Schuldner überwälzt werden, und zwar – wie Köhler meint – über das Rechtsinstitut des Wegfalls der Geschäftsgrundlage.[375] Dabei ist nach Köhler der – wie er schreibt – Tatbestand des Wegfalls der Geschäftsgrundlage durch normative Wertungsprinzipien, nämlich durch den Grundsatz des „venire contra factum proprium" und durch den Grundsatz der „Risikonutzung" zu ergänzen.[376]

Fast dreißig Jahre später, in der Festgabe zum fünfzigjährigen Bestehen des Bundesgerichtshofs im Jahre 2000, hat Köhler noch einmal das Thema der Geschäftsgrundlage aufgegriffen.[377] Hier kritisiert er die subjektivistische Formel der Rechtsprechung, der der Bundesgerichtshof, wie schon Larenz hervorgehoben hat,[378] mit seinen Entscheidungen in der Sache selbst widerspricht.[379]

Nach Köhler zeichnen sich die Sachverhalte, die mit Hilfe der Lehre von der Geschäftsgrundlage erfasst werden sollen, „dadurch aus, daß sich durch das nachträgliche Eintreten (oder Zutagetreten) von Umständen für eine Vertragspartei ein ganz bestimmtes Risiko verwirklichen würde, wenn sie am Vertrag festgehalten würde."[380] Die sich daran anschließende Frage, ob die Partei von diesem Risiko entlastet werden muss, kann – wie Köhler meint – nur durch Besinnung auf die vertragliche Risikoverteilung beantwortet werden.[381] Danach lautet die 1. These Köhlers, dass die Geschäftsgrundlage entfällt, wenn eine Partei bei unveränderter Vertragsdurchführung mit einem Risiko belastet werde, das ihr nach dem Vertrag nicht zugewiesen ist.[382]

Diese Überlegung mutet aber an wie der Vorschlag des Barons von Münchhausen, sich am eigenen Schopf aus dem Sumpf zu ziehen. Wie nämlich soll der Vertrag, dessen unveränderte, also doch vertraggemäße Durchführung doch die Partei belastet, zugleich angeben können, das dies der vertraglichen Risikoverteilung widerspricht? Die nachfolgenden Ausführungen Köhlers zu einzelnen aus der Rechtsprechung bekannten Fällen mag man durchaus billigen. Dass sie die Überzeugungskraft seiner Grundidee belegen, muss aber bezweifelt werden.

---

374 Köhler, Unmöglichkeit und Geschäftsgrundlage, 17 – 49, (200/201).
375 Köhler, Unmöglichkeit und Geschäftsgrundlage, 116 ff, (201 – 203).
376 Köhler, Unmöglichkeit und Geschäftsgrundlage, S. 143 ff, (201).
377 Köhler, Festgabe 50 Jahre Bundesgerichtshof, S. 295.
378 Larenz, Schuldrecht AT §21 II.
379 Köhler, Festgabe 50 Jahre Bundesgerichtshof, S. 295.
380 Köhler, Festgabe 50 Jahre Bundesgerichtshof, S. 295, (299).
381 Köhler, Festgabe 50 Jahre Bundesgerichtshof, S. 295, (300).
382 Köhler, Festgabe 50 Jahre Bundesgerichtshof, S. 295, (300).

Es schließen sich Gedanken zu den Rechtsfolgen im Fall einer Störung der Geschäftsgrundlage an. Köhler kritisiert die seiner Ansicht nach zu vage Rechtsfolgenbestimmung durch die Rechtsprechung. Für ihn liefert eine teleologische Reduktion des Vertrages die gesuchte Rechtsfolge für jeden Fall einer gestörten Geschäftsgrundlage.[383] Dies wird anhand von Beispielsfällen aus der Rechtsprechung erläutert. Mit Ausnahme kleinerer Abweichungen werden dabei im wesentlichen aber die Ergebnisse der Judikatur bestätigt. Hervorzuheben ist, dass nach Köhler auch Verträge, die bereits beiderseits durchgeführt worden sind, nach Maßgabe der Lehre von der Geschäftsgrundlage korrigiert werden können.[384] Das dafür gewählte Beispiel, in dem es um die Rückzahlung einer Vertragsstrafe für eine Werbung ging, die der Bundesgerichtshof später als wettbewerbsrechtlich statthaft ansah, ist allerdings nicht beweiskräftig. Hier greift, wie Köhler selbst schreibt, §812 I 2 1. Fall BGB ein.[385] Von Interesse ist schließlich die These Köhlers, dass bei einem Vertrag, der wegen Störung der Geschäftsgrundlage undurchführbar ist, die Nachteile von beiden Vertragsparteien je zur Hälfte getragen werden müssten.[386]

12. Ulmers Überlegungen zum Einfluss staatlicher Wirtschaftslenkung auf die Geschäftsgrundlage

Peter Ulmer hat das Problem der Geschäftsgrundlage unter einem speziellen Aspekt betrachtet, nämlich als Folge staatlicher Maßnahmen der Wirtschaftslenkung.[387] Wer, so lautet nach Ulmer die entscheidende Frage, hat das Risiko für Störungen der Geschäftsgrundlage zu tragen? Wie es bei ihm wörtlich heißt, bedeutet das: „Umstände, die nach gesetzlicher Wertung in den Risikobereich oder die ‚Sphäre' eines Vertragspartners fallen, wie Beschaffungsschwierigkeiten oder Beeinträchtigungen des Verwendungszwecks ..., lassen schon deshalb regelmäßig keinen Raum zum Rückgriff auf den Einwand der GG."[388] Dabei seien die zum Vertragsschluss führenden Motive einer Partei grundsätzlich in die vertraglich aufgeteilten Risikobereiche einzubeziehen, d.h. dass Fehlerwartungen zu Lasten der Partei gingen, die sie zugrunde gelegt hat.

Fraglich könne nur sein, ob und inwieweit von außen kommende Störungen von der vertraglichen Risikoverteilung erfasst würden. Darüber soll laut Ulmer

---

383 Köhler, Festgabe 50 Jahre Bundesgerichtshof, S. 295, (308 ff).
384 Köhler, Festgabe 50 Jahre Bundesgerichtshof, S. 295, (318).
385 Köhler, Festgabe 50 Jahre Bundesgerichtshof, S. 295, (318 f).
386 Köhler, Festgabe 50 Jahre Bundesgerichtshof, S. 295, (323).
387 Ulmer, AcP 174 (1974), 167.
388 Ulmer, AcP 174 (1974), 167, (183).

ihre Voraussehbarkeit entscheiden.[389] Auch Höhe und Umfang des übernommenen Risikos sollen sich nach diesem Maßstab der Vorhersehbarkeit richten.[390]

Man erkennt, dass Ulmers Einschätzung sehr viel strenger ist als die anderer Autoren, die zum Teil ein Fehlgehen der Beschaffungs- und Verwendungserwartungen über den Fortfall der Geschäftsgrundlage berücksichtigen. Die Ansicht Ulmers, dass unerwartete und unvorhersehbare Störungen von außen anders zu beurteilen seien, deckt sich weithin mit der allgemeinen Ansicht.

13. Medicus

Auch für Medicus begrenzt die Lehre von der Geschäftsgrundlage die vom Vertrag bestimmte Verteilung des Risikos, die die vertragliche Verpflichtung bedeutet.[391] Ob eine Veränderung oder eine falsche Beurteilung von Umständen, die für den Vertragswillen bedeutsam waren, die Geschäftsgrundlage berührt und daher zu beachten ist, soll durch Vertragsauslegung entschieden werden.

Weitere Details finden sich an dieser Stelle bei Medicus hierzu nicht, da sich seine Überlegungen auf die Rechtsfolgen, die die Störung der Geschäftsgrundlage nach sich zieht, beschränken.[392] Gleichwohl verdienen seine Hinweise Beachtung, weil Medicus maßgeblich in der Schuldrechtskommission mitgewirkt und damit Einfluss auf die Kodifizierung der Geschäftsgrundlagenstörung in §313 BGB n.F. (= §306 BGB Kommissionsentwurf) genommen hat.

14. Häsemeyer

Ausgangspunkt der Überlegungen, die Häsemeyer der Lehre von der Geschäftsgrundlage widmet, ist die Einsicht, dass diese Lehre – wie er schreibt – „offenbar mehr leisten kann, als sie leisten soll." Gemeint ist, dass sie nicht nur die anerkannten Fallgruppen erfasst, sondern weit darüber hinaus reicht, also auch dort die Vertragsbindung aufweichen kann, wo diese eben nicht in Frage gestellt werden dürfte. Folglich geht es Häsemeyer darum, den Anwendungsbereich der Lehre von der Geschäftsgrundlage einzuschränken.[393]

Häsemeyer erteilt nicht nur den Lehrmeinungen eine Absage, die von einem subjektiven Ansatz ausgehen und Fehlvorstellungen der Parteien zum maßgebenden Gesichtspunkt machen.[394] Auch die Deutung der Geschäftsgrundlage als Zu-

---

389 Ulmer, AcP 174 (1974), 167, (185 ff).
390 Ulmer, AcP 174 (1974), 167, (187).
391 Medicus, Festschrift Flume, S. 639, (631/632).
392 Medicus, Festschrift Flume, S. 639, (633 ff).
393 Häsemeyer, Festschrift Weitnauer, S. 67, (68/69).
394 Häsemeyer, Festschrift Weitnauer, S. 67, (68, 70 ff).

weisung von Vertragsrisiken lehnt er ab,[395] ebenso wie ihre Anwendung auf Zweckstörungen.[396]

Seiner Ansicht ist die Herstellung der Vertragsgerechtigkeit mit Hilfe der Lehre von der Geschäftsgrundlage zu begrenzen auf solche Fälle, in denen die Austauschgerechtigkeit im entgeltlichen Vertrag gestört ist, und zwar durch solche Faktoren, die für alle Kontrahenten und nicht nur für eine Seite maßgebend sind.[397] Das sind Störungen der Leistungsäquivalenz, wenn die Störung den in den Vertrag einbezogenen Wertungsmaßstab verändert, wenn also der allseitig in den Vertrag einbezogene Wertmaßstab versagt.[398] Das kann es laut Häsemeyer nur in entgeltlichen, insbesondere in gegenseitigen Verträgen geben, nicht in Darlehens- oder Geschäftsbesorgungsverträgen.[399]

Zu den Rechtsfolgen heißt es bei Häsemeyer, dass eine etwa erforderliche Vertragsanpassung nicht ergänzende Vertragsauslegung, vielmehr den Übergang von der subjektiven zur objektiven Leistungsäquivalenz bedeute.[400] Eine solche Vertragsanpassung komme aber nicht vor, sondern nur nach Beginn des Leistungsvollzugs in Betracht, und zwar durch Annäherung der ursprünglichen Vertragsregelung an den objektiv richtigen Maßstab.[401]

15. Kollers Theorie der „Risikozurechnung bei Vertragsstörungen in Austauschverträgen"

Einen sehr eigenen Denkansatz verfolgt Koller in seiner Münchener Habilitationsschrift von 1979. Dafür knüpft er, wie im Vorwort hervorgehoben wird, nicht an die gesetzlich fixierten, aber auch nicht an die praeter legem entwickelten Formen von Vertragsstörungen und damit bewusst auch nicht an die Lehre von der Geschäftsgrundlage an. Vielmehr ist sein Blick auf die Prinzipien gerichtet, die die Risikozurechnung bestimmen. Da er nur Austauschverträge betrachtet, interessieren ihn allein die Fälle, in denen es um das Risiko erhöhten Aufwands oder das Risiko von Zweckstörungen geht. Kritisch werden die anderen Konzeptionen, darunter auch die Lehre von der Geschäftsgrundlage, gewürdigt:[402]

Die Versuche, Vertragsstörungen weitgehend als Fälle einer irgendwie gearteten Unmöglichkeit der Leistung zu erfassen, seien dem Bemühen um materielle

395 Häsemeyer, Festschrift Weitnauer, S. 67, (68 ff).
396 Häsemeyer, Festschrift Weitnauer, S. 67, (73 ff).
397 Häsemeyer, Festschrift Weitnauer, S. 67, (76 ff).
398 Häsemeyer, Festschrift Weitnauer, S. 67, (76).
399 Häsemeyer, Festschrift Weitnauer, S. 67, (77).
400 Häsemeyer, Festschrift Weitnauer, S. 67, (81/82).
401 Häsemeyer, Festschrift Weitnauer, S. 67, (83).
402 Koller, Risikozurechnung, S. 17 ff.

Vertragsgerechtigkeit gewichen, teils unter Berufung auf das Gebot des §242 BGB, teils gestützt auf die Idee der ausgleichenden Gerechtigkeit. Ob dies eine Korrektur des gesetzlichen Systems contra legem ist oder eine Lückenfüllung praeter legem, läßt Koller dahinstehen. Bedeutsamer erscheint ihm die vorherrschende Einsicht, dass man den Risiken der Aufwandserhöhung und Zweckstörung rechtlich nicht allein mit dem Kriterium der „Möglichkeit“ bzw. der „Unmöglichkeit“ der Leistung begegnen kann.[403]

Dem Versuch, die Problematik auf psychologischer Basis, nämlich durch Rückgriff auf Vorstellungen und Fehlvorstellungen der Vertragsparteien zu erfassen, erteilt Koller eine Absage, weil die Fälle, die keine Partei sich vorgestellt hat, also etwa unvorhersehbare Äquivalenzstörungen so nicht zu bewältigen sind.[404] Weder die Erkennbarkeit von Planungsfehlern der einen Vertragspartei, noch die Gemeinsamkeit von Fehlvorstellungen sei hinreichend dafür, das Risiko, das gerechterweise die eine Seite zu tragen hat, auf die andere Partei zu übertragen.[405] Die Überlegung, dass die eine Seite „redlicherweise“ die andere nicht dürfe übervorteilen wollen, sei ein normativer Aspekt, seine Berechtigung könne daher nicht aus dem Parteiwillen abgeleitet werden. Die Lösung mit Hilfe der Frage zu suchen, was redlich denkende Parteien vereinbart hätten, sei nur eine Umschreibung dafür, dass eine gerechte Lösung gefunden werden müsse, aber nicht bereits die Antwort auf diese Frage.[406] Auch das Verbot des „venire contra factum proprium“ sei kein geeignetes Mittel, die vertragliche Risikozurechnung für Aufwandserhöhung und Zweckstörungen zu korrigieren. Wer am Vertrag festhalten wolle, handele damit nicht diesem Verbot zuwider.[407] Schließlich könne man die sachgerechte Risikoverteilung auch nicht durch Vertragsauslegung ermitteln. Diese von Flume und auch von Beuthien vertretene Rechtsauffassung rechne zu Unrecht den Verwendungszweck des Gläubigers zum Vertragsinhalt. Im Fall etwa der Miete eines Zimmers, von dem aus der Krönungszug besichtigt werden soll, sei nicht dies die vom Vermieter geschuldete Leistung, sei daher nicht die Erfüllung unmöglich geworden, weil der Krönungszug ausfällt oder einen anderen Weg nimmt. Vielmehr sei dadurch die Zimmermiete entwertet worden. Es gehe daher richtigerweise darum, dass die Äquivalenz von Leistung und Gegenleistung gestört sei.[408] Eingehend beschäftigt sich Koller mit den Versuchen, Maßstäbe dafür zu gewinnen, wann eine Äquivalenzstörung derart ist, dass die Risikoverteilung geändert werden muss. Er kritisiert den Verzicht auf Prinzi-

403 Koller, Risikozurechnung, S. 18.
404 Koller, Risikozurechnung, S. 19.
405 Koller, Risikozurechnung, S. 22 ff, 25 ff.
406 Koller, Risikozurechnung, S. 39.
407 Koller, Risikozurechnung, S. 30 ff.
408 Koller, Risikozurechnung, S. 37 ff.

pien, die den objektiven Äquivalenzgedanken präzisieren. Es reiche nicht aus, mit der Lehre von der Geschäftsgrundlage nur festzustellen, dass eine Risikobelastung unzumutbar sei.[409] Das münde in eine konturenlose Billigkeitsrechtsprechung, durch die Rechtssicherheit und Praktikabilität verloren gingen.[410]

Demgegenüber entwickelt Koller, was hier nicht näher darzustellen ist, ein System zur Verteilung der Risiken, die planungswidriger Aufwand und Zweckstörungen auslösen, mit Hilfe der Kriterien der „abstrakten Beherrschbarkeit" der „Absorption" und der „arbeitsteiligen Veranlassung".[411]

II. Resumée

Die Stellungnahmen des Schrifttums, die oben zur Sprache gekommen sind, sind vielschichtig und differenziert. Die Erkenntnis, dass es um die gerechte Risikozurechnung gehe, beschreibt nur die Einsicht in die Aufgabenstellung, gibt aber die Kriterien, nach denen die Vertragsrisiken zu verteilen sind, noch nicht an. Darüber, welche dies sind, in welcher Beziehung sie zueinander stehen, welchen Stellenwert sie jeweils haben, gibt es im Schrifttum zur Problematik der Geschäftsgrundlage vor der Schuldrechtsmodernisierung keine Einigkeit.

C. Resultate und zusammenfassende Würdigung

I. Sichtung der vorangegangenen Gedanken

Aus dem Vorangegangenen gültige Resultate zu ziehen und verbindliche Feststellungen zu treffen, fällt schwer. Dass das, was man Störung der Geschäftsgrundlage nennt, mittlerweile zu dem Kanon anerkannter Vertragsstörungen gehört, kann nicht angezweifelt werden, während zu dem Wann und Wieso überzeugende Aussagen nach wie vor nicht auszumachen sind.

1. Zur Anknüpfung an Parteivorstellungen

Die von der Rechtsprechung kontinuierlich vorgetragene Formel Oertmanns trägt die danach ergangenen Urteile nicht. Mit dem Zusatz, dass es letztlich nach Treu und Glauben auf die Unzumutbarkeit der Vertragsbindung ankomme, wird die

---

409 Koller, Risikozurechnung, S. 44.
410 Koller, Risikozurechnung, S. 47.
411 Koller, Risikozurechnung, S. 77 ff, 435 ff.

Wertlosigkeit der auf Oertmann zurückgehenden Betrachtungsweise von den Gerichten offen zugegeben. Im Schrifttum überwiegen die Stimmen, die sie ablehnen. Fasst man die wesentlichen Einwände zusammen, so ist festzuhalten: Die Auswahl gewisser Parteivorstellungen als Geschäftsgrundlage wirkt beliebig, wenn man bedenkt, wie viele Absichten, Wünsche und Assoziationen, unausgesprochen, aber auch ausgesprochen, im Zusammenhang mit dem Vertragsschluss eine Rolle gespielt haben können. Das Gesetz verlangt in §119 II BGB, dass sie sich, um zur Anfechtung zu berechtigen, auf verkehrswesentliche Eigenschaften der Sache oder der Person, um die es bei der Willenserklärung geht, beziehen müssen. Das erlaubt eine Eingrenzung, die man in der Oertmann'schen Formel zur Geschäftsgrundlage nicht findet. Die Kenntnis des Vertragspartners von bestimmten Vorstellungen, die die andere Seite veranlasst haben, den Vertrag so wie geschehen zu schließen, oder gar nur deren Erkennbarkeit, reicht nicht aus, allein darauf gestützt, die Vertragsbindung aufzuheben. Sie liefert keinen zureichenden Zurechnungsgrund dafür, das Risiko der einen Seite der anderen Partei anzulasten. Das ist im Schrifttum immer wieder und mit Recht betont worden. Die Zwecksetzung der einen Vertragspartei mag der anderen bekannt gewesen sein. Sie ist aber nicht deren Ziel. Regelmäßig verfolgt sie vielmehr ganz andere Zwecke. Auch kann man die Lösung vom Vertrag nicht mit der Begründung befürworten, der Gegner müsse dem billigerweise zustimmen. Bei dieser Betrachtungsweise, die in der Lehmann'schen Formel auftaucht,[412] wird eine Wertung des objektiven Rechts zum gebotenen Parteiwillen stilisiert. Die Gegenseite hätte sich, so lautet die These, billigerweise darauf einlassen müssen, den Vertrag mit dem betreffenden Bedingungszusatz zu schließen. Das „müssen" macht aber deutlich, dass eben nicht der Parteiwille, sondern objektives Recht das Ergebnis bestimmt.

Prüft man die Thesen von Larenz, dem markantesten Verfechter einer Berücksichtigung von Parteivorstellungen beim Vertragsschluss, dann überrascht, dass er noch in seiner Schrift „Vertrag und Unrecht" von 1936 die objektive Bewertung der Vertragsstörung in den Vordergrund gestellt hatte. Gerade nicht die Vorstellung der Parteien von gewissen Umständen, sondern deren objektive Bedeutung für einen sinnvollen Vertrag sah Larenz seinerzeit als das entscheidende Kriterium an.[413] Die spätere Zuwendung zur subjektiven Formel, die ihren Ausgang von Parteivorstellungen nimmt, wirkt ambivalent, zumal Larenz selbst die Einschränkung macht, es ginge um vielfach ineinander verschränkte Strukturen, um Falltypen mit fließenden Grenzen.[414] Jedenfalls sind nach dieser Ansicht die

412 Enneccerus/Lehmann, Recht der Schuldverhältnisse, §41.
413 Larenz, Vertrag und Unrecht, S. 164.
414 Larenz, Vorwort zur 3. Auflage seiner Geschäftsgrundlage.

Kriterien sowohl für die Bindung wie auch für die Lösung im Vertrag selbst angelegt. Dies ist allerdings nicht der von den Parteien geschlossene Vertrag, sondern ein „objektiv verstehbares Sinngebilde“, das dem „sittlichen Gebot der immanenten Vertragsgerechtigkeit“ verpflichtet ist.[415] Diese Wertungen stammen aber eben gerade nicht von dem Vertrag, sondern vom objektiven Recht. Dieses und nicht Parteivorstellungen begründen die Lösung von der Vertragsbindung.

Schließlich ist gegen die Anknüpfung an Parteivorstellungen immer wieder vorgebracht worden, dass dieser Ansatz versagt, wenn Ereignisse eintreten, die sich keine Seite vorgestellt hat. Die Charakterisierung, die Larenz insoweit mit der Wendung von der objektiven Geschäftsgrundlage gegeben hat, ist weithin übernommen worden. Dabei wirkt allerdings deutlich die von Larenz auch rechtsphilosophisch verfochtene Theorie mit, dass die Vertragsbindung auf etwas, eben auf dieser objektiven Geschäftsgrundlage, basiert und dass mit dieser Basis auch der Vertrag stehe und falle.

Die objektive Geschäftsgrundlage ist danach gestört, wenn die Äquivalenz von Leistung und Gegenleistung in ein – wie es bei Larenz heißt – grobes Missverhältnis geraten ist,[416] wenn der wesentliche Vertragszweck unerreichbar geworden ist oder der Vertrag sinngerecht nicht mehr durchgeführt werden kann.[417] Wiederum erscheint hier der Vertrag die Grundlage der Wertung, deren Ergebnis auf Vertragsanpassung oder Lösung der Vertragsbindung lautet.

Ob die Bewertung des Resultates als nach dem Vertrag sinnwidrig einen weiteren Topos für die Störung der Geschäftsgrundlage bildet, ob dem Vertrag also entnommen werden kann, dass er unter den veränderten Umständen seinen Sinn verloren hat, ist die Frage. Bei der Äquivalenzstörung gibt es einen Bezug zum Vertrag insoweit, als dieser das von den Parteien vereinbarte Wertverhältnis zwischen Leistung und Gegenleistung angibt. Gestört wird die Äquivalenz durch Einwirkungen auf dieses Verhältnis. In all diesen Fällen muss aber bezweifelt werden, dass der Vertrag aus Vertragsgründen an die veränderten Umstände angepasst werden muss. Weder bei der Zweckverfehlung, noch bei der Sinnwidrigkeit des Ergebnisses, noch auch bei der Störung des von den Parteien vereinbarten Wertverhältnisses zwischen Leistung und Gegenleistung liefert der Vertrag die Begründung dafür, dass eine Anpassung oder eine Lösung geboten sind. Vielmehr stammt diese Wertung aus anderen Quellen, leitet sich nämlich ab aus dem Gebot der Gerechtigkeit, wonach die Bindung hier unzumutbar ist. So wie die Bindung an den Vertrag nicht von diesem, sondern von der Rechtsordnung stammt, muss auch die Lösung oder die Vertragsanpassung durch die Rechtsord-

415 Larenz, Geschäftsgrundlage, S. 161.
416 Larenz, Geschäftsgrundlage, S. 165.
417 Larenz, Geschäftsgrundlage, S. 165.

nung sanktioniert werden. Die Lösung von der Vertragsbindung resultiert danach nicht aus willensgemäßen Beschränkungen des mit dem Vertrag eingegangenen Risikos. Sie folgt vielmehr aus der rechtlichen Bewertung, dass angesichts der nachträglich eingetretenen Gegebenheiten das Festhalten an der Bindung Unrecht wäre.

2. Die Unzumutbarkeit der Vertragsbindung

Wie in nahezu jeder Gerichtsentscheidung hervorgehoben wird, sollen Treu und Glauben darüber entscheiden, ob die unveränderte Bindung an den Vertrag der Seite, die dadurch belastet ist, unzumutbar ist oder nicht. §242 BGB ist jedoch keine subsumierbare Norm, also kein Rechtssatz mit einem Tatbestand, dessen Voraussetzungen in einer nachvollziehbaren Weise auf den Sachverhalt des Falles übertragen, die in ihm wiedergefunden werden können. §242 BGB ist eine Generalklausel ohne einen hinreichend bestimmten, logisch nachvollziehbaren Tatbestand. Würde sie so verstanden, so wäre dies – in den Worten Wieackers – wie eine Aufforderung des Freiherrn von Münchhausen, sich am eigenen Schopf aus dem Sumpf zu ziehen. Vielmehr ist sie eine Richtliniennorm, die auf einen erst zu findenden Sinn verweist.[418] Daher bedeutet die Aussage, der Richter müsse nach §242 BGB prüfen, ob die Vertragsbindung Treu und Glauben zuwiderlaufe, diese Wertentscheidung mit Hilfe von Kriterien zu treffen, die das Gericht für den betreffenden Fall erst noch ermitteln und feststellen muss. Anders ausgedrückt: Die Berufung auf §242 BGB markiert das Ergebnis der Entscheidung, nicht aber deren Begründung.

3. Andere Begründungsformeln der im Schrifttum entwickelten Theorien

a) Äquivalenzstörungen

Wenn auch die oben skizzierten rechtsdogmatischen Aussagen sehr verschieden lauten, so besteht doch in einem Punkt – in großen Zügen wenigstens – Einigkeit, dass nämlich Äquivalenzstörungen die Vertragsbindung beeinflussen können. Selbst Flume, der strenge Verfechter der Privatautonomie im Bürgerlichen Recht, räumt ein, dass Änderungen der Sozialexistenz, wie er es ausdrückt, Auswirkungen für die Vertragsbindung haben.[419] Kriegseinwirkungen, Währungsverfall und ähnliche Störungen der Äquivalenz von Leistung und Gegenleistung müssen danach berücksichtigt werden. Ähnlich strukturiert war die Theorie von Kegel, wo-

418 Wieacker, Präzisierung des §242 BGB, S. 16.
419 Flume, Allgemeiner Teil, Bd. 2, §26, 5.

nach keiner Partei eine überobligationsmäßige Belastung durch Gemeingefahren außerhalb ihres Risiko- und Machtbereiches zumutbar ist.[420] In dieselbe Richtung weisen die Ausführungen Wieackers.[421] Auch Fikentscher bestätigt diese Sicht, obgleich seine Theorie sich wesentlich von anderen Stimmen unterscheidet. Für ihn ist die Lehre von der Geschäftsgrundlage Ausdruck des – von ihm so genannten – Vertrauensprinzips. Danach beeinflussen Fälle von Äquivalenzstörungen die wertgebende Bedeutung des Vertrages.[422] Die Äquivalenzstörung ist für einige Autoren überhaupt der klassische Fall einer Störung der Geschäftsgrundlage, so für Ulmer,[423] für Häsemeyer[424] wie auch für Koller.[425]

Danach kann diese Fallgruppe als ein fester Bestandteil der Lehre vom Wegfall der Geschäftsgrundlage betrachtet werden.

Das oben – A. II.2. (1.) – wiedergebende Urteil des Obersten Gerichtshofs für die Britische Zone liefert ein klassisches Beispiel. Das Gericht entschied, dass eine Kaufpreisrentenschuld anzupassen sei, weil „durch ein Zusammentreffen einer Reihe völlig außergewöhnlicher und außerhalb des Einflußbereichs des Schuldners liegender Umstände der Betrieb, gleichsam durch höhere Gewalt, erdrückt werden würde, nämlich durch kriegswirtschaftliche Einschränkungen, Ausbombung, Vermißtsein des Betriebsinhabers und die Folgen des verlorenen Krieges in ihrem Zusammenwirken."[426]

Allerdings ist auch hier noch offen, wann es denn zu dieser Störung der Gewichte von Leistung und Gegenleistung gekommen sein muss. Solange der Vertrag nicht – wenn es ein gegenseitiger ist – beidseits ausgeführt worden ist, erscheint eine Störung des Gleichgewichts der Leistungen relevant zu sein. Ist der Vertrag dagegen von beiden Seiten schon ausgeführt worden, so ist die nachfolgende negative wie positive Wertentwicklung der empfangenen Leistung regelmäßig das Risiko des Empfängers. Die insoweit z.T. anders lautenden Ansichten[427] erscheinen fragwürdig.

Im übrigen beseitigt nicht jeder kriegsbedingte Umstand, der die Leistungsfähigkeit einer Vertragsseite oder die Möglichkeit, sich einzudecken bzw. den Erwerb abzusetzen, die Vertragsbindung. Das zeigen verschiedene durchaus unterschiedliche Urteile: Der OGH hat Absatzschwierigkeiten als Folge von Krieg

420 Kegel, 40. Dt. Juristentag, S. 200 ff.
421 Wieacker, Festschrift Wilburg, S. 229, (247 ff).
422 Fikentscher, Schuldrecht, §27 III.g.
423 Ulmer, AcP 174, (1974), 167, (185 ff).
424 Häsemeyer, Festschrift Weitnauer, S. 67, (76).
425 Koller, Risikozurechnung, S. 37 ff.
426 OGHZ 1, 62, (70).
427 So z.B. von Köhler, Festgabe 50 Jahre Bundesgerichtshof I, S. 295, (318).

und Enteignung nicht berücksichtigt,[428] während der Bundesgerichtshof bei ähnlicher Sachlage 1953 im Bohrhämmerfall[429] und 1984 im Iranbierlieferungsfall[430] anders geurteilt hat.

Die von Kegel vorgeschlagene Rechtsfolge, in solchen Fällen den Schaden zwischen den Vertragsparteien zu teilen,[431] der früher wohl verworfen worden ist, hat in jüngerer Zeit Anhänger gefunden. Rothoeft befürwortet in Fällen von Äquivalenzstörungen, dass beide Parteien das Ausfallrisiko gemeinsam tragen.[432] Gleicher Ansicht ist Köhler.[433] Auch Äußerungen Flumes zu Fällen einer Störung der Sozialexistenz weisen in diese Richtung.[434] Im Kirchenbaufall lautet so auch die Lösung des Bundesgerichtshofs.[435] Auch wo dies nicht ausdrücklich ausgesprochen wird, kann die Vertragsanpassung gleichfalls auf eine Teilung hinauslaufen, darauf nämlich, die nachträglich eingetretene Belastung gerecht zu verteilen.

b) Zweckstörungen als Aspekte der Geschäftsgrundlage

Die Ansichten darüber, inwieweit Zweckstörungen, also Fälle von Zweckerreichung oder Zweckverfehlung in den Bereich der Lehre von der Geschäftsgrundlage gehören, sind sehr gegensätzlich. Während etwa Larenz,[436] aber auch Esser[437] sie als Störung der Geschäftsgrundlage zu erfassen suchen und zum festen Bestand dieser Lehre rechnen, unterscheidet Fikentscher. Die Zweckerreichung macht seiner Ansicht nach den Schuldner frei,[438] während Zweckverfehlung Unmöglichkeit bedeutet.[439] Beuthien grenzt beide Erscheinungen aus der Lehre von der Geschäftsgrundlage aus und erfasst sie als Fälle der Unmöglichkeit.[440] Das wiederum wird etwa von Häsemeyer,[441] von Larenz[442] und auch von

428 OGHZ 1, 386, (394).
429 BGH LM BGB §242 (Bb) Nr. 22 = JR 1956, 416.
430 BGH NJW 1984, 1746, (1747).
431 Kegel, 40. Dt. Juristentag, S. 204.
432 Rothoeft, AcP 170, (1970), 230, (239 f/243).
433 Köhler, Festgabe 50 Jahre Bundesgerichtshof I, S. 295, (321f).
434 Flume, Allgemeiner Teil, Bd. 2, §26, 6./7.
435 BGH ZIP 1995, 1935, (1939 sub 2.)
436 Larenz, Geschäftsgrundlage, S. 185.
437 Esser, Schuldrecht §86, 6.
438 Fikentscher, Schuldrecht §39 VI 4.
439 Fikentscher, Schuldrecht §39 VI 3.a).
440 Beuthien, Zweckerreichung, S. 65.
441 Häsemeyer, Festschrift Weitnauer, S. 67, (73 ff).
442 Larenz, Schuldrecht AT §21 II.1. (S. 327).

Koller[443] mit der Begründung verworfen, dass der Verwendungszweck nicht zum Vertragsinhalt gehöre. Vielmehr sei auch hier richtigerweise die Äquivalenz von Leistung und Gegenleistung gestört.[444] Wieacker[445] wiederum knüpft an die Überlegungen Flumes[446] an, der die Zweckvereitelung in erster Linie nach Maßgabe der Vorschriften lösen will, die das Gesetz für die verschiedenen Vertragstypen bereit stellt, dann nach der abgesprochenen Risikoverteilung fragt, jedenfalls nicht das Arsenal der Geschäftsgrundlage bemüht. Bei derart heterogenen Aussagen ist für das Schrifttum eine eindeutige Standortbestimmung nicht möglich.

c) Wechselseitig miteinander verkoppelte Rechtsverhältnisse

Eigenartigerweise wird im Schrifttum zur Lehre von der Geschäftsgrundlage die Fallgruppe der wechselseitig miteinander verkoppelten Rechtsverhältnisse nicht näher behandelt, obgleich allseits bekannt ist, dass nach Ansicht des Bundesgerichtshofs, mit dem Wegfall des Kaufvertrages die Geschäftsgrundlage des den Kauf finanzierenden Leasingvertrages hinfällig ist. Der Leasingvertrag, so lautet die Begründung dafür, baue darauf auf, dass der Leasinggeber die Sache zur Gebrauchsüberlassung an den Leasingnehmer gekauft habe.[447] Dass die Verkoppelung von Kauf und Leasingvertrag durch die Parteien bezweckt und bewirkt wird, lässt sich nicht bestreiten. Richtig ist auch, dass der Leasingnehmer an dem Leasingvertrag kein Interesse mehr hat, wenn er die Kaufsache zurückgeben oder wegen eines Mangels nicht nutzen kann. Die Annahme des Bundesgerichtshofs, dass das alles Risiken des Leasinggebers seien,[448] kann man aber nicht mit entsprechenden Parteivorstellungen rechtfertigen. Diese übrigens nicht unzweifelhafte rechtliche Wertung des Gerichts hat andere Quellen.

Das Schuldrechtsmodernisierungsgesetz hat die betreffende Rechtsfolge für einen bestimmten Fall durch §358 BGB n.F. kodifiziert, nämlich für den Widerruf eines von zwei miteinander verbundenen Rechtsverhältnissen. Gäbe es diese Regelung nicht, dann läge auch hier nahe, Entsprechendes mit Hilfe der Lehre von der Geschäftsgrundlage herbeizuführen. Die wechselseitige Abhängigkeit von zwei miteinander verkoppelten Rechtsverhältnissen bildet danach eine der Fallgruppen, die zur Störung der Geschäftsgrundlage zählen.

---

443 Koller, Risikozurechnung, S. 18.
444 Koller, Risikozurechnung, S. 37 ff.
445 Wieacker, Festschrift Wilburg, S. 229, (253).
446 Flume, Allgemeiner Teil, Bd. 2, §26, 5.
447 BGHZ 81, 298, (307); 94, 44, (48); 109, 139, (142).
448 BGHZ 109, 139, (142).

d) Fälle mit Bezug zur Irrtumsproblematik

Nach dem Vorschlag Wieackers würden diese Fälle aus dem Institut der Geschäftsgrundlage herausgelöst und eine eigene Gruppe bilden.[449] Sie haben sich jedoch als Beispiele für eine Störung der Geschäftsgrundlage eingebürgert. Die Aussonderung verspricht auch wenig dogmatischen Gewinn, da eine Anknüpfung an §119 II BGB nicht unproblematisch ist. Zum einen rechnet man zur Geschäftsgrundlage nicht nur die Beispiele, in denen sich der beiderseitige Irrtum auf verkehrswesentliche Eigenschaften bezieht. Zum andern wird die Lösung über Fehlen der Geschäftsgrundlage auch deshalb gewählt, weil man die Rechtsfolge, die eine Anfechtung nach §119 II BGB nach sich zieht, nämlich die Schadensersatzpflicht des Anfechtenden nach §122 BGB für unangemessen hält, wenn sich beide Vertragsparteien im Irrtum befanden. Schließlich kommt noch hinzu, dass ein Irrtum nach §119 II BGB, wenn angefochten wird, zwangsläufig dazu führt, dass das angefochtene Rechtsgeschäft vernichtet wird (§142 I BGB). Nach den Regeln der Lehre von der Geschäftsgrundlage prüfen die Gerichte jedoch die Zumutbarkeit bzw. Unzumutbarkeit. Das lässt Raum für eine abgewogene Beurteilung. Daher ordnet man diese Fallkonstellation zu Recht der Lehre von der Geschäftsgrundlage zu.

Alles in allem ist danach festzuhalten, dass die zur Ordnung der Rechtsprechung gebildeten Fallgruppen im Rahmen der Lehre von der Geschäftsgrundlage größtenteils berechtigt erscheinen, ohne dass deswegen bereits jede der wiedergegebenen Entscheidungen akzeptiert werden muss.

II. Rechtliche Konsequenzen?

Welche rechtlichen Konsequenzen aus den oben vorgestellten Ergebnissen zu ziehen sind, wäre zu erwägen, wenn nicht durch die Kondifizierung der Geschäftsgrundlagenproblematik in §313 BGB n.F. eine neue Situation eingetreten wäre. Die Konsequenzen für den Rechtszustand nach alter Rechtslage interessieren jetzt nicht mehr. Zu fragen ist vielmehr, welche Aussagen die durch das Schuldrechtsmodernisierungsgesetz mit Wirkung vom Jahre 2002 an eingeführte Regelung des §313 BGB n.F. macht. Das ist im folgenden zu untersuchen.

449 Wieacker, Festschrift Wilburg, S. 229, (242/243, 245 ff).

Teil 2: Das Institut der Geschäftsgrundlage nach dem Schuldrechtsmodernisierungsgesetz

Kapitel 1: Die durch die §§313, 275 und 439 III/635 III BGB aufgeworfenen Fragen

Das „Gesetz zur Modernisierung des Schuldrechts", das am 1.1. 2002 in Kraft getreten ist, hat nicht nur mit §313 BGB eine gesetzliche Regelung für Störungen der Geschäftsgrundlage gebracht, sondern durch weitere Bestimmungen betreffend Leistungserschwernisse, nämlich durch §275 II und III BGB sowie durch §439 III bzw. §635 III BGB, Kollisionen zur Geschäftsgrundlagenproblematik ausgelöst. Zwar versucht der Regierungsentwurf eine Abgrenzung, die verbal zwischen der faktischen Unmöglichkeit im Sinne von §275 II BGB und der wirtschaftlichen Unmöglichkeit im Sinne des §313 BGB unterscheidet.[450] Ob sich der Anwendungsbereich des §275 II BGB so von dem des §313 BGB trennen lässt, wird aber bezweifelt.[451] Das ist, weil die Rechtsfolgen beider Vorschriften erheblich differieren, problematisch. Nicht weniger brisant ist die Abgrenzung zur Regelung des §439 III bzw. des §635 III BGB, die auf die Überschneidung mit §275 II und III BGB sogar ausdrücklich hinweist. Zwar ist die Rechtsfolge, die beanspruchte Nacherfüllung verweigern zu dürfen (§439 III 1 BGB/§635 III BGB), identisch mit dem Leistungsverweigerungsrecht nach §275 II und III BGB. Jedoch kann es wiederum zu Kollisionen mit §313 BGB kommen.

Aber nicht allein §275 II BGB löst Abgrenzungsfragen zur Geschäftsgrundlagenproblematik aus. Auch die Norm des §275 I BGB, die den Anspruch auf eine unmögliche Leistung ausschließt, muss in die Betrachtung einbezogen werden. Denn wie die Grenze zwischen §275 II und §275 I BGB verläuft, lässt sich, auch wenn dies im Schrifttum verschiedentlich suggeriert wird,[452] nicht einfach mit Worten bestimmen.

Die Neuregelung wirft also nicht nur die Frage auf, wie man §313 BGB im Angesicht der über achtzigjährigen Diskussion um die Geschäftsgrundlage zu verstehen hat. Auch die genannten Überschneidungen dieser Regelung mit den

---

450 Bundestagsdrucksache 14/6040 zu §275 Absatz 2, S. 129/130.

451 MüKo/Ernst, §275, Rz. 19; Eidenmüller, Jura 2001, 824, (831f); Zimmer, NJW 2002, 1, (11/12 sub 3); Picker, JZ 2003, 1035; Schmidt-Recla, Festschrift Laufs, S. 641; Lobinger, Grenzen rechtsgeschäftlicher Leistungspflichten, S. 87 ff.

452 Canaris, JZ 2001, 499, (501 ff); JZ 2004, 214 ff.

Vorschriften der §§275, 439 III/ 635 III BGB mit ihren abweichenden Rechtsfolgen sind zu bedenken.

I. §313 BGB

1. Rechtsgeschichtlicher Hintergrund

Die Norm des §313 BGB n.F. geht auf den gleichlautenden Vorschlag (§306 BGB-KE) der „Kommission zur Überarbeitung des Schuldrechts" zurück, die im Jahre 1984 vom Bundesminister der Justiz Hans-Jochen Vogel eingesetzt worden ist und im Jahre 1991 ihren Abschlußbericht vorgelegt hat. Die sogenannte Verbrauchsgüterkaufrichtlinie der Europäischen Gemeinschaften war schließlich der Anlass dafür, dass der fast schon 10 Jahre schlummernde Kommissionsentwurf dann wieder diskutiert und gesetzlich umgesetzt worden ist, darunter §306 BGB-KE unverändert, jetzt als §313 BGB n.F. Der Regierungsentwurf hierzu hat auch die Begründung im Abschlußbericht der Schuldrechtskommission wörtlich übernommen.[453] Die Überlegungen und die Zielsetzung der Schuldrechtskommission sind daher mitbestimmend für die historische Auslegung.

2. Zum Wortlaut und zum Wortverständnis des §313 BGB

Mit der Überschrift, die Gesetzestext ist, lautet §313 BGB:

> *„Störung der Geschäftsgrundlage (1) Haben sich Umstände, die zur Grundlage des Vertrags geworden sind, nach Vertragsschluss schwerwiegend verändert und hätten die Parteien den Vertrag nicht oder mit anderem Inhalt geschlossen, wenn sie diese Veränderung vorausgesehen hätten, so kann Anpassung des Vertrags verlangt werden, soweit einem Teil unter Berücksichtigung aller Umstände des Einzelfalls, insbesondere der vertraglichen oder gesetzlichen Risikoverteilung ein Festhalten am unveränderten Vertrag nicht zugemutet werden kann.*
> *(2) Einer Veränderung der Umstände steht es gleich, wenn wesentliche Vorstellungen, die zur Grundlage des Vertrags geworden sind, sich als falsch herausstellen.*
> *(3) Ist eine Anpassung des Vertrags nicht möglich oder einem Teil nicht zumutbar, so kann der benachteiligte Teil vom Vertrag zurücktreten. An die Stelle des Rücktrittsrechts tritt für Dauerschuldverhältnisse das Recht zur Kündigung."*

Absatz 1 des §313 BGB spricht von Umständen, die zur Grundlage des Vertrages geworden sind. Nur wegen der Veränderung solcher Umstände kann unter weiteren Voraussetzungen eine Vertragsanpassung verlangt werden. Also müssen

453 Bundestagsdrucksache 14/6040 zu §313 – Störung der Geschäftsgrundlage.

diese Umstände bei Vertragsschluss vorhanden gewesen sein, so jedenfalls der Wortlaut des Gesetzes. Betrachtet man unter diesem Aspekt die von der Rechtsprechung in der Vergangenheit entschiedenen Fälle, dann ergibt sich:

(1.) Äquivalenzstörungen: Betrachtet man die Ausgewogenheit der vertraglich vereinbarten beiderseitigen Leistungen als einen Umstand, der im Sinne des §313 I BGB zur Grundlage des Vertrages geworden ist, dann lassen sich Verzerrungen dieses Äquivalenzverhältnisses mit §313 I BGB erfassen.

Wie aber, so muss man fragen, verhält es sich, wenn infolge eines massiven Währungsverfalls der Nominalwert des zurückgezahlten Darlehens in keiner Weise mehr dem Wert des gewährten Darlehens entspricht? Danach müsste die Währungsstabilität ein Umstand sein, der zur Grundlage des Darlehensvertrages geworden ist?

(2.) Zusätzliche Belastungsfaktoren: Zu einer Äquivalenzstörung kann es auch auf andere Weise kommen als durch Veränderungen, die unmittelbar die vertragliche Leistung oder Gegenleistung betreffen. Es können nach Vertragsschluss Belastungsfaktoren für eine Partei hinzutreten, die zwar nicht ihre Gegenleistung, aber doch ihren Gesamteinsatz ungünstig verändern. Um das mit dem Wortlaut des §313 I BGB zu vereinbaren, müsste eine Grundlage des Vertrages das Ausbleiben nachträglicher Belastungen sein. Eine solche Interpretation wirkt allerdings gekünstelt.

(3.) Dass die wechselseitige Abhängigkeit miteinander verkoppelter Rechtsverhältnisse als eine Grundlage der Rechtsverhältnisse betrachtet werden kann, bereitet dagegen keine Schwierigkeiten.

(4.) Wann aber, so lautet die zentrale Frage, ist ein Umstand zur Grundlage des Vertrages geworden, und wodurch erlangt er diese Qualität?

Im Fall von §313 II BGB sind es Vorstellungen, das kann jedenfalls nur Parteivorstellungen heißen, und zwar Vorstellungen mindestens einer Vertragspartei, etwa ihre Zwecksetzung.

Im Umkehrschluss bedeutet dies: Im Sinne des §313 I BGB können Vertragsgrundlage auch Umstände werden, die diese Qualität nicht nach Erwägungen einer Vertragsseite haben, sondern nach Einschätzung des Juristen aus Gründen des objektiven Rechts. Es liegt auf der Hand, dass §313 I BGB keinerlei Hilfen dafür gibt, wie das zu ermitteln ist. Aber auch im Fall des Absatzes 2 bleibt offen, welche von den regelmäßig vielfältigen Parteivorstellungen nun die Qualität haben, dass sie zu einer Grundlagen des Vertrages geworden sind.

Insoweit unterscheidet sich die gegenwärtige Rechtslage in nichts von der, die vor Inkrafttreten des Schuldrechtsmodernisierungsgesetzes galt. Die Zweifel sind die gleichen geblieben.

II. §275 BGB

1. Wortlaut und Wortverständnis des §275 I BGB

§275 I BGB lautet

> *„Der Anspruch auf Leistung ist ausgeschlossen, soweit diese für den Schuldner oder für jedermann unmöglich ist."*

Anzunehmen, dass man die Fälle der so gearteten Unmöglichkeit ohne rechtliche Wertung bestimmen könnte, wäre ein Trugschluss. Das erweist schon die Überlegung, wie man denn die sogenannte objektive, nämlich für jedermann bestehende Unmöglichkeit vom Unvermögen, der für den Schuldner bestehenden subjektiven Unmöglichkeit, unterscheiden soll. Da es Fälle sein müssen, in denen zwar ein Dritter, nicht aber der Schuldner die Leistung erbringen kann, ist diesem die Leistung nur dann subjektiv unmöglich, wenn er sich der Hilfe des Dritten entweder nicht bedienen muss oder aber dies nicht kann. Ist der Schuldner, der das Hindernis für seine Leistung selbst nicht beseitigen kann, nämlich gehalten, dies mit Hilfe irgendeines anderen zu tun, dann gehören solche Fälle nicht mehr zu §275 I BGB, sondern zu §275 II BGB. Der Schuldner hätte sich des „jedermann" zu bedienen, und nur, wenn dieser für den Schuldner nicht greifbar ist bzw. die Mithilfe, zu der er nicht gezwungen werden kann, ablehnt, ist der Schuldner unvermögend.

Die hierbei auftretenden Fragen können aber nur mit Hilfe rechtlicher Wertungen entschieden werden. Dies liegt offen zu Tage bei der Frage, ob und wann der Schuldner verpflichtet ist, auf die Mithilfe anderer Personen zurückzugreifen. Es könnte sein, dass man diese Frage weder in der einen noch in der anderen Hinsicht generell beantworten kann, dass man vielmehr differenzieren muss. Dafür müssten rechtliche Wertungen herangezogen werden. Aber auch dann, wenn feststeht, dass der Schuldner gehalten ist, sich Hilfe von dritter Seite zu bedienen, kann fraglich sein, wieweit seine Anstrengungen, den Dritten dazu zu veranlassen, gehen müssen, ob der Dritte seinerseits zur Mithilfe verpflichtet ist, also rechtlich gezwungen werden könnte und – auch um den Preis eines langjährigen Prozesses – gezwungen werden muss, oder ob er darin frei ist, sie abzulehnen und wann davon auszugehen ist.

Kurz: Wann subjektive Unmöglichkeit im Sinne des §275 I BGB anzunehmen ist, kann nur mit Hilfe rechtlicher Wertungen bestimmt werden.

2. Wortlaut und Wortverständnis des §275 II und III BGB

Die Absätze 2 und 3 des §275 BGB lauten:

„(2) Der Schuldner kann die Leistung verweigern, soweit diese einen Aufwand erfordert, der unter Beachtung des Inhalts des Schuldverhältnisses und der Gebote von Treu und Glauben in einem groben Missverhältnis zu dem Leistungsinteresse des Gläubigers steht. Bei der Bestimmung der dem Schuldner zuzumutenden Anstrengungen ist auch zu berücksichtigen, ob der Schuldner das Leistungshindernis zu vertreten hat.

(3) Der Schuldner kann die Leistung ferner verweigern, wenn er die Leistung persönlich zu erbringen hat und sie ihm unter Abwägung des seiner Leistung entgegenstehenden Hindernisses mit dem Leistungsinteresse des Gläubigers nicht zugemutet werden kann."

Bei höchstpersönlichen Leistungspflichten lässt sich, weil der Einsatz dritter Personen wegen der Höchstpersönlichkeit ausscheidet, das Unvermögen des Schuldners eindeutig bestimmen. Daher fällt auch die Abgrenzung des §275 I zu §275 III BGB leichter als zu §275 II BGB. Während der Schuldner einer höchstpersönlichen Leistungspflicht im Fall des §275 I BGB eben nicht leisten kann, ist es ihm im Fall des §275 III BGB zwar möglich, aber wegen der Hindernisse eben nicht zumutbar. Ist danach die Unterscheidung zwischen den Absätzen I und III nicht mit Zweifeln befrachtet, so doch die Abgrenzung zwischen §275 III BGB und §313 BGB.

Wie aber, so fragt sich hier, steht es mit dem Verhältnis zwischen den Absätzen I und II des §275 BGB? Die Antwort darauf ist auch für das Verhältnis zu §313 BGB bedeutsam. Denn wenn die Leistungspflicht nach §275 I BGB bereits entfällt, ist §313 BGB für diese Situation obsolet.

An dieser Stelle ist dazu soviel zu sagen: Weil §275 I BGB neben der objektiven Unmöglichkeit auch das Unvermögen alleine des Schuldners zum Ausschluss der Leistungspflicht genügen lässt, müssen zwei verschiedene Wertungsentscheidungen getroffen werden: Zu unterscheiden ist, wann dem Schuldner die Einbeziehung einer Hilfe von dritter Seite im Sinne von §275 I BGB nicht geboten, wann sie ihm im Sinne von §275 II BGB nicht zumutbar ist.

Gelangt man in einem Fall zu dem Ergebnis, dass ein Einsatz weiterer Hilfsmittel auch von dritter Seite zwar generell geboten sein könnte, in der konkreten Situation aber im Sinne von §275 II BGB unzumutbar ist, dann stellt sich wiederum die Frage nach dem Verhältnis zu §313 BGB.

III. §439 III BGB

Gemäß § 437 Nr. 1 BGB kann der Käufer, wenn die Kaufsache bei Gefahrübergang einen Sach- oder Rechtsmangel aufweist, nach §439 BGB Nacherfüllung verlangen. §439 I BGB räumt ihm das Recht ein, zur Nacherfüllung Beseitigung des Mangels oder Lieferung einer mangelfreien Sache zu wählen. Ist das eine oder das andere im Sinne von §275 I BGB unmöglich, dann ist der betreffende Anspruch nach dieser Norm ausgeschlossen. Hier wiederholt sich die oben angeschnittene Frage, welcher Einsatz dem Schuldner geboten und wann ein Unvermögen im Sinne des §275 I BGB anzunehmen ist. Danach, wieweit man die Pflicht des Schuldners zieht, sich einer Hilfe von dritter Seite zu bedienen, bemisst sich dann die Pflicht zur Nacherfüllung, also etwa zur Beseitigung eines Mangels.

Lautet das Ergebnis, dass der Schuldner – da dies nicht nach §275 I BGB ausgeschlossen ist – den Mangel an sich beseitigen müsste, dann schließt sich die Frage an, ob nicht §439 III BGB eingreift.

Die Bestimmung des §439 III BGB besagt:

> *„(3) Der Verkäufer kann die vom Käufer gewählte Art der Nacherfüllung unbeschadet des §275 Abs. 2 und 3 verweigern, wenn sie nur mit unverhältnismäßigen Kosten möglich ist. Dabei sind insbesondere der Wert der Sache in mangelfreiem Zustand, die Bedeutung des Mangels und die Frage zu berücksichtigen, ob auf die andere Art der Nacherfüllung ohne erhebliche Nachteile für den Käufer zurückgegriffen werden könnte. Der Anspruch des Käufers beschränkt sich in diesem Fall auf die andere Art der Nacherfüllung; das Recht des Verkäufers, auch diese unter den Voraussetzungen des Satzes 1 zu verweigern, bleibt unberührt."*

Der Verkäufer braucht also weder zur Mängelbeseitigung, noch zur Nachlieferung unverhältnismäßige Kosten auf sich zu nehmen. Wann die betreffenden Kosten für ihn unverhältnismäßig sind, ist die Frage und ist daher lebhaft umstritten.[454] Das braucht hier nicht beantwortet zu werden. Es interessiert nur, ob und inwieweit §439 III BGB mit §313 BGB kollidiert. Das muss nicht sein. Die vom Käufer gewählte Art der Nacherfüllung trifft den Verkäufer gegebenenfalls unverhältnismäßig, möglicherweise aber unterhalb der Grenze, die eine Störung der Geschäftsgrundlage markiert. Andererseits können unverhältnismäßige Kosten einer Nacherfüllung aber auch zusätzliche Belastungsfaktoren darstellen, die das Äquivalenzverhältnis in einer die Geschäftsgrundlage beeinträchtigenden Weise stören. Dann ist über das Verhältnis zwischen §313 BGB und §439 III BGB zu entscheiden.

---

454 MüKo/Westermann, BGB §439, 19 ff mit Nachweisen.

IV. §635 III BGB

Während die Mängelbeseitigungspflicht des Verkäufers eine vom Schuldrechtsmodernisierungsgesetz eingeführte Neuheit darstellt, entspricht beim Werkvertrag diese Pflicht der bisherigen Rechtslage nach §633 II BGB a.F. Nach neuem Recht hat der Werkunternehmer das Wahlrecht, entweder einen Mangel des Werkes zu beseitigen oder ein neues Werk herzustellen.

In diesem Zusammenhang steht §635 III BGB, der besagt:

> *„Der Unternehmer kann die Nacherfüllung unbeschadet des §275 Abs. 2 und 3 verweigern, wenn sie nur mit unverhältnismäßigen Kosten möglich ist."*

Hier wiederholt sich, was oben zu §439 III BGB ausgeführt worden ist, nämlich die Frage, wann die Kosten einer Nacherfüllung unverhältnismäßig sind und wie wann diese Bestimmung mit §313 BGB kollidiert.

Kapitel 2: Die Auffassungen im Schrifttum zum Unvermögen des Schuldners (§275 I BGB), zu Leistungserschwernissen (§§275 II, 439 III, 635 III BGB) und zur Störung der Geschäftsgrundlage

Im Schrifttum sind die Ansichten dazu, wie §275 I BGB, wie §275 II BGB und wie die Vorschrift des §313 BGB jeweils zu verstehen ist und wie sich die betreffenden Regelungen zueinander verhalten, sehr kontrovers. Abgesehen davon, dass bei naturgesetzlicher Unmöglichkeit die Leistungspflicht des Schuldners endet, ist fast alles umstritten.

I. Subjektive Unmöglichkeit nach §275 I BGB

Das Gesetz sieht in §275 I BGB neben der für jedermann gegebene Unmöglichkeit als einen Ausschlussgrund der Leistungspflicht auch die für den Schuldner bestehende Unmöglichkeit, das sogenannte Unvermögen, vor. Wann aber, lautet die Frage, ist – wenn zwar nicht für jedermann – so doch dem Schuldner die Leistung unmöglich? Inwieweit muss er sich eines Dritten, der zur Leistung imstande wäre, bedienen?

Nach einer im Schrifttum verbreiteten Ansicht ist dem Schuldner die Leistung im Sinne des §275 I BGB nur dann unmöglich, wenn er selbst sie nicht erbringen kann und Dritte, denen das möglich wäre, entweder nicht greifbar oder aber nicht bereit sind und vom Schuldner auch nicht gezwungen werden können.[455]

Die Begründung des Regierungsentwurfs zu §275 I BGB, die vom Schrifttum im Rahmen historischer Auslegung als die Ansicht der Gesetzesverfasser betrachtet wird,[456] sagt dazu: „Unmöglich meint, wie sich aus Abs. 2 ergibt, nur die objektive oder subjektive ‚wirkliche' Unmöglichkeit, nicht dagegen die faktische Unmöglichkeit, die Regelungstatbestand des §275 Abs. 2 RE ist. Eine Leistung ist in diesem Sinne objektiv unmöglich, wenn sie von niemandem erbracht werden kann. ... Dem Schuldner ist die Leistung nur unmöglich, wenn er die Leistung auch durch Beschaffung oder Wiederbeschaffung nicht erbringen kann. ... Ist dem Schuldner die Wiederbeschaffung der Leistung zwar theoretisch möglich, aber nur mit völlig indiskutablem Aufwand, liegt kein Fall des Absatzes 1, sondern ein Fall des Absatzes 2 vor."[457]

Aufschlussreich ist daran, dass die Begründung des Regierungsentwurfs die Bedeutung des §275 I BGB aus der Regelung des §275 II BGB erschließt, wobei die Aussage dieser Norm im Sinne einer nur durch Einrede begrenzbaren, ansonsten uferlosen Einstandspflicht für die Erfüllung postuliert wird.

II. Leistungserschwernisse und ihre Bedeutung für die Leistungspflicht

Die Ansichten darüber, wie Leistungserschwernisse zu beurteilen sind, ob sie etwa ein Unvermögen auslösen oder sonst wie ein Ende der Leistungspflicht begründen können, gehen weit auseinander. Die Kenntnis dieser Problematik ist schon alt, wie die Sentenz des Venuleius in den Digesten[458] belegt: Der Schuldner ist illiquide, die Kaufsache ist nicht greifbar oder ihr Eigentümer weigert sich, sie dem Schuldner zu veräußern.

Das Inkrafttreten des Schuldrechtsmodernisierungsgesetzes hat zu dieser Frage erneut eine heftige wissenschaftliche Diskussion ausgelöst, in der die gegensätzlichsten Meinungen vorgetragen worden sind. Der Streit geht im wesentlichen um Leistungserschwernisse, die sich nachträglich eingestellt haben und vom Schuldner nicht zu vertreten sind.

---

455 Canaris, JZ 2001, 499 gegenüber 501; Zimmer, NJW 2002, 1, (2); Canaris, JZ 2004, 214; MüKo/Ernst, BGB §275, Rn. 51/52; Emmerich, Leistungsstörungen, Rn. 42/43; Palandt/Heinrichs, BGB §275, Rn. 24/25; Bamberger/Roth/Unberath, BGB §275, Rn 42 ff; Faust in Faust/Huber, Schuldrechtsmodernisierung, Rn. 12.

456 Emmerich, Leistungsstörungen, Rn. 18.

457 Bundestagsdrucksache 14/6040, zu (§275) Absatz 1, S. 129.

458 D. 45,1,137,4 und 5.

1. Die These von der überobligationsmäßigen Erfüllungspflicht: §275 II BGB

Vor allem Canaris hat die Ansicht verfochten, der Schuldner sei bis zu der von §275 II BGB bezeichneten Opfergrenze gehalten, Leistungserschwernisse, ohne Rücksicht darauf, ob er sie zu vertreten hat oder nicht, mit allen Mitteln zu beseitigen.[459] Canaris hat der Kommission angehört, die das Bundesjustizministerium im Jahre 2001 eingesetzt hatte mit dem Auftrag, den ministeriellen Diskussionsentwurf aus dem Jahre 2000 zu überarbeiten. Auf Canaris geht auch die dann Gesetz gewordene Formulierung des §275 II BGB in der Neufassung des §275 BGB zurück.[460]

Zum einen soll es sich nach Canaris dabei um den bekannten Schulfall des Ringes auf dem Meeresboden handeln, dessen Hebung „zwar theoretisch möglich wäre, aber von keinem vernünftigen Gläubiger ernsthaft erwartet wird."[461] Löwisch dagegen würde in diesem Fall subjektive Unmöglichkeit annehmen, weil der Ausschluss der Leistungspflicht gemäß §275 I BGB ihm gerechter erscheint als ein Leistungsverweigerungsrecht nach §275 II BGB.[462] Da die Situation des Ringes auf dem Meeresboden oder der Goldmünze unter einem Hochhaus keine reale Relevanz hat, hat diese unterschiedliche Betrachtungsweise nicht praktische, wohl aber theoretische Bedeutung. Die Qualifizierung der Unmöglichkeit ist für Löwisch danach eine Wertungsfrage, für Canaris demgegenüber eine vorrechtliche Gegebenheit.

Zum andern rechnet Canaris zu §275 II BGB die Fälle, „in denen es rechtlich zweifelhaft ist, ob sie als Unvermögen zu qualifizieren sind oder nicht."[463] Hier werde die Frage aufgeworfen, wie viel z.B. der Schuldner, der irrtümlich eine fremde Sache verkauft hat, dem Eigentümer bieten müsse, welche Anstrengungen der Schuldner unternehmen muss, um die verkaufte, ihm dann aber gestohlene Sache wiederzuerlangen. Nach Canaris muss sich der Schuldner darum mit dem Einsatz auch erheblicher Mittel bemühen bis hin zur Opfergrenze des §275 II BGB.[464]

Diese Rechtsauffassung wird auch von anderer Seite geteilt:[465]

---

459 Canaris, JZ 2001, 499, 501, 502; Canaris in Lorenz (Hrsg.) Karlsruher Forum 2002, 17 ff; JZ 2004, 214 ff.
460 Canaris, JZ 2001, 499, N. 27 und N. 1.
461 Canaris, JZ 2001, 499, (501).
462 Staudinger/Löwisch, BGB §275, Rn. 19.
463 Canaris, JZ 2001, 499, (501).
464 Canaris, JZ 2001, 499, (501); JZ 2004, 214.
465 Zimmer, NJW 2002, 1, (2); Canaris, JZ 2004, 214; MüKo/Ernst, BGB §275, Rn. 51/52; Emmerich, Leistungsstörungen, Rn. 42/43; Palandt/Heinrichs, BGB §275, Rn. 24/25; Bamberger/Roth/Unberath, BGB §275, Rn 42 ff; Faust in Faust/Huber, Schuldrechtsmodernisierung, Rn. 12.

Hat der Schuldner, so argumentiert Emmerich,[466] die Dispositionsbefugnis über den Leistungsgegenstand verloren oder besaß er diese Verfügungsmacht nicht, so stellt dies nur dann Unmöglichkeit im Sinne des §275 I BGB dar, wenn es nach menschlichem Ermessen ausgeschlossen erscheint, dass der Schuldner die Möglichkeit zur Leistung erlangen wird. Wenn dagegen ein Dritter, in dessen Verfügungsbefugnis sich der Leistungsgegenstand befindet, zur Mitwirkung bereit ist, wenn auch nur gegen einen hohen Preis, dann soll §275 II BGB eingreifen, also zu prüfen sein, ob das Missverhältnis zwischen dem Aufwand des Schuldners und dem Leistungsinteresse des Gläubigers grob ist.[467] Danach kann es sein, dass der Schuldner, um seine Leistungsfähigkeit herzustellen, erheblich mehr aufwenden muss als das, was er als Gegenleistung vom Gläubiger erhält bzw. erhalten soll. Immerhin sollen dabei auch die Parteiabsprachen sowie die Gebote von Treu und Glauben zu berücksichtigen sein.[468] Gesagt wird aber nicht, wie sich mit diesem Gebot verträgt, dass das Gericht nach Emmerich einen Schuldner, der sich – etwa wegen Säumnis – nicht mit der Einrede des §275 II BGB verteidigt, gegebenenfalls zu einer einen exorbitanten Aufwand erfordernden Leistung verurteilen soll.

Im Münchener Kommentar hat sich Ernst[469] in seiner Kommentierung zu §275 II BGB der Meinung angeschlossen, dass der Schuldner Leistungshindernisse, selbst wenn er sie nicht zu vertreten hat, mit allen denkbaren Anstrengungen bis hin zum groben Missverhältnis im Sinne des §275 II BGB beseitigen müsse. Das heißt, wie hervorgehoben werden muss, dass er also auch noch darüber hinaus verpflichtet ist und sich nur durch Erhebung der Einrede befreien kann. Unter dem Aspekt, dass nach §275 II BGB auch der Inhalt des Schuldverhältnisses zu beachten ist, betrachtet Ernst nur Fälle, in denen der Schuldner ein besonderes Aufwandrisiko übernommen hat. Die Frage, ob dem Aufwand nicht schon nach dem Schuldverhältnis engere Grenzen gezogen sein können, wird nicht aufgeworfen. Die Erwähnung der Gebote von Treu und Glauben besitzt für Ernst keine zusätzliche Bedeutung und erscheint ihm daher weithin überflüssig.[470] Der Gläubiger habe, so argumentiert Ernst, Anspruch auf Herbeiführung des Leistungserfolges auch dann, wenn sich die Leistungskosten für den Schuldner erhöhen. Es spiele dafür keine Rolle, ob diese Kostensteigerung vom Schuldner selbst verursacht worden ist oder ihn zufällig getroffen hat.[471]

---

466 Emmerich, Das Recht der Leistungsstörungen, Rn. 42 ff.
467 Emmerich, Das Recht der Leistungsstörungen, Rn. 63.
468 Emmerich, Das Recht der Leistungsstörungen, Rn. 65.
469 MüKo/Ernst, BGB §275, Rn.30a.
470 MüKo/Ernst, BGB §275, Rn. 89.
471 MüKo/Ernst, BGB §275, Rn.30a.

Dieser Auffassung stimmen auch Löwisch[472] sowie Faust[473] zu. Bemerkenswert ist die Gedankenführung, mit der Faust seine Ansicht darlegt: Der Anwendungsbereich der subjektiven Unmöglichkeit im Sinne von §275 I BGB sei eng zu ziehen, damit nicht dem Schuldner „diejenige Möglichkeit, die ihm §275 Abs. 2 und 3 gewähren wollen – nämlich seine Leistung mit überobligationsmäßigem Aufwand zu erbringen – genommen werde ..."[474] Faust interpretiert die Norm des §275 BGB also derart, dass sich das gewonnene Ergebnis als eine Wohltat für den Schuldner darstellt, obgleich es ihn doch schwer belastet.

Man findet aber auch die Ansicht, dass der Wert des Kaufpreises die Opfergrenze des §275 II BGB markiere, dass der Schuldner also, wenn ihm ein darüber hinausgehender Einsatz abverlangt werde, die Einrede des §275 II BGB erheben könne.[475] Andererseits heißt das aber doch, dass der Schuldner, der von der Einrede nicht Gebrauch macht, um jeden Preis zu allen erdenklichen Anstrengungen verpflichtet sei.

2. Gegenstimmen zu §275 BGB

Heftig widersprochen haben Picker[476] und in seiner diesem Thema gewidmeten Habilitationsschrift sein Schüler Lobinger[477] sowie Wilhelm[478] der Ansicht, dass der Schuldner auch Leistungshindernisse, die er nicht zu vertreten hat, mit jedem erdenklichen Einsatz beseitigen müsse.

(1.) Pickers gedankenreicher Beitrag mündet in eine Generalabrechnung mit dem Schuldrechtsmodernisierungsgesetz, vor allem mit §275 II BGB und §313 BGB.[479] Sein Vorwurf, der grundsätzlicher Art ist, lautet, dass der Gesetzgeber mit diesen Vorschriften gegen das Prinzip der Privatautonomie verstoßen habe. Dies wird an einem Beispielsfall exemplifiziert, der tagtäglich eintreten könnte: V verkauft seinen gebrauchten Cabrio für 10.000 Euro an K, der den Wagen noch vor der Übergabe für 20.000 Euro weiterverkauft. Das Auto wird bei V gestohlen, ohne dass diesen ein Vorwurf trifft. Es taucht im Ausland wieder auf. Die Rückführungskosten würden 10.000 Euro betragen. Nach Ansicht Pickers handelt es sich um ein Platz- bzw. Abgabegeschäft ohne Beschaffungsrisiko. Danach müsste V, wenn man – so die Rechtsansicht von Picker – den Parteiwillen

---

472 Staudinger/Löwisch, BGB §275 Rn. 71/72.
473 Faust in Faust/Huber, Schuldrechtsmodernisierung, Rn. 12.
474 Faust in Faust/Huber, Schuldrechtsmodernisierung, Rn. 12.
475 Ackermann, JZ 2002, 378, (383 sub b).
476 Picker, JZ 2003, 1035.
477 Lobinger, Grenzen rechtsgeschäftlicher Leistungspflichten, 2004.
478 Wilhelm DB 2004, 1599.
479 Picker, JZ 2003, 1035.

respektiert, von seiner Leistungspflicht frei werden.[480] Stattdessen jedoch, so lautet die Kritik Pickers, belaste §275 II BGB den Verkäufer mit der Pflicht, das Auto um den Preis hoher Kosten zurückzuführen, bis hin zur Grenze eines groben Missverhältnisses. Aus §275 II BGB liest Picker also ab, dass Leistungshindernisse, die lediglich zu einer Leistungserschwernis führen, den Schuldner nicht nach §275 I BGB befreien. Und das, so sein Vorwurf, ignoriere den Willen und die Regelung der Parteien.

Canaris, der auf Pickers Angriff geantwortet hat,[481] hält demgegenüber die Pflicht des Verkäufers zum Rücktransport des Autos für angemessen auch angesichts des Risikos, dass das Auto bei der Rückführung untergehen, der Verkäufer also nicht nur sein Auto und den Kaufpreis, sondern auch noch die vergeblich eingesetzten Kosten des Transports verlieren könnte. Denn, so das Argument von Canaris, auch K müsse Federn lassen, verliere nämlich seinen Gewinn aus dem Weiterverkauf.[482] Das allerdings ist nicht beweiskräftig. Denn die Belastung des Käufers liefert noch kein stichhaltiges Argument dafür, entsprechend auch den Verkäufer zu belasten.

(2.) Wilhelm hält Canaris im übrigen entgegen, dass die im Beispielsfall genannten Rechnungsposten in der Realität nie sicher sind. Die Daten könnten tatsächlich anders, nämlich für den Verkäufer noch ungünstiger aussehen. Und schließlich, so Wilhelm gegen Canaris, ebneten dessen Thesen alle Unterschiede zwischen den Schuldverhältnissen, die doch verschiedenartig sein können, ein. Eine Speziesschuld, so Wilhelm, könne unter Umständen Beschaffungsschuld, sie könne aber auch eine reine Abgabeschuld sein, bei der der Verkäufer zur Beschaffung etwa aus dem Ausland nicht verpflichtet sei. Wilhelm plädiert daher für eine in dieser Weise differenzierte Handhabung des §275 BGB.[483]

(3.) Lobingers Habilitationsschrift ist ein großangelegter Angriff auf die Regelung der §§275, 311a und 313 BGB durch das Schuldrechtsmodernisierungsgesetz, dem er krasse Wertungswidersprüche vorwirft.

Als erstes stellt Lobinger die Ansicht in Frage, die Unmöglichkeit im Sinne von §275 I BGB beziehe sich als Folge einer vorrechtlichen Logik auf unüberwindliche Leistungshindernisse. Das passe nicht zu der Annahme, wonach beim Untergang einer konkretisierten Gattungsschuld die Leistung unmöglich sein soll, obgleich doch aus der Gattung nach wie vor geleistet werden könne.[484] Und das wiederum könne nicht mit der These harmonisiert werden, dass der Tatbestand einer subjektiven Unmöglichkeit auf Konstellationen beschränkt werde, die ihrer-

480 Picker, JZ 2003, 1035, (1036).
481 Canaris, JZ 2004, 214.
482 Canaris, JZ 2004, 214, (216 ff).
483 Wilhelm DB 2004, 1599, (1604).
484 Lobinger, Grenzen rechtsgeschäftlicher Leistungspflichten, S. 56 ff.

seits nahezu unmöglich erschienen, dass etwa die Suche nach dem Dieb trotz größter Fahndung aussichtslos oder ein Dritter zur Rückgabe um nichts in der Welt bereit sei.[485] Die strikte Trennung zwischen Unmöglichkeit und Leistungserschwernissen im Sinne des §275 II BGB sei daher nicht durchzuhalten.

Ungerecht sei im übrigen, dass die Leistungspflicht des Schuldners bis hin zur Grenze des groben Missverhältnisses im Sinne von §275 II BGB auch dann noch bestehen soll, wenn die Leistungserschwernis zu einer Zeit eintritt, zu der bereits die Gegenleistungsgefahr auf den Gläubiger übergegangen ist.[486] Schließlich könnten die Fälle, die von §275 II BGB erfasst werden, wenn nämlich wegen des dort bezeichneten groben Missverhältnisses eine faktische Unmöglichkeit vorliege, zugleich Konstellationen einer Störung der Geschäftsgrundlage im Sinne des §313 BGB sein und umgekehrt.[487]

In all diesen Fällen laute die grundsätzliche Frage nämlich gleichermaßen, „welchen Leistungsaufwand der Schuldner betreiben muss, was er also an materiellen oder auch immateriellen Werten zu investieren hat, um die Erfüllung der Verpflichtung, den sog. Leistungserfolg, in der durch das Leistungshindernis geprägten Lage zu bewirken."[488] Danach müssten der befreienden Unmöglichkeit auch Konstellationen zugerechnet werden, „die weit in den Bereich bloßer Leistungserschwerungen hineinragen."[489]

Wenn man aber erkennt, so folgert Lobinger, „dass sämtliche Fälle überwindbarer Leistungshindernisse unabhängig davon, ob sie faktischer, wirtschaftlicher, sittlicher oder persönlicher Natur sind, stets ein und dieselbe Sachfrage aufwerfen, dann ist evident, dass die Regelung, wie sie mit den neuen §§275, 313 BGB Gesetz werden sollte, nicht geltendes Recht werden kann. Es kann nicht ein und dieselbe Frage einmal danach zu beantworten sein, ob zwischen dem Überwindungsaufwand des Schuldners und dem Leistungsinteresse des Gläubigers ein grobes Missverhältnis besteht (§275 Abs. 2 BGB), ein andermal danach, ob dem Schuldner die Leistung nach Abwägung seines Nichtleistungsinteresses mit dem Leistungsinteresse des Gläubigers zugemutet werden kann (§275 Abs. 3 BGB), ein drittes Mal schließlich ganz ohne Abwägung (§275 Abs. 1 BGB) und in allen übrigen Fällen dann wieder nur nach einer doppelten Zumutbarkeitsprüfung betreffend zunächst das Festhalten am unveränderten und sodann an einem veränderten Vertrag (§313 BGB). Und noch weniger geht es an, für all diese Fälle fundamental unterschiedliche Rechtsfolgen vorzusehen."[490]

---

485 Lobinger, Grenzen rechtsgeschäftlicher Leistungspflichten, S. 57.
486 Lobinger, Grenzen rechtsgeschäftlicher Leistungspflichten, S. 64.
487 Lobinger, Grenzen rechtsgeschäftlicher Leistungspflichten, S. 76 ff, 88 ff.
488 Lobinger, Grenzen rechtsgeschäftlicher Leistungspflichten, S. 83.
489 Lobinger, Grenzen rechtsgeschäftlicher Leistungspflichten, S. 97.
490 Lobinger, Grenzen rechtsgeschäftlicher Leistungspflichten, S. 101/102.

Vielmehr kann auch nach Lobinger in Übereinstimmung mit Picker maßgeblich „für die Frage, welchen Aufwand der Schuldner zur Bewirkung des Leistungserfolges in Anbetracht eines Leistungshindernisses zu treiben hat und wann er demzufolge wegen dieses Hindernisses von seiner Erfüllungspflicht befreit ist, in einem durch den Grundsatz der Privatautonomie konstituierten vertraglichen Schuldrecht immer nur der durch Auslegung des zugrunde liegenden Rechtsgeschäfts sich ergebende Inhalt des Schuldverhältnisses sein. ... Das Rechtsgeschäft muss als Grund der Verpflichtung auch deren Grenzen bestimmen. Und diese Grenzziehung ist eine Frage seines Inhalts, der nach den allgemeinen, in den §§133, 157 BGB niedergelegten Regeln normativ, d.h. nicht allein am Wortlaut hängend, sondern unter Berücksichtigung der Umstände und Verständnismöglichkeiten des Einzelfalls zu ermitteln ist und der sich darüber hinaus ggf. aus den für einen bestimmten Geschäftstypus vom Gesetz als prägend angesehenen Regelungen ergibt.“[491]

Aus diesen Überlegungen zieht Lobinger weitreichende Konsequenzen für die Anwendung des §275 BGB.[492] Danach ist „zu fragen, ob die Überwindung des vorliegenden Leistungshindernisses nach einer die Typik des Rechtsgeschäfts einbeziehenden Auslegung vom Schuldner ohne weiteres zu bewerkstelligen ist, weil der hierfür erforderliche Aufwand mit dem Vertragsschluss versprochen wurde bzw. typischerweise mit der zugesagten Leistung verbunden ist, so dass hierüber nicht mehr eigens verhandelt werden musste. Ist das zu bejahen, liegt von vornherein kein Mehraufwand vor, und der Schuldner hat zu erfüllen ...“[493] Ergibt die Auslegung demgegenüber, dass der erforderliche Überwindungsaufwand in dem soeben beschriebenen Sinne überobligationsmäßig wäre, so ... muss nunmehr dem nach §275 Abs. 2 S. 2 BGB zu berücksichtigenden *Vertretenmüssen* des Schuldners *maßgebliche Bedeutung* beigemessen werden. Das heißt: Anstrengungen über den obligationsgemäßen Aufwand hinaus können vom Schuldner allenfalls dann verlangt werden, wenn ihm das Leistungshindernis i.S.v. §276 BGB zurechenbar ist. Ist das nicht der Fall, bestünde zwischen dem Leistungsaufwand des Schuldners und dem Leistungsinteresse des Gläubigers immer schon deshalb gleichsam ein „grobes Missverhältnis“, weil der Gläubiger damit etwas fordern könnte, wofür es weder in der mit dem Schuldner geschlossenen Vereinbarung noch sonst in der Rechtsordnung eine Grundlage gibt.“[494]

---

491 Lobinger, Grenzen rechtsgeschäftlicher Leistungspflichten, S. 139/140.
492 Lobinger, Grenzen rechtsgeschäftlicher Leistungspflichten, S. 248 ff.
493 Lobinger, Grenzen rechtsgeschäftlicher Leistungspflichten, S. 258.
494 Lobinger, Grenzen rechtsgeschäftlicher Leistungspflichten, S. 258.

Danach wird der Schuldner, dessen Leistungspflicht nach dem Schuldverhältnis nicht die Überwindung nachträglicher Leistungserschwerungen umfasst, frei, wenn er das Hindernis nicht zu vertreten hat.

III. Das Verständnis der §§439 III, 635 III BGB

Auch die Bedeutung der §§439 III, 635 III BGB hängt davon ab, wann die Nacherfüllung dem Schuldner gemäß §275 I BGB unmöglich ist. Dann nämlich ist die Nacherfüllungspflicht ausgeschlossen.

1. §439 III BGB

Überwiegend geht das Schrifttum davon aus, dass der Verkäufer nach §437 Nr. 1 BGB auf Verlangen des Käufers zur Mängelbeseitigung verpflichtet sei, auch wenn er selbst dazu nicht imstande ist. Mängel der Kaufsache muss der Verkäufer danach auf seine Kosten gegebenenfalls durch Dritte, also etwa durch eine geeignete Werkstatt, beseitigen lassen. Erst wenn die erforderlichen Kosten im Sinne des §439 III BGB unverhältnismäßig wären, darf der Verkäufer die Mängelbeseitigung verweigern.

Eingehend hat sich Ulrich Huber mit der Nacherfüllungspflicht des Verkäufers befasst.[495] Gemäß §275 I BGB ausgeschlossen ist die Mängelbeseitigungspflicht wegen Unmöglichkeit nach seiner Auffassung nur, wenn eine Reparatur wegen technischen Totalschadens ausscheidet,[496] etwa weil die Kaufsache verbrannt ist. Kann nur der Verkäufer etwa eine Nachbesserung nicht ausführen, wäre ein Dritter dazu aber imstande, so ist der Verkäufer keinesfalls nach §275 I BGB entlastet. Er ist nach Huber dann gehalten, den Mangel durch einen geeigneten Dritten beheben zu lassen.[497] Für diese Interpretation des §275 I BGB spielt auch bei Huber die spezifische Eigenart des jeweiligen Kaufs keine Rolle. Ein Privatmann, der seine gebrauchte Kamera verkauft hat, wird nicht anders behandelt als der Fotohändler mit Reparaturwerkstatt. Zur Begründung beruft sich Huber auf die entsprechende Verpflichtung des Vermieters, die Mietsache auf seine Kosten wie auch immer in gebrauchsfähigem Zustand zu erhalten (§536 BGB a.F., 535 I 2 BGB n.F.). Diese Parallele ist aber fragwürdig. Denn der Vermieter verpflichtet sich gerade zur Gebrauchsüberlassung. Das besagt die mietvertragliche Vereinbarung. Die Pflicht des Verkäufers mangelfrei zu liefern,

495 Huber, Festschrift Schlechtriem, S. 521 ff.
496 Huber, Festschrift Schlechtriem, S. 521, 538 f.
497 Huber, Festschrift Schlechtriem, 521 ff, (529).

ist dagegen nicht Inhalt des Kaufvertrages, sondern wird durch das Gesetz dekretiert. Außerdem kommt der Gegenwert einer Reparatur bei der Miete auch dem Vermieter zugute, dem Verkäufer beim Kauf nicht.[498]

Dieses Verständnis von §275 I BGB hat erhebliche Konsequenzen für die Rechtsstellung des Verkäufers. Ist er nämlich, obwohl selbst dazu nicht in der Lage, zur Mängelbeseitigung verpflichtet und kommt er dem nicht nach, so schuldet er dem Käufer jetzt nicht nur die Nachbesserung, sondern, da deren Nichterfüllung eine Pflichtverletzung ist, die er zu vertreten hat, nach Fristsetzung sogar Schadensersatz (§§281, 280 I BGB).[499] Die Brisanz der eben geschilderten Situation, die zum Nachdenken zwingen sollte, ob denn jeder Verkäufer wie ein kleiner Werkunternehmer zu behandeln ist, wird bei Huber nicht deutlich.

Demgegenüber plädiert Wilhelm im Anschluss an Picker für differenzierte Lösungen. Sie müssten den unterschiedlichen Fallgestaltungen angepasst werden. Danach sei auch bei der Speziesschuld als einer Abgabe- oder einer Beschaffungsschuld zu trennen sowie zwischen der noch nicht und der bereits konkretisierten Gattungsschuld, zwischen dem Kauf und dem Werkvertrag als einem Herstellungsvertrag sowie dem Mietvertrag als einem Gebrauchsüberlassungsvertrag. Die Feststellung, ob eine Leistungserschwerung obligationsmäßig, ob sie überobligationsmäßig ist, sei jeweils in Bezug auf die jeweils vereinbarten Pflichten zu treffen. Auch für die Nacherfüllungspflicht nach §439 BGB müsse die These von der Befreiung des Schuldners bei nachträglicher überobligationsmäßiger Leistungserschwerung gelten. Dabei ist an nachträglich auftretende vom Verkäufer nicht zu vertretende Mängel einer Speziessache bei einem Abgabekauf gedacht. Soweit das mit der Vorgabe der Verbrauchsgüterkaufrichtlinie nicht vereinbar sei, müsse berücksichtigt werden, dass sie nur für den Unternehmerverkäufer, der an einen Verbraucher verkauft, gilt, nicht für einen Privatverkäufer.[500]

Darüber, wann nun die Kosten einer Nacherfüllung – wenn sie nicht gemäß §275 I BGB ausgeschlossen ist – unverhältnismäßig im Sinne des §439 III BGB sind, gehen die Ansichten wiederum auseinander.

Nach Ulrich Huber sollen Reparaturkosten nur bis hin zum Schätzwert der Kaufsache angemessen, darüber hinaus dagegen unverhältnismäßig im Sinne des §439 III BGB sein.[501] Das führt Huber darauf zurück, dass die Sachmängelhaftung des Verkäufers nicht das Integritätsinteresse des Käufers schützen solle, sondern nur sein Äquivalenzinteresse.[502] Die zusätzliche Schranke des §275 II BGB soll bei Mängeln, die der Verkäufer nicht zu vertreten hat, dann eingreifen,

498 Darauf weist auch Wilhelm, DB 2004, 1599, (1604 sub 2.)
499 Huber, Festschrift Schlechtriem, S. 521, 528 f, 530.
500 Wilhelm, DB 2004, 1599, (1603 f).
501 Huber, Festschrift Schlechtriem, 521 ff, (540 ff).
502 Huber, Festschrift Schlechtriem, 521 ff, (541).

wenn die Reparaturkosten den Kaufpreis übersteigen.[503] Das folgert Huber daraus, dass bei nachträglichen Leistungshindernissen der Käufer die Leistungsgefahr zu tragen habe, der Verkäufer, der das Hindernis nicht zu vertreten hat, nur die Preisgefahr.[504] Preisgefahr heißt für den Verkäufer an sich, dass er die Gegenleistung verliert, wenn er nicht leistet. Hier würde es bedeuten, dass er nach einer erfolgreichen Reparatur zwar den Kaufpreis erhält, den betreffenden Wert aber als Reparaturkosten verliert. Immerhin lässt sich mit dieser Begründung die Kostenbelastung des Verkäufers begrenzen.

Im übrigen Schrifttum werden die unterschiedlichsten Thesen vertreten.[505] Nach Ackermann gilt beim Stückkauf aus dem Vermögen des Verkäufers, dass die Nachbesserungspflicht bei Mängeln, die der Verkäufer nicht zu vertreten hat, durch den Minderungsbetrag begrenzt werde. Die Kosten der Nachbesserung dürfen danach den auf den Mangel entfallenden Kaufpreisteil nicht übersteigen.[506] Das folgt für ihn aus seinem Verständnis des §275 II BGB, wonach der Schuldner für Leistungserschwernisse, die er nicht zu vertreten hat, höchstens einen Betrag bis zur Höhe des Kaufpreises zu opfern habe, weil er nämlich im Fall des §275 I BGB auch nur höchstens den Kaufpreis verliere.[507] Da es aber keinen sachlichen Grund gäbe, die Kosten, die die Rechtsordnung dem Schuldner zumutet, je nach der Natur des Hindernisses unterschiedlich zu bemessen, gelte auch für die Begrenzung der Nachbesserungspflicht nach §439 III BGB der Kaufpreis als die absolute Grenze, wenn der Verkäufer den Mangel nicht zu vertreten hat.[508] Nach Westermann dagegen darf die Nacherfüllungspflicht als ein Kernanliegen der Verbrauchsgüterkaufrichtlinie und dementsprechend des neuen Kaufrechts nicht durch eine „großzügige“ Handhabung des §439 III BGB unterlaufen werden.[509] Westermann nennt, anders als Huber, keine betragsmäßige Grenze,[510] sondern verweist auf die nach §439 III BGB maßgebenden Aspekte, nämlich auf die Berücksichtigung des Wertes der Kaufsache in mangelfreiem Zustand und auf die Bedeutung des Mangels. Letzteres kann unterschiedlich verstanden werden. Gedacht wird an das Interesse des Käufers, die Kaufsache ohne Mängel verwen-

---

503 Huber, Festschrift Schlechtriem, 521 ff, (542 ff, 546, 561 f); a.A. Palandt/Heinrichs, BGB §439, Rn. 16a.
504 Huber, Festschrift Schlechtriem, 521 ff, (546, 561/562).
505 MüKo/Westermann, BGB §439, Rn. 24 mit Nachweisen N.143 – 146; Bamberger/Roth/Faust, BGB §439, Rn. 52 mit Nachweisen; Ackermann, JZ 2002, 378; Kirsten, ZGS 2005, 66.
506 Ackermann, JZ 2002, 378, (379/384).
507 Ackermann, JZ 2002, 378, (383).
508 Ackermann, JZ 2002, 378, (379/384).
509 MüKo/Westermann, BGB §439, Rn. 20.
510 MüKo/Westermann, BGB §439, Rn. 22; desgl. Staudinger/Löwisch, BGB §439, Rn. 43.

den zu können.[511] Jedoch ist diese Interpretation recht nichtssagend. Der Umstand, dass der Verkäufer nicht über eine Reparaturwerkstatt verfügt, soll nach Westermann, wenn auch nicht über §275 I BGB, so doch nach §439 III BGB, jedenfalls beim Privatverkauf gebrauchter Sachen, bedeutsam sein.[512]

Um die Unverhältnismäßigkeit zu ermitteln, werden verschiedene Verhältnisse, nämlich Beziehungen zu unterschiedlichen Größen unterschieden: Bei der sogenannten absoluten Unverhältnismäßigkeit wird ein Vergleich zwischen den erforderlichen Kosten und dem Interesse des Käufers an der Nacherfüllung angestellt, bei der sogenannten relativen Unverhältnismäßigkeit ein Vergleich zwischen den Kosten der beiden Nacherfüllungsarten.[513] Die Verbrausgüterkaufrechtsrichtlinie sieht nur diese Vergleichswertung vor (Art 3 Abs. 3 RL 1999/44/EG). Daher wird die Ansicht vertreten, dass auch §439 III BGB nur so verstanden werden dürfte.[514] Bei richtlinienkonformer Auslegung dürfte die Prüfung der Nacherfüllungskosten auf Unverhältnismäßigkeit also nicht für jede Nacherfüllungsart gesondert vorgenommen werden, vielmehr gäbe es nur eine solche Prüfung durch Gegenüberstellung der beiden Nacherfüllungsarten.[515] Sei danach die eine Nacherfüllungsart unverhältnismäßig, dann dürfe die danach verbleibende andere nicht wiederum ihrerseits auf Unverhältnismäßigkeit überprüft werden. Sie sei dann nur bei Unmöglichkeit nach §275 I BGB ausgeschlossen.[516] Allerdings können die Kosten der beiden Nacherfüllungsarten dann nicht miteinander verglichen werden, wenn die eine wegen Unmöglichkeit von vornherein ausscheidet. Dann soll die besagte Verhältnismäßigkeitsprüfung ganz entfallen und nur noch die Störung der Geschäftsgrundlage zu prüfen sein.[517]

Ob ein Verschulden des Verkäufers für die Verhältnismäßigkeitsprüfung eine Rolle spielt, ist nicht eindeutig.[518]

Ganz unsicher ist, wie sich §439 III BGB zu §275 II und III BGB verhält. Die Begründung des Regierungsentwurfs führt aus, dass §275 II BGB nur für besonders gelagerte Ausnahmefälle, die wertungsmäßig der Unmöglichkeit nahekämen,

---

511 MüKo/Westermann, BGB §439, Rn. 22.

512 MüKo/Westermann, BGB §439, Rn. 23.

513 MüKo/Westermann, BGB §439, Rn. 21.

514 Pfeiffer, ZGS 2002, 217, (218); Staudinger/Matusche-Beckmann, BGB §439, Rn. 41; zweifelt Bamberger/Roth/Faust, BGB §439, Rn. 40/41, 55. Dagegen u.a. Kirsten, ZGS 2005, 66, (67).

515 Pfeiffer, ZGS 2002, 217, (218).

516 Staudinger/Löwisch, BGB §439, Rn. 41.

517 Pfeiffer, ZGS 2002, 217, (218/219).

518 Befürwortend: Staudinger/Matusche-Beckmann, BGB §439, Rn. 48; Bamberger/Roth/Faust, BGB §439, Rn. 45; vage: MüKo/Westermann, BGB §439, Rn. 23; ablehnend: Kirsten, ZGS 2005, 66, (70).

gedacht sei.[519] Danach wäre dem Schuldner die Leistungsverweigerung nach §439 III BGB eher möglich als nach §275 II BGB.[520] Demgegenüber meint Westermann, dass dem §275 II BGB kein eigenständiger Anwendungsbereich neben §439 III BGB zukomme. Die Maßstäbe zur Begründung einer Einrede seien identisch.[521] Die Stellungnahme von Ackermann ist bereits wiedergegeben worden. Danach bildet bei Leistungshindernissen, die der Schuldner nicht zu vertreten hat, im Fall des §275 II BGB der Kaufpreis die Grenze, im Fall der Nachbesserungspflicht des Verkäufers nach §439 BGB der potentielle Minderungsbetrag.[522]

2. §635 III BGB

Die Nacherfüllungspflicht eines Werkunternehmers ist gesetzlich gegenüber dem Kaufrecht etwas abweichend normiert worden. Zwar ist die Leistungsverweigerung wegen unverhältnismäßiger Kosten (§635 III BGB) identisch geregelt. Aber nicht der Gläubiger, sondern der Schuldner, der Werkunternehmer also, kann entscheiden, ob er durch Beseitigung des Mangels oder durch Herstellung eines neuen Werkes nacherfüllen will. Er wird sich auf §635 III BGB daher nur dann berufen, wenn die eine Art Nacherfüllung mit unverhältnismäßigen Kosten verbunden, die andere demgegenüber unmöglich oder gleichfalls unverhältnismäßig aufwendig ist. Das heißt zugleich, dass die Frage der Unverhältnismäßigkeit hier nicht – wie im Kaufrecht – durch Vergleich der beiden Nacherfüllungsarten entschieden werden kann. Die Unverhältnismäßigkeit muss sich also aus dem Vergleich anderer Größen ergeben.[523] Man vergleicht die Nacherfüllungskosten mit dem durch die Mängelbeseitigung erreichbaren Erfolg[524] und mit der durch den Mangel verursachten Wertminderung des Werkes.[525] Der Werklohn soll dagegen für die Frage der Unverhältnismäßigkeit kein Gewicht haben.[526]

Die Befugnis zu einer Leistungsverweigerung nach §275 II BGB verlangt demgegenüber noch den Bezug zum Interesse des Gläubigers an der Leistung und die Feststellung, dass zwischen diesem Interesse und dem erforderlichen Aufwand des Schuldners ein grobes Missverhältnis besteht. Danach betrachtet

519 Bundestagsdrucksache 14/6040, zu (§439 Abs. 3, S. 232).
520 Ebenso Heinrich, ZGS 2003, 253, (258).
521 MüKo/Westermann, BGB §439, Rn. 26.
522 Ackermann, JZ 2002, 378, (379/384).
523 MüKo/Busche, BGB §635, Rn. 37/38.
524 Staudinger/Peters, BGB §635, Rn. 9; MüKo/Busche, BGB §635, Rn. 38; Palandt/Sprau, BGB §635, Rn. 10; Bamberger/Roth/Voit, BGB §635, Rn. 14.
525 MüKo/Busche, BGB §635, Rn. 38.
526 MüKo/Busche, BGB §635, Rn. 32.

man gegenüber §635 III BGB die Reichweite des §275 II BGB als deutlich enger.[527] Zum Teil heißt es, diese Norm greife nur in extrem gelagerten Ausnahmefällen ein, in denen das Nacherfüllungsverlangen als sinnlos und rechtsmissbräuchlich erscheint.[528]

Nach Peters sollen die §§275 II, 635 III BGB so voneinander unterschieden werden, dass bei §635 III BGB die Kosten auf den Mangel zu beziehen seien, bei §275 II BGB dagegen der Aufwand auf den Unternehmer.[529] Da jedoch der Unternehmer die besagten Kosten zur Beseitigung des Mangels aufwenden muss, erscheint diese Differenzierung als ein unergiebiges Spiel mit Worten.

IV. Ansichten zum Regelungsbereich des §313 BGB gegenüber §275 II BGB

Ganz gegensätzlich lauten auch die Ansichten zur Rolle des §313 BGB gegenüber den oben beschriebenen Regelungen betreffend Leistungserschwernisse.

1. Die These von der Eliminierung des §313 BGB zugunsten des §275 II BGB

Nach Ansicht von Lobinger sollte §313 BGB gegenüber §275 II BGB entfallen, nämlich bei einer Gesetzeskorrektur gestrichen werden.[530] Lobinger hält dies für geboten, weil es andernfalls zu einer ungerechtfertigten Ungleichbehandlung gleicher Fallgestaltungen komme. Die §§275 II, 313 BGB regelten Konstellationen überwindbarer Leistungshindernisse, die lediglich in ihren tatsächlichen Erscheinungsformen verschiedenartig, für die rechtliche Wertung dagegen identisch seien. Das gelte aber nicht nur für die Situationen von Leistungshindernissen, sondern ebenso für sogenannte Äquivalenzstörungen, die sich überzeugender als mit Hilfe der Norm des §313 BGB durch Rückgriff auf das Unmöglichkeits- oder Gewährschaftsrecht lösen ließen.[531]

2. Die These von der Einschränkung oder Eliminierung des §275 II BGB zugunsten des §313 BGB

Lobinger schlägt für den Fall, dass es nicht zu einer solchen Gesetzeskorrektur kommen sollte als nächstbeste Alternative vor, den §275 II BGB zugunsten des §313 BGB einzuschränken. Das würde nach Lobinger bedeuten, dass §275 II

527 MüKo/Busche, BGB §635, Rn. 30 ff, 39; Bamberger/Roth/Voit, BGB §635, Rn. 14.
528 MüKo/Busche, BGB §635, Rn. 30 ff, 39.
529 Staudinger/Peters, BGB §635, Rn. 6.
530 Lobinger, Grenzen rechtsgeschäftlicher Leistungspflichten, S. 241 ff.
531 Lobinger, Grenzen rechtsgeschäftlicher Leistungspflichten, S. 241 ff.

BGB nur in solchen Fällen in Betracht käme, in denen der Schuldner verpflichtet wäre, das Leistungshindernis zu überwinden. Dazu wäre er dann gehalten bis zur Grenze des §275 II BGB, die allerdings an den Maßstab des §251 II BGB anzupassen wäre. In Fällen, in denen die Auslegung ergibt, dass die Beseitigung des vom Schuldner nicht zu vertretenden Leistungshindernisses nicht mehr geschuldet ist, dürfe auch eine Vertragsanpassung nicht in Frage kommen; vielmehr müsse der Schuldner dann nach §313 BGB zum Rücktritt befugt sein.[532]

Noch prononcierter vertritt Schmidt-Recla die These, dass §275 II BGB neben §313 BGB keine Existenzberechtigung habe.[533] Die Unterscheidung von Canaris, dass sich die Anwendungsbereiche beider Normen leicht trennen ließen, dass es bei §275 II BGB nämlich um die faktische, bei §313 BGB um die wirtschaftliche Unmöglichkeit gehe,[534] sei unergiebig. Richtigerweise regelten beide Normen identische Fälle. Es ginge beidemale um bloße Leistungserschwernisse, die durch einen gesteigerten wirtschaftlichen Aufwand des Schuldners überwunden werden könnten. Auch im Falle von §275 II BGB könne gegenüber dem Gläubigerinteresse der Schuldneraufwand nicht beiseite gelassen werden. Um nun, wie es §275 II BGB verlangt, zu ermitteln, ob durch die Leistungserschwernis ein Missverhältnis zwischen beiden Größen entstanden sei, müsste ihr Verhältnis ohne diese Erschwernis gegenübergestellt werden. Also laufe letztlich alles „auf eine Abwägung zwischen dem Gläubigerinteresse und den dem Schuldner nach Treu und Glauben zumutbaren Aufwendungen und Anstrengungen hinaus ..." Und das sei der Anwendungsbereich der Lehre vom Wegfall der Geschäftsgrundlage.[535] Die Schlussfolgerung Schmidt-Reclas lautet danach, „dass §275 II BGB eine Norm mit einem virtuellen, nur in der Vorstellung des Gesetzgebers existierenden Anwendungsbereich ist."[536]

3. *Die These von der jedenfalls z.T. selbständigen Bedeutung des §275 II BGB und des §313 BGB*

Zum Teil wird den §§275 II, 313 BGB eine jeweils eigenständige Bedeutung zugemessen. So soll allein §275 II BGB einschlägig sein, wenn eine grobe Unverhältnismäßigkeit im Sinne dieser Norm vorliegt, ohne dass zugleich eine schwerwiegende Umstandsveränderung eingetreten ist.[537] Schlagwortartig wird

532 Lobinger, Grenzen rechtsgeschäftlicher Leistungspflichten, S. 268/269.
533 Schmidt-Recla, Festschrift Laufs, S. 641, (662 ff).
534 Canaris, JZ 2001, 499, (501).
535 Schmidt-Recla, Festschrift Laufs, S. 641, (663/664 f).
536 Schmidt-Recla, Festschrift Laufs, S. 641, (668).
537 Canaris in Lorenz (Hrsg.), Karlsruher Forum 2002, S10, (13 ff); MüKo/Ernst, BGB §275, Rn. 22; Bamberger/Roth/Unberath, BGB §313, Rn 22.

der Geltungsbereich des §275 II BGB mit faktischer Unmöglichkeit bezeichnet.[538] Demgegenüber soll lediglich §313 BGB gelten, wenn mit Preissteigerungen auf dem Beschaffungsmarkt auch das Interesse des Gläubigers, der die jetzt wertvoller werdende Leistung erhalten will, steigt.[539] Das dafür gebrauchte Stichwort lautet gegenüber der faktischen Unmöglichkeit wirtschaftliche Unmöglichkeit.[540]

Wie aber diese Unterscheidung praktisch gelingen soll, wird nicht deutlich, erscheint vielmehr zweifelhaft, wenn für §313 BGB übermäßige Leistungserschwernisse genannt werden,[541] demgegenüber für §275 II BGB ein für den Schuldner unverhältnismäßiger, also doch wohl gleichfalls übermäßiger Aufwand.[542]

4. Die Thesen im Fall von wechselseitigen Überschneidungen der §275 II, 313 BGB

Im Schrifttum wird aber auch zugegeben, dass es Situationen geben kann, in denen das grobe Missverhältnis nach Maßgabe des §275 II BGB zugleich eine schwerwiegende Umstandsveränderung im Sinne des §313 BGB darstellt. Dann müsse der Schuldner, so Ernst, zwischen den beiden Einreden wählen dürfen.[543]

Kapitel 3: Folgerungen für den Regelungsbereich einer Störung der Geschäftsgrundlage nach §313 BGB gegenüber Leistungshindernissen im Sinne von §275 BGB und §439 III BGB

Nach dem Schrifttum zum Regelungsbereich der §§313, 275 BGB ist jetzt der hier in der Arbeit vertretene Standpunkt darzulegen.

I. Ausschluss der Leistungspflicht nach §275 I BGB wegen Unvermögens

Als erstes ist hierzu die Reichweite des §275 I BGB zu bestimmen, da eine Störung der Geschäftsgrundlage nicht in Betracht kommt, wenn die Leistungspflicht

538 Statt vieler: Canaris, JZ 2001, 499, (501).
539 Canaris in Lorenz (Hrsg.), Karlsruher Forum 2002, S10, (13 ff); MüKo/Ernst, BGB §275, Rn. 21; Bamberger/Roth/Unberath, BGB §313, Rn 22.
540 Statt vieler: Canaris, JZ 2001, 499, (501).
541 Emmerich, Leistungsstörungen, Rn. 47.
542 Emmerich, Leistungsstörungen, Rn. 51 ff.
543 MüKo/Ernst, BGB §275, Rn. 19 ff, (23).

wegen Unmöglichkeit der Leistung ausgeschlossen ist. Die Fälle sogenannter objektiver Unmöglichkeit, in denen niemand imstande ist, die geschuldete Leistung zu erbringen, sind allseits einhellig anerkannt. Sie brauchen uns daher nicht näher zu beschäftigen. Dagegen muss die umstrittene Frage, wann der Anspruch auf die Leistung wegen Unvermögens ausgeschlossen ist, geklärt werden.

1. Das Schuldverhältnis als Grundlage der Feststellung, wozu der Schuldner vermögend oder unvermögend ist.

In der Literatur begegnet man, wie oben ausgeführt worden ist, verschiedentlich einer Überlegung, die den Sinn des §275 I BGB aus der Regelung des §275 II BGB zu erschließen versucht. Die Begründung des Regierungsentwurfs zu §275 BGB liefert ein Beispiel dafür.[544] Diese Beweisführung kann nicht akzeptiert werden. Sie suggeriert als Aussage des §275 II BGB, dass dem Schuldner für die Erfüllung der Leistungspflicht größtmögliche Anstrengungen oblägen, weswegen ihm eine Leistung, die er so erbringen könne, nicht im Sinne des §275 I BGB unmöglich sei. Diese Argumentation ist aber unzulässig. Denn richtigerweise hat §275 II BGB die Funktion, die Leistungspflicht – wenn sie denn besteht – jedenfalls auf Einrede des Schuldners hin zu beschränken. Dafür muss aber vorweg eben das Bestehen der Leistungspflicht, und zwar für den konkreten Fall und nicht einfach abstrakt, festgestellt werden. Trifft den Schuldner nämlich eine Leistungspflicht in der speziellen Situation nicht, dann interessiert nicht mehr, welches Opfer ihm zur Erbringung abverlangt werden kann. Denn er ist ja zu keinem entsprechenden Opfer verpflichtet. Das Für und Wider eines Unvermögens lässt sich also nicht dem §275 II BGB entnehmen. Vielmehr besagt das Schuldverhältnis, wozu der Schuldner verpflichtet ist. Dem Schuldverhältnis muss daher auch entnommen werden, ob die danach geschuldete Leistung dem Schuldner möglich oder unmöglich ist. In diesem Punkt ist den Überlegungen Pickers[545] wie auch Lobingers[546] zuzustimmen.

Die hier aufgeworfene Frage kann auch nicht einfach mit dem Hinweis bewältigt werden, dass es allein der Leistungserfolg sei, der geschuldet ist, dass der Schuldner dafür jeden Preis zahlen müsse bis hin zur Grenze des §275 II BGB. Es kann nämlich nach dem Inhalt des Schuldverhältnisses sein, dass dem Schuldner dies eben nicht abverlangt wird und dass ihm die Leistung unmöglich ist, ohne Rücksicht darauf, mit welchem Einsatz sie doch noch erbracht werden könnte.

544 Bundestagsdrucksache 14/6040, zu §275 Absatz 1, S. 129.
545 Picker, JZ 2003, 1035.
546 Lobinger, Grenzen rechtsgeschäftlicher Leistungspflichten, 2004.

Lobinger hat dazu ein Beispiel geliefert, das nicht von der Hand zu weisen ist:[547] Ist eine Gattungsschuld konkretisiert worden und die so bestimmte Sache untergegangen, so wird der Schuldner nach §275 I BGB frei, obgleich die Gattung noch vorhanden und eine Ersatzsache zu beschaffen ist. Das ist nach der Konkretisierung eben nicht geschuldet. Gleiches ist zu bedenken, wenn die Kaufsache, ohne dass der Verkäufer es zu vertreten hat, gestohlen worden ist. Ist der Fall polizeilich ermittelt, der Täter gefasst und die Sache bei ihm greifbar, dann kann und muss der Verkäufer sie dem Käufer auch übereignen und übergeben, weil das Schuldverhältnis dies in dieser Situation verlangt. Dass der Schuldner aber, um der gestohlenen Sache habhaft zu werden, mit Zeitungsinseraten oder sonst wie die Ermittlungen generell selbst in die Hand nehmen,[548] dass er die im Ausland aufgegriffene Kaufsache wieder zum Erfüllungsort zurückbefördern müsste, kann von ihm bei einem – wie man sagt – Platz- und Abgabegeschäft nicht verlangt werden. Wer sein in der Garage stehendes Auto verkauft hat, ist nicht verpflichtet, es nach einem Diebstahl aus Murmansk wieder zurückzuschaffen.[549] Darin ist Picker,[550] Lobinger[551] und Wilhelm[552] zuzustimmen. Trift aber den Schuldner, der das Leistungshindernis nicht zu vertreten hat, diese wahnwitzige Rückholpflicht nicht, so ist er unter den gegebenen Umständen zur Übereignung und Übergabe eben unvermögend und deshalb nach §275 I BGB von seiner Leistungspflicht befreit. Dass es sich anders verhält, wenn der Schuldner das Leistungshindernis zu vertreten oder wenn er das Risiko, es zu beheben, übernommen hat, steht auf einem anderen Blatt.

In seiner 1969 veröffentlichten Schrift über „Unmöglichkeit und Nichterfüllung" hat sich Jakobs für das alte Schuldrecht um den Nachweis bemüht, dass solche Leistungserschwernisse den Schuldner befreien können, aber nicht wegen Unvermögens,[553] sondern deswegen, weil die Überwindung gewisser nachträglicher Leistungshindernisse dem Schuldner, wenn er sie nicht zu vertreten hat, nicht geboten sei. Dies hat Jakobs mit der Überlegung begründet, dass es einer Schadensersatzpflicht in Form der Naturalrestitution gleichkomme, wenn der Schuldner ein solches nachträgliches Leistungshindernis mit Hilfe finanzieller Anstrengungen überwinden müsse. Zum Schadensersatz sei er jedoch mangels

547 Lobinger, Grenzen rechtsgeschäftlicher Leistungspflichten, S. 56.
548 MüKü/Ernst, BGB §275, Rn. 52.
549 Wie dies allen Ernstes Canaris vertritt, JZ 2004, 214 (215 ff).
550 Picker, JZ 2003, 1035, (1036 ff).
551 Lobinger, Grenzen rechtsgeschäftlicher Leistungspflichten, S. 139/140.
552 Wilhelm DB 2004, 1599, (1604).
553 Jakobs, Unmöglichkeit, 126 ff, 141 ff, 150 ff,

Vertretenmüssens nicht verpflichtet, daher auch nicht zu einem Schadensersatz in Form der Naturalrestitution.[554]

Dieser Auffassung ist zuzustimmen mit folgender Abweichung: Dass der Schuldner zur Überwindung gewisser nachträglicher Leistungshindernisse nicht verpflichtet ist, folgt, was Jakobs zuzugeben ist, nicht daraus, dass es dem Schuldner unmöglich ist, diese Hindernisse zu bewältigen. Er könnte es mit Einsatz finanzieller und sonstiger Mittel, ist dazu aber in den hier betrachteten Konstellationen nach dem Schuldverhältnis nicht verpflichtet. Das aber bedeutet, dass dem Schuldner ohne solchen Einsatz die Erfüllung der Schuld eben nicht möglich ist. Ist der Verkäufer, der den Diebstahl nicht zu vertreten hat, im Fall eines Platz- und Abgabegeschäfts nicht verpflichtet, das Auto aus Murmansk zurückzuholen, dann ist ihm die Übereignung und Übergabe des Autos an den Käufer unmöglich. Und der betreffende Anspruch des Käufers ist nach neuem Schuldrecht gemäß §275 I BGB ausgeschlossen. §275 II BGB ist nicht einschlägig.

Ob und wann im Sinne des §275 I BGB ein Unvermögen anzunehmen ist, ist also nicht – wie es bei objektiver Unmöglichkeit sein kann – einfach der Einsicht in eine tatsächliche Gegebenheit zu entnehmen. Richtigerweise ist die Feststellung des Unvermögens das Resultat einer rechtlichen Wertung. Deshalb aber kann sie auch nicht zwingend begründet werden in dem Sinne, dass jede andere Entscheidung ausgeschlossen wäre. Die vorliegende Arbeit jedenfalls bekennt sich zu dieser Einschätzung. Und danach kann der Ansicht von Canaris, dass die Übereignung und Übergabe eines Ringes im tiefen Meer oder im Erdreich unter einem Hochhaus geschuldet sei,[555] nicht zugestimmt werden. Die Vorstellung, dass der Richter zur Hebung aus dem Meer verurteilen müsste, würde das Leistungsverweigerungsrecht des §275 II BGB nicht geltend gemacht, erscheint absurd.

2. *Das Schuldverhältnis als Grundlage der Feststellung, ob der Schuldner zur Nacherfüllung vermögend oder unvermögend ist.*

Auch für das Verständnis der Nacherfüllungspflicht eines Verkäufers ist bedeutsam, dass das Unvermögen nach Maßgabe des spezifischen Schuldverhältnisses bestimmt werden muss. Der Privatgelehrte, der seinen gebrauchten Computer verkauft hat, ist, wenn das Gerät anschließend beschädigt wird und er dies nicht zu vertreten hat, zur Mängelbeseitigung wegen Unvermögens nicht verpflichtet (§275 I BGB). Denn als Laie ist er selbst zur Reparatur nicht imstande. Und eine Fachwerkstatt zur Reparatur einzuschalten, wird von ihm bei einem solchen Pri-

554 Jakobs, Unmöglichkeit, 155/156.
555 Canaris, JZ 2001, 499, (501).

vatverkauf nicht verlangt. Die Pflicht zur mangelfreien Übereignung und Übergabe gebietet es nicht, wenn für das, was der Verkäufer nach dem Schuldverhältnis schuldet, für die Mängelbeseitigung nämlich, §275 I BGB eingreift.

Wiederum kann diese Rechtsauffassung nicht zwingend belegt werden. Ebenso wenig aber ist die Gegenansicht unabweislich. Ihre Begründung unter Berufung auf die Pflicht zur Nacherfüllung, ist nicht stichhaltig, wenn wegen Unvermögens §275 I BGB eingreift. Die rechtliche Wertung, dass es sich so verhält, wird aus der hier vertretenen Sicht dem spezifischen Schuldverhältnis aber gerechter als die Gegenansicht.

Im Fall eines Verbrauchsgüterkaufs verhält es sich, jedenfalls wenn fabrikneue Waren verkauft worden sind, anders. Der Verkäufer wird die mangelhafte Ware, wenn er über keine Werkstatt oder nicht über die nötigen Fachkenntnisse verfügt, dem Hersteller zur Reparatur einsenden, wie dies auch schon vor dem Schuldrechtsmodernisierungsgesetz weithin Übung war. Auch beim Verkauf gebrauchter Waren durch den Fachhändler wird die Mängelbeseitigung durch den Verkäufer oft unausgesprochener Inhalt des Vertrages sein, so etwa beim Gebrauchtwagenkauf. Allerdings darf selbst in solch einem Fall nicht allein §275 II BGB die Grenze der Leistungspflicht bestimmen. Ist die Kaufsache nach Kaufabschluss beschädigt worden, z.B. das verkaufte Auto bei einem Unfall zu Schaden gekommen, dann muss gefragt werden, ob denn das, was jetzt vorhanden ist, noch die geschuldete Sache ist. Auch dies ist eine Wertungsfrage. Dass noch ein paar unbeschädigte Teile existieren, um die herum das Auto neu fabriziert werden müsste, ist ein Fall nicht des §275 II BGB, sondern des §275 I BGB.

II. Die Bedeutung des §275 II BGB und des §439 III BGB gegenüber der Regelung des §313 BGB

1. §275 II BGB versus §313 BGB

Die Pflicht, die geschuldete Leistung trotz erheblicher Hindernisse zu erbringen, kann aus unterschiedlichen Gründen bestehen. Im Schrifttum wird regelmäßig auf die Beschaffungspflicht beim Gattungskauf hingewiesen. Auch der Werkvertrag mit der Herstellungspflicht des Werkunternehmers gehört hierher, ebenso der Umstand, dass der Schuldner das Leistungshindernis zu vertreten hat und deshalb dem Gläubiger Schadensersatz schuldet. Dies begründet – wie die Pflicht zur Naturalrestitution – die Verpflichtung zu gesteigerten Aufwendungen. In solchen Fällen kann §275 II BGB, aber auch §313 BGB eingreifen. Daher ist an dieser Stelle zu entscheiden, wie sich die beiden Vorschriften zueinander verhalten.

Was ihre Geltung betrifft, so könnte ein Gesetzgeber fraglos §275 II BGB zugunsten des §313 BGB streichen oder umgekehrt. Auch beide Vorschriften könnten aus dem BGB wieder entfernt werden und so derselbe Zustand wie vor dem Schuldrechtsmodernisierungsgesetz geschaffen werden. Ob die betreffende Empfehlung Lobingers an den Gesetzgeber[556] befolgt werden sollte, ist hier nicht zu entscheiden.

Zu dem anderen Vorschlag, wegen der Fragwürdigkeit einer Grenzziehung im Wege der Interpretation die Regelung des §313 BGB zugunsten des §275 II BGB zu eleminieren oder umgekehrt,[557] ist folgendes zu sagen:

Die These, dass §275 II BGB die faktische, §313 BGB die wirtschaftliche Unmöglichkeit regele, trifft eine Unterscheidung nur verbal. Davon hat sich die Kommission, die zur Überarbeitung des Diskussionsentwurfs eingesetzt worden ist und von der der Vorschlag zur endgültigen Fassung des §275 BGB stammt, blenden lassen. Diese verbale Abgrenzung kann jedoch einer wertenden Betrachtung nicht genügen. Vielmehr ist der Vorwurf, den u.a. Lobinger und Schmidt-Recla erhoben haben, dass sich nämlich §275 II BGB wertend nicht von §313 BGB unterscheiden lasse,[558] berechtigt. Nur scheinbar normiert §275 II BGB andere Fälle als §313 BGB. Die Diskrepanz zwischen dem zur Leistung erforderlichen Aufwand des Schuldners und dem Leistungsinteresse des Gläubigers bezeichnet nämlich eine klassische Äquivalenzstörung, wie sie für eine Störung der Geschäftsgrundlage typisch ist. Das wird deutlich, wenn man sich vergegenwärtigt, dass das Leistungsinteresse des Gläubigers regelmäßig zunächst durch die Gegenleistung bestimmt wird, die der Gläubiger bereit ist, für die Leistung hinzugeben. In solch einer Situation bezeichnet §275 II BGB deutlich ein – noch dazu grobes – Ungleichgewicht zwischen Leistung und Gegenleistung. Zu dem durch die Gegenleistung bestimmten Interesse des Gläubigers können noch weitere vermögenswerte Positionen hinzutreten, etwa sein Interesse an einer gewinnbringenden Weiterveräußerung. Dann jedoch wird die Äquivalenzstörung noch deutlicher, da im Falle eines groben Missverhältnisses zwischen diesem Gläubigerinteresse und dem Schuldneraufwand dessen Abstand zur Gegenleistung sogar noch krasser ist.

Zwar ist es dem Gesetzgeber unbenommen, für einzelne Fallgruppen der Geschäftsgrundlagenproblematik eine spezifische Norm vorzusehen. Nur leuchtet

---

556 Lobinger, Grenzen rechtsgeschäftlicher Leistungspflichten, S. 238 ff.

557 Lobinger, Grenzen rechtsgeschäftlicher Leistungspflichten, S. 241 ff; Schmidt-Recla, Festschrift Laufs, S. 641, (662 ff).

558 Lobinger, Grenzen rechtsgeschäftlicher Leistungspflichten, S. 87 ff; Schmidt-Recla, Festschrift Laufs, S. 641, (662 ff); zweifelnd auch MüKo/Ernst, §275, Rz. 19; Eidenmüller, Jura 2001, 824, (831f); Zimmer, NJW 2002, 1, (11/12 sub 3); Picker, JZ 2003, 1035.

nicht ein, dass sie eine gegenüber §313 BGB abweichende Rechtsfolge bestimmt. Betreffen bei wertender Betrachtung beide Vorschriften jedenfalls zum Teil dieselbe Problematik, dann stellen unterschiedliche Rechtsfolgen eine widersprüchliche Ungleichbehandlung dar.

Dass mit Rücksicht darauf die Gerichte in ihrer Rechtspraxis und das Schrifttum in der Theorie die eine Norm zugunsten der anderen eliminieren werden, ist aber ganz unwahrscheinlich. Ein solcher Vorschlag wird ungehört verhallen. Vielmehr wird die Praxis mit beiden Vorschriften, sowohl mit §275 II BGB wie auch mit §313 BGB, arbeiten. Das leuchtet auch ein, soweit nach Maßgabe von §313 BGB Fälle erfasst werden, die §275 II BGB keinesfalls trifft. So verhält es sich mit der Problematik wechselseitig verkoppelter Rechtsverhältnisse, wenn das eine Rechtsverhältnis hinfällig ist. Aber auch die Konstellation eines beiderseitigen Irrtums fällt nicht unter §275 II BGB. Überschneidungen kann es nur in Fällen von Äquivalenzstörungen geben. Wenn in solch einer Situation das Gläubigerinteresse entsprechend der Aufwandsteigerung auf Seiten des Schuldners wächst, dann scheidet §275 II BGB aus, so dass die Lösung nur mit Hilfe des §313 BGB gewonnen werden kann. Bleibt dagegen das Gläubigerinteresse konstant, während der zur Leistung des Schuldners erforderliche und rechtlich auch gebotene Aufwand ansteigt, so ist §275 II BGB zu prüfen. Dass die Rechtsfolge dann auf den Ausschluss des Gläubigeranspruchs lautet und die Abwicklung sich nach Bereicherungsrecht richtet, während im Fall des §313 BGB Vertragsanpassung oder Rücktrittsrecht in Frage kommen, muss als unerklärliches Versagen des Gesetzgebers hingenommen werden. Die Alternative wäre, dass man, wie von Schmidt-Recla vorgeschlagen,[559] der Rechtsfolge des §275 II BGB die Gefolgschaft versagt und stattdessen die des §313 BGB heranzieht.[560] Da danach der Vertrag angepasst werden könnte, ließe sich so der mit Verwunderung registrierte Widerspruch[561] vermeiden, dass der Schuldner nach §275 II BGB bis zur Grenze des groben Missverhältnisses schuldet, während jegliche Schuld entfällt, sobald sie überschritten ist.

Für die Frage des groben Missverhältnisses ist auch zu beachten, dass nicht auf der einen Seite dem Schuldner zur Erbringung der Leistung Unerhörtes abverlangt werden darf, wenn auf der anderen Seite der Gläubiger seine Vertragsbindung – etwa im Fall eines Fernabsatzgeschäftes – durch Widerruf nach §355 BGB beseitigen kann. Dieser Gesichtspunkt ist im Schrifttum nirgends berück-

---

559 Schmidt-Recla, Festschrift Laufs, S. 641, (662 ff).

560 Die Schuldrechtskommission hat in ihrem Abschlußbericht für den Vorrang des §306 BGB-KE (= §313 BGB) als das gegenüber §275 BGB-KE speziellere Gesetz plädiert: Abschlußbericht, S. 151 (sub 6.). Im Kommissionsentwurf hatte §275 BGB-KE jedoch ein anderes Gesicht als der jetzt geltende §275 BGB.

561 Man bezeichnet dies als Schwellenproblematik: MüKo/Ernst, BGB §275, Rn. 29.

sichtigt worden. Die Gerechtigkeit verlangt aber, dass Lasten und Vorteile aus einem Vertragsverhältnis nicht ganz ungleich verteilt sein dürfen. Wie allerdings die Widerrufsmöglichkeit, die ja noch kein Widerruf ist, in die Abwägung nach §275 II BGB eingebracht werden soll, ist eine offene Frage.

2. §439 III BGB versus §313 BGB

Da §439 III BGB einen speziellen Fall, nämlich das besondere Problem einer kostenträchtigen Nacherfüllung betrifft, geht die Norm nach allgemeinen Grundsätzen der allgemeinen Regelung des §313 BGB vor. Diese Überlegung erscheint auch als die praktikabelste Lösung des Konkurrenzverhältnisses. Zweifelhaft wäre sie allerdings dann, wenn der Ansicht zuzustimmen wäre, dass §439 III BGB richtlinienkonform, nämlich so auszulegen wäre, dass es nur den Vergleich zwischen den beiden Formen der Nacherfüllung gäbe, dass also die Interpretation im Sinne einer absoluten Unverhältnismäßigkeit nicht statthaft wäre. Diese von Pfeiffer vorgetragene Ansicht läuft auf §313 BGB hinaus, wenn nur eine der beiden Nacherfüllungsarten möglich, diese aber unverhältnismäßig kostenträchtig ist.[562] Wäre es richtig, dass der deutsche Gesetzgeber keine über die Verbrauchsgüterkaufrichtlinie hinausgehende Begrenzung der Nacherfüllung vorsehen dürfte, dann müsste auch ein Rückgriff auf §313 BGB ausgeschlossen sein. Ist man, wie Pfeiffer, dieser Ansicht nicht, dann ist nicht einzusehen, weswegen die Grenzziehung nicht speziell für die Nacherfüllung in §439 III BGB soll regelt werden und die Norm entsprechend ausgelegt werden können. Zur Sache selbst ist zu sagen, dass das Gebot der Gerechtigkeit auch über der Bindung an Richtlinien der Europäischen Gemeinschaften steht, dass daher §439 III BGB bzw. die Interpretation der Unverhältnismäßigkeit nicht nur nach der relativen, sondern auch nach der absoluten Verhältnismäßigkeitsprüfung berechtigt ist.

III. Zur Handhabung des §313 BGB

Nachdem die Konkurrenzfragen erörtert worden sind, ist jetzt zu entscheiden, wie die Norm des §313 BGB zu verstehen, wie sie zu handhaben ist.

Dazu können jedoch, nachdem diese Frage zum ungeschriebenen Recht unter dem Stichwort des Wegfall oder des Fehlens der Geschäftsgrundlage über 80 Jahre lang behandelt worden ist, neue Erkenntnisse nicht erwartet werden. Dass die Störung der Geschäftsgrundlage nun in Gesetzesform tatbestandlich umschrieben ist, macht dieses Institut nicht fasslicher. Wie bereits oben (Teil 2, Ka-

562 Pfeiffer, ZGS 2002, 217, (218/219).

pitel 1 I.) hervorgehoben, lässt die Wortfassung – wie könnte es auch anders sein – den Juristen, der anhand des Tatbestands subsumieren möchte, ratlos. Denn welche Umstände im Sinne des §313 I BGB und weswegen sie objektiv zur Grundlage des Vertrages geworden sind, sagt das Gesetz nicht und kann es auch nicht sagen. Aber auch die sogenannte subjektive Geschäftsgrundlage im Sinne von §313 II BGB ist nicht weniger rätselhaft. Denn was zu den wesentlichen Vorstellungen der Parteien gehört und weswegen sie zur Grundlage des Vertrages geworden sind, was das überhaupt heißt, ist ebenso offen. Dies sind Wertungsfragen, zu deren Entscheidung der Jurist gerade nicht auf subsumierbare Tatbestandselemente zurückgreifen kann. Ihm bleibt in solch einer Situation nur die Vergleichsmethode, nämlich die Einbettung des Falles in eine Falltypologie der bis dato in Rechtsprechung und Schrifttum anerkannten Beispiele für eine Störung der Geschäftsgrundlage. Die langjährige Rechtsprechung des 20. Jahrhunderts liefert dazu – wie in Teil 1 der Arbeit gezeigt worden ist – reichhaltiges Material. Zwingend ist diese Methode allerdings nicht. Einzelne Gerichtsurteile sind fragwürdig. Mit einer gewissen Sicherheit kann man sich nur auf eine ständige Rechtsprechung in gleichen Fallgruppen stützen.

Dabei müssen Änderungen der Wertvorstellungen, die die Zeit mit sich bringt, beachten werden. Bei der Interpretation und Anwendung des jetzt geltenden §313 BGB ist daher zu berücksichtigen, dass im Gefolge des Schuldrechtsmodernisierungsgesetzes der Grundsatz „pacta sund servanda" durch vielfältige Widerrufsmöglichkeiten eine wesentliche Einschränkung erfahren hat. Verbraucher können die Vertragsbindung, die sie gegenüber einem Unternehmer eingegangen sind, in verschiedenen Fällen ohne Angabe von Gründen, eben ohne Gründe, abstreifen (§355 BGB). Dies soll sogar noch nach Jahren möglich sein, wenn der Unternehmer über das Widerrufsrecht nicht oder nicht in der vorgeschriebenen Weise belehrt hat (§355 III 3 BGB). Zum Schutze des Verbrauchers gegenüber dem – in den Vorstellung der Kommission der Europäischen Gemeinschaften offenbar omnipotenten – Unternehmer ist der Grundsatz der Vertragsbindung also nachrangig. Dann aber kann man auch die Ansicht vertreten, dass die Anforderungen an eine Vertragsänderung oder eine Vertragsanpassung wegen einer Störung der Geschäftsgrundlage zum Schutz des Schuldners auch nicht mehr so streng sein dürfen wie früher angenommen.

Zusammenfassung

Einleitend ist die „Lehre von der Geschäftsgrundlage" als die juristische Fragestellung umschrieben worden, ob und in welcher Weise ein privatrechtlicher Vertrag nicht nur nach Maßgabe der hergebrachten gesetzlichen Regelungen für Leistungsstörungen in seinem Bestand beeinflusst wird, sondern darüber hinaus durch tatsächliche, wirtschaftliche und rechtliche Verhältnisse nach Maßgabe eines allgemeinen Prinzips. Diese Frage wird seit dem Jahre 2002 durch §313 BGB, den das Schuldrechtsmodernisierungsgesetz in das Bürgerliche Gesetzbuch eingefügt hat, beantwortet.

Diese Aussage ist allerdings euphemistisch. Denn eine wirkliche Antwort gibt §313 BGB nicht. Die Vorschrift weist den Juristen vielmehr an, Wertungsfragen zu entscheiden, wofür das Gesetz Vorgaben nur in Form generalklauselartiger Wendungen bereit stellt. Daher hat eine Arbeit über die Problematik der Geschäftsgrundlage die Entwicklung dieser Rechtsfigur und die hierzu ergangene Rechtsprechung aufzuarbeiten.

I. Dieser Aufgabe ist der 1.Teil gewidmet.

1. Im 1. Kapitel kommt die Zeitspanne von der Schaffung des BGB bis zum 1. Weltkrieg zur Sprache, nämlich die Lehre Windscheids von der Voraussetzung sowie die Lehre von der „clausula rebus sic stantibus" und die sich daran anschließende wissenschaftliche Diskussion.

2. Das folgende 2. Kapitel befasst sich mit der Zeit zwischen den beiden Weltkriegen und der Inflationszeit, also der eigentlichen Geburtsstunde der Problematik, der mit dem Begriff „Geschäftsgrundlage" Oertmann den Stempel aufgedrückt hat.

Den Hauptteil dieses 2. Kapitels bildet nach der Darstellung der Lehre Oertmanns eine Sichtung der Rechtsprechung des Reichsgerichts, geordnet bereits nach bestimmten Fallgruppen betreffend Währungsverfall und galoppierende Inflation, Zweckverfehlung und Irrtumsproblematik.

3. Das 3. Kapitel, das die zweite Hälfte des 20. Jahrhunderts umfasst, gibt zunächst (A.) Einblick in die Rechtsprechung und sodann (B.) in das Schrifttum zur Geschäftsgrundlage. Die sehr umfangreiche Wiedergabe der Judikatur, die zum Teil auch schon analysiert wird, es sind Entscheidungen des Obersten Gerichtshofs für die britische Zone und dann vor allem des Bundesgerichtshofs, verfolgt zwei Ziele: Zum einen geht es um den Nachweis, dass nicht die von den Gerichten bis in die jüngste Zeit zur Begründung aufgeführte Formel Oertmanns, son-

dern dass eine nicht näher zu verifizierende objektive Wertung die Urteile bestimmt hat. Das geben die urteilenden Instanzen aber auch selbst zu durch den Hinweis, dass letztlich die Zumutbarkeit oder Unzumutbarkeit der Vertragsbindung ausschlaggebend sei. Zum zweiten soll die ausführliche, nach Fallgruppen geordnete Sammlung den Grundstock für eine Falltypologie bilden, mit deren Hilfe dann andere Fälle im Wege eines Vergleichsverfahrens entschieden werden müssen, eben weil es, was die Arbeit gleichfalls belegen soll, keinen subsumierbaren Tatbestand gibt.

Die Sichtung der Literatur macht deutlich, wie verschiedenartig in der Vergangenheit das Problem der Geschäftsgrundlage beurteilt worden ist, dass sie sich – wie das Resumée hervorhebt – einer Bündelung in einer handhabbaren gesetzlichen Norm im Grunde entzieht.

Als Resultat des 3. Kapitels ergibt sich: Nicht die Anknüpfung an Parteivorstellungen, sondern eine objektive Wertung, die die Vertragsbindung als unzumutbar erkennt, muss die Lösung der Geschäftsgrundlagenproblematik liefern. Dafür zeichnen sich als Fallgruppen Äquivalenzstörungen, Zweckstörungen, Fälle einer wechselseitigen Abhängigkeit miteinander verkoppelter Rechtsverhältnisse und beiderseitiger Irrtümer ab.

II. Im 2. Teil der Arbeit geht es um das geltende Recht, vor allem um die Konkurrenzfragen, die verschiedene vom Schuldrechtsmodernisierungsgesetz eingeführte Regelungen aufwerfen. Es sind dies die §§313, 275, 439 III, 635 III BGB.

1. Im 1. Kapitel werden die genannten Normen und werden ihr Wortlaut sowie das Wortverständnis, das sich danach ergibt, vorgestellt.

2. Das 2. Kapitel gibt sodann das Schrifttum zu diesen Fragen wieder. Es geht um die heftig umstrittene Frage, wann subjektive Unmöglichkeit im Sinne des §275 I BGB anzunehmen ist und wie dies von Fällen des §275 II BGB abzugrenzen ist. Die Antwort darauf hat Bedeutung auch für die Nacherfüllungspflicht beim Kauf und beim Werkvertrag. Dabei tritt zu Tage, wie unterschiedlich im Schrifttum das Verhältnis des §313 BGB zu §275 II BGB eingeschätzt wird.

3. Das abschließende 3. Kapitel des 2. Teils stellt die Ansicht der Arbeit zu den angeschnittenen Fragen vor. Es geht vor allem um die Reichweite des §275 II BGB gegenüber §275 I BGB, weil dies wiederum für den Regelungsbereich des §313 BGB maßgeblich ist.

Die Arbeit erteilt der im Schrifttum verbreiteten Ansicht, dass der Sinngehalt des §275 I BGB, nämlich die Deutung der subjektiven Unmöglichkeit, durch Rückgriff auf die Aussage des §275 II BGB zu erschließen sei, eine Absage. Die Funktion des §275 II BGB wird verkannt, wenn man der Norm entnimmt, dass der Schuldner in jedem Fall alle erdenklichen Anstrengungen unternehmen müsse, um zu leisten, dass ihm die Leistung, wenn sie so erbracht werden könnte, auch möglich und nicht im Sinne des §275 I BGB unmöglich sei. §275 II BGB trifft keine Aussage zu Lasten des Schuldners, sagt also nicht, dass er unter Einsatz aller erdenklichen Mittel zu leisten hat. Vielmehr normiert die Vorschrift zum Schutz des Schuldners, was er nicht mehr schuldet, wenn ihm die Leistung möglich, wenn sie also nicht schon wegen Unmöglichkeit nicht geschuldet ist. Nicht nach Maßgabe einer Aussage des falsch verstandenen §275 II BGB darf interpretiert werden, wann ein Unvermögen des Schuldners vorliegt. Das muss vielmehr aus dem Schuldverhältnis erschlossen werden. Es kann ergeben, dass der Schuldner ein Beschaffungsrisiko übernommen hat, das ihn zu zusätzlichen finanziellen Opfern bis hin zur Grenze des §275 II BGB verpflichtet, oder dass ihn das Risiko eines solchen Opfers aus anderen Gründen trifft. Es kann aber auch sein, dass er nach dem Inhalt des Schuldverhältnisses zu einem derartigen Einsatz nicht verpflichtet ist, dass ihm deshalb die Leistung, die er mit überobligationsmäßigen Mitteln erbringen könnte, ohne diesen, eben nicht geschuldeten Einsatz unmöglich ist. In solch einem Fall tritt eine Konkurrenz zu §313 BGB nicht auf.

Ist die Leistung dagegen möglich und schuldet er, um Leistungshindernisse zu überwinden, den Einsatz überobligationsmäßiger Mittel, die zum Leistungsinteresse des Gläubigers in einem groben Missverhältnis stehen, dann kollidieren die §§275 II, 313 BGB miteinander. Da die Rechtsfolgen erheblich voneinander abweichen – §275 II BGB zieht bereicherungsrechtliche Abwicklungsfolgen nach sich, §313 BGB führt zum Rücktritt oder zur Vertragsanpassung –, kommt es dann zu einem Wertungswiderspruch. Dass dies zu einer gesetzgeberischen Korrektur führen wird, ist ebenso wenig anzunehmen, wie eine Eleminierung der einen oder der anderen Norm durch die Gerichtspraxis. Vielmehr werden die Gerichte, so wie dies bereits im Schrifttum vertreten wird, versuchen, beide Vorschriften nebeneinander anzuwenden. Danach wird man zu Lasten des §313 BGB den §275 II BGB in den seltenen Fällen heranziehen, in denen der Einsatz des Schuldners zwar unverhältnismäßig, das Leistungsinteresse des Gläubigers aber nicht entsprechend gestiegen ist. Im übrigen wird §313 BGB eingreifen.

Wie diese Norm zu handhaben ist, lässt sich nicht mit Hilfe einer Subsumtion nach Maßgabe der in §313 BGB genannten Tatbestandsmerkmale bestimmen. Der Tatbestand der Norm ist sowohl in §313 I BGB wie in §313 II BGB so unbestimmt und ausfüllungsbedürftig, dass konsensfähige Ergebnisse nur durch Vergleich mit den bereits entschiedenen Fällen zu erreichen sein werden.

Literaturverzeichnis

Ackermann, Thomas: Die Nacherfüllungspflicht des Stückverkäufers, JZ 2002, 378.

Altmeppen, Holger: Untaugliche Regeln zum Vertrauensschaden und Erfüllungsinteresse im Schuldrechtsmodernisierungsentwurf, DB 2001, 1399.

Bamberger/Roth: Kommentar zum Bürgerlichen Gesetzbuch, 2. Aufl., Bd. 1 (§§1 – 610), 2007, Bd. 2 (§§611 – 1296), 2008.

Baur, Jürgen: Gewährleistungshaftung des Unternehmensverkäufers, BB 1979, 381.

Bartholomeyczik, Horst: Äquivalenzprinzip, Waffengleichheit und Gegengewichtsprinzip in der modernen Rechtsentwicklung, AcP 166 (1966), 30.

Behrends, Okko: Treu und Glauben, in Dilcher, Gerhard und Staff, Ilse (Hrsg.), Christentum und modernes Recht, Beiträge zum Problem der Säkularisierung,1984, 255.

Beisel/Klumpp: Der Unternehmenskauf, 4. Aufl. 2003

Beuthien, Volker: Zweckerreichung und Zweckstörung im Schuldverhältnis, Tübinger rechtswissenschaftliche Abhandlungen Bd. 25, 1969.

Blomeyer, Arwed: Besprechung von Karl Larenz, Geschäftsgrundlage und Vertragserfüllung, AcP 152 (1952/1953), 276.

Bundesminister der Justiz (Hrsg.): Abschlußbericht der Kommission zur Überarbeitung des Schuldrechts, 1992.

Canaris, Claus-Wilhelm: Leistungsstörungen beim Unternehmenskauf, ZGR 1982, 395.

Canaris, Claus-Wilhelm: Die Reform des Rechts der Leistungsstörungen, JZ 2001, 499

Canaris, Claus-Wilhelm: Die Neuregelung des Leistungsstörungs- und des Kaufrechts, in Lorenz, Egon (Hrsg.) Karlsruher Forum 2002: Schuldrechtsmodernisierung.

Canaris, Claus-Wilhelm: Die Behandlung nicht zu vertretender Leistungshindernisse nach §275 Abs. 2 BGB beim Stückkauf, JZ 2004, 214.

Diesselhorst, Malte: Die Geschäftsgrundlage in der neueren Rechtsentwicklung, in Immenga (Hrsg.) Rechtswissenschaft und Rechtsentwicklung, 1980, 153.

Emmerich, Volker: Das Recht der Leistungsstörungen, 6.Aufl. 2005.

Enneccerus/Lehmann: Recht der Schuldverhältnisse, 15. Bearb. 1958.

Enneccerus/Nipperdey: Allgemeiner Teil des Bürgerlichen Rechts, 15. Bearbeitung, 1. Halbb. 1959, 2. Halbb. 1960.
Esser, Josef: Fortschritte und Grenzen der Theorie von der Geschäftsgrundlage bei Larenz, JZ 1958, 113.
Esser, Josef: Schuldrecht, Allgemeiner und Besonderer Teil 2. Aufl. 1960
Feldhahn, Peer: Die Störung der Geschäftsgrundlage im System des reformierten Schuldrechts, NJW 2005, 3381.
Fikentscher, Wolfgang: Die Geschäftsgrundlage als Frage des Vertragsrisikos, 1971.
Flume, Werner: Rechtsgeschäft und Privatautonomie in Hundert Jahre Deutsches Rechtsleben, Festschrift zum hundertjährigen Bestehen des Deutschen Juristentages, Bd. I 1960, 135.
Flume, Werner: Allgemeiner Teil des Bürgerlichen Rechts, 2. Bd. Das Rechtsgeschäft, 3. Aufl. 1979.
Fritze, O.: Clausula rebus sic Stantibus, Archiv für bürgerliches Recht, 17, 20
Görk, Stefan: Deutsche Einheit und Wegfall der Geschäftsgrundlage, Diss. München, 1995.
Häsemeyer, Ludwig : Geschäftsgrundlage und Vertragsgerechtigkeit, Festschrift für Hermann Weitnauer, 1980, 67.
Heinrich, Martin: Die Abwehr des Anspruchs des Käufers auf Nacherfüllung, ZGS 2003, 253.
Helm, Andreas: Die Einordnung wirtschaftlicher Leistungserschwerungen in das Leistungsstörungsrecht nach der Schuldrechtsreform, 2005
Huber, Ulrich: Verpflichtungszweck, Vertragsinhalt und Geschäftsgrundlage, JuS 1972, 57
Huber, Ulrich: Die Schadensersatzhaftung des Verkäufers wegen Nichterfüllung der Nacherfüllungspflicht und die Haftungsbegrenzung des §275 Abs. 2 BGB neuer Fassung, in Festschrift für Peter Schlechtriem, 2003, S. 521.
Huber, Peter/ Faust, Floriane: Schuldrechtsmodernisierung 2002.
Jauernig/Verf.: Bürgerliches Gesetzbuch, 10. Aufl. 2003
Jakobs, Horst Heinrich: Unmöglichkeit und Nichterfüllung, 1969.
Kaufmann, Erich: Das Wesen des Völkerrechts und die clausula rebus sic stantibus, 1911.
Kegel, Gerhard: Empfiehlt es sich, den Einfluß grundlegender Veränderungen des Wirtschaftslebens auf Verträge gesetzlich zu regeln und in welchem Sinn? Gutachten für den 40. Deutschen Juristentag, in Verhandlungen des vierzigsten Deutschen Juristentages, 1953, S. 135.
Kegel, Gerhard/ Rupp, Hans/ Zweigert, Konrad: Die Einwirkung des Krieges auf Verträge in der Rechtsprechung Deutschlands, Frankreichs, Englands und der Vereinigten Staaten von Amerika, 1941

Kirsten, Konstantin: Die Unverhältnismäßigkeit der Nacherfüllung im Kaufrecht, ZGS 2005, 66.
Köhler, Helmut: Unmöglichkeit und Geschäftsgrundlage bei Zweckstörungen im Schuldverhältnis, 1971.
Köhler, Helmut: Die Lehre von der Geschäftsgrundlage als Lehre von der Risikobefreiung, in 50 Jahre Bundesgerichtshof, Festgabe aus der Wissenschaft, 2000, 295.
Köhler, Helmut: Grundprobleme der Lehre von der Geschäftsgrundlage, JA 1979, 498.
Koller, Ingo: Die Risikozurechnung bei Vertragsstörungen in Austauschverträgen, 1979.
Krückmann, Paul: Unmöglichkeit und Unmöglichkeitsprozeß, zugleich eine Kritik der Entwürfe Rußlands, Ungarns und der Schweiz, AcP 101 (1907), 1.
Krückmann, Paul: Clausula rebus sic stantibus, Kriegsklausel, Streitklausel, AcP 116 (1918), 157.
Lange, Heinrich: Ausgangspunkte, Wege und Mittel zur Berücksichtigung der Geschäftsgrundlage, Festschrift für Paul Gieseke, 1958, 21.
Larenz, Karl: Vertrag und Unrecht, 1. Teil, Vertrag und Vertragsbruch, 1936.
Larenz, Karl: Geschäftsgrundlage und Vertragserfüllung, 1. Aufl. 1951, 2. Aufl. 1957, zitiert nach der 3. Aufl. 1963
Larenz, Karl: Methodenlehre der Rechtswissenschaft, 4. Aufl. 1979.
Larenz/Wolf: Allgemeiner Teil des Bürgerlichen Rechts, 8. Aufl. 1997
Lehmann, Heinrich: Allgemeiner Teil des Bürgerlichen Gesetzbuches, 14. Aufl. 1963.
Lenel, Otto: Die Lehre von der Voraussetzung, AcP 74 (1889); 213.
Lobinger, Thomas: Die Grenzen rechtsgeschäftlicher Leistungspflichten, 2004.
Locher, Eugen: Geschäftsgrundlage und Geschäftszweck, AcP 121 (1923), 1.
Lorenz, Stephan: Nacherfüllungsanspruch und Obliegenheiten des Käufers: Zur Reichweite des „Rechts zur zweiten Andienung", NJW 2006, 1175.
Lorenz, Stephan: Schuldrechtsmodernisierung – Erfahrungen seit dem 1. Januar 2002, in Lorenz, Egon (Hrsg.) Karlsruher Forum 2005.
Mayer-Maly, Theo: Der gerechte Preis, Festschrift für Heinrich Demelius, Wien 1973, S.139.
Medicus, Dieter: Vertragsauslegung und Geschäftsgrundlage, Festschrift für Werner Flume, 1978, 629.
Motsch, Richard: Risikoverteilung im allgemeinen Leistungsstörungsrecht, JZ 2001, 428.
Mugdan, B.: Die gesamten Materialien zum Bürgerlichen Gesetzbuch, I. Band 1899.

MüKo/Verf. : Münchener Kommentar zum Bürgerlichen Gesetzbuch,
– Bd. 2 Schuldrecht Allgemeiner Teil, (§§241 – 433) 5. Aufl. 2007,
– Bd. 3, Schuldrecht Besonderer Teil (§§433 – 610), 5. Aufl. 2008,
– Bd 4, Schuldrecht Besonderer Teil (§§611 – 704), 4. Aufl. 2005.
Oertmann, Paul: Die Geschäftsgrundlage, Ein neuer Rechtsbegriff, 1921
Palandt/Verf.: Bürgerliches Gesetzbuch, 67. Aufl. 2008.
Pfeiffer, Thomas: Unkorrektheiten bei der Umsetzung der Verbrauchsgüterkaufrichtlinie in das deutsche Recht, ZGS 2002, 217.
Picker, Eduard: Schuldrechtsreform und Privatautonomie, JZ 2003, 1035.
Quack, Karlheinz: Der Unternehmenskauf und seine Probleme, ZGR 1982, 350
Rabel, Ernst: Unmöglichkeit der Leistung, Festschrift für Ernst Immanuel Bekker, 1907.
Rabel, Ernst: Über Unmöglichkeit der Leistung und heutige Praxis, Rheinische Zeitschrift 3 (1911), 467.
Rösler, Hannes: Grundfälle zur Störung der Geschäftsgrundlage, JuS 2004. 1058.
Rothoeft, Dietrich: Faktoren der Risikoverteilung bei privatautonomem Handeln, AcP 170 (1970), 230.
Rothoeft, Dietrich: System der Irrtumslehre als Methodenfrage der Rechtsvergleichung, 1968.
Schlüter, Andreas: Leistungsbefreiung bei Leistungserschwerungen, ZGS 2003, 346.
Schmiedel, Burkhard: Der allseitige Irrtum über die Rechtslage bei der Neuregelung eines Rechtsverhältnisses, Festschrift für Ernst v. Caemmerer, 1978, 231.
Schmidt-Recla, Adrian: Echte, faktische, wirtschaftliche Unmöglichkeit und Wegfall der Geschäftsgrundlage, in Festschrift für Adolf Laufs, 2006, S. 641.
Schmidt-Rimpler, Walter: Zum Problem der Geschäftsgrundlage, Festschrift für Hans Carl Nipperdey zum 60. Geburtstag, 1955.
Schubel, Christian: Schuldrechtsmodernisierung 2001/2002 – Das neue Kaufrecht, JuS 2002, 313.
Schwaab, Dirk: Zum Irrtum beim Vertragsschluß, 2000.
Soergel/Siebert: Bürgerliches Gesetzbuch, 10. Aufl. _
Soergel/Verf.: Bürgerliches Gesetzbuch, Bd. 3, Schuldrecht II (§§433 – 515), Stand 1991
Stahl, Leo: Die sogenannte „clausula rebus sic stantibus“ im BGB, 1909.
Stammler, Rudolf: Die Lehre vom richtigen Recht, 1902.
Staudinger/Bearb.: Kommentar zum Bürgerlichen Gesetzbuch, Buch 2, Recht der Schuldverhältnisse, – §§255 – 304, §§433 – 487, Neubearbeitung 2004, – §§631 – 651, Neubearbeitung 2003.

Stötter, Victor: Versuch zur Präzisierung des Begriffs der mangelnden Geschäftsgrundlage, AcP 166 (1966), 149.
Stötter, Victor: Die Voraussetzungen des Wegfalls der Geschäftsgrundlage, JZ 1967, 147.
Tuhr, Andreas von: Der Allgemeine Teil des Deutschen Bürgerlichen Rechts, 2. Bd. 1. Hälfte, 1914.
Ulmer, Peter: Wirtschaftslenkung und Vertragserfüllung, AcP 174 (1974), 167.
Wieacker, Franz: Zur rechtstheoretischen Präzisierung des §242 BGB, 1956.
Wieacker, Franz: Gemeinschaftlicher Irrtum der Vertragspartner und Clausula rebus sic stantibus, Festschrift für Walter Wilburg, 1965, 229.
Wilhelm, Jan: Einrede des Verkäufers gegen die Leistungspflicht gem. §275 Abs. 2, 439 BGB bei nachträglichem Verlust oder Beschädigung der Kaufsache: Vorrang der schuldvertraglichen Vereinbarung, DB 2004, 1599.
Wilmowsky, Peter von: Pflichtverletzungen im Schuldverhältnis, JuS 2002, Beilage Heft 1.
Windscheid, Bernhard: Die Lehre von der Voraussetzung, 1851.
Windscheid, Bernhard: Die Voraussetzung. AcP 78 (1892), 161.
Zimmer, Daniel: Das neue Recht der Leistungsstörungen, NJW 2002, 1.

Wegen der Abkürzungen wird verwiesen auf:

Kirchner, Hildebert — Abkürzungen für Juristen, 2. Aufl. 1993.

Schriften zum Wirtschafts- und Medienrecht, Steuerrecht und Zivilprozeßrecht

Herausgegeben von Jürgen Costede und Gerald Spindler

Band 1 Reiner Fu: Die stille Gesellschaft im internationalen Steuerrecht aus deutscher Sicht. 1997.

Band 2 Kirsten Forsblad: Restschuldbefreiung und Verbraucherinsolvenz im künftigen deutschen Insolvenzrecht. 1997.

Band 3 Vassilios Tountopoulos: Die Reichweite der registerrechtlichen Gründungsprüfung einer AG. Eine Untersuchung unter rechtsvergleichendem Aspekt. 1998.

Band 4 Franc Pfahl: Die Maßgeblichkeit der Handelsbilanz, ein dem Steuerbilanzrecht vorgegebenes Grundprinzip? Von der Notwendigkeit einer steuerrechtlichen Begründung der durch § 5 Abs. 1 EStG in das Steuerrecht übernommenen handelsrechtlichen Vorschriften der Gewinnermittlung. 1999.

Band 5 Michael Schröder: Die Wertpapierhandelsaufsicht nach dem Zweiten Finanzmarktförderungsgesetz. 1998.

Band 6 Daniela Hasche: Die Sachgründung der GmbH. 1999.

Band 7 Oliver Wendt: Die rechtliche Problematik von Strahlenschäden. Rechtliche und rechtstatsächliche Aspekte der Haftung für Strahlenschäden unter Einbeziehung der Vorfälle in der strahlentherapeutischen Abteilung des Universitäts-Krankenhauses Eppendorf. 2000.

Band 8 Susanne Matussek: Zum Werbungskostenbegriff im Einkommensteuerrecht. 2000.

Band 9 Klaas Ziervogel: Rufausbeutung im Rahmen vergleichender Werbung. Veränderungen im Zuge der gesetzlichen Regelung vergleichender Werbung. 2002.

Band 10 Sven Wortberg: Lösungsklauseln und Insolvenz. 2003.

Band 11 Eva Ullrich: Die Zurechnung von Buchgutschriften. Zufluß und Leistungsfähigkeit im Einkommensteuerrecht. 2004.

Band 12 Carmen Werner: Einkommensteuerrechtliche Zurechnungen bei mittelbaren Beteiligungen an Personengesellschaften. 2003.

Band 13 Ulf Andreas Nissen: Die Online-Videokonferenz im Zivilprozess. 2004.

Band 14 Oliver Wiegmann: Grund, Grenzen und Wirkungsweise des § 105 InsO. 2004.

Band 15 Holger Seidler: Eigene Aktien. Eine Analyse des Aktien-, Handelsbilanz- und Kapitalmarktrechts zur Ermittlung von Deregulierungspotential und Regulierungsbedarf. 2004.

Band 16 Stefan Eck: Providerhaftung von Konzernunternehmen. Rechtliche Zusammenschau von Konzernunternehmen bei der Verbreitung rechtsverletzender Informationen im Internet. 2004.

Band 17 Frauke Fasold: Die einkommensteuerliche Problematik der Buchwertfortführung. Übertragung stiller Reserven und Gewinnrealisierung im Einkommensteuerrecht. 2005.

Band 18 Thomas Linke: Selbstregulierte Streitlösung für deutsche Domains. 2005.

Band 19 Malte Abel: Pfändungsschutz nach § 851 ZPO. Speziell die Pfändung zweckgebundener Forderungen. 2005.

Band 20 Harriet Eidam: Typische Risiken des elektronischen Rechtsgeschäftsverkehrs. 2005.

Band 21 Katharina Schmitz: Haftung für Links. Zur Verantwortlichkeit des Hyperlinksetzers und Suchmaschinenbetreibers unter besonderer Berücksichtigung von Verkehrs- und Garantenpflichten. 2006.

Band 22 Thomas Miserre: Rundfunk-, Multimedia- und Telekommunikationsrecht. Abgrenzung der Anwendungsbereiche von Art. 5 I 2 GG, Rundfunkstaatsvertrag, Teledienstegesetz, Mediendienstestaatsvertrag und Telekommunikationsgesetz. 2006.

Band 23 Mona Bandehzadeh: Jugendschutz im Rundfunk und in den Telemedien. Eine Würdigung des Staatsvertrages über den Schutz der Menschenwürde und den Jugendschutz in Rundfunk und Telemedien unter verfassungsrechtlichen Aspekten. 2007.

Band 24 Judith Volkmann: Mediation im Zivilprozess. Rechtliche Rahmenbedingungen für ein gerichtsinternes Mediationsangebot. 2006.

Band 25 Tino Grattenthaler: Die Vergütung von Vorstandsmitgliedern in Aktiengesellschaften. Eine grundlegende Betrachtung mit ausgesuchten Schwerpunkten aus rechtswissenschaftlicher Sicht. 2007.

Band 26 Till Dunckel: Online-Auktionen und Wettbewerbsrecht. 2007.

Band 27 Lena Katharina Landsmann: Die stille Gesellschaft in der Insolvenz. 2007.

Band 28 Jan Riebeling: Der Einsatz von Informations- und Kommunikationstechnologie im Insolvenzverfahren. 2007.

Band 29 Daniela Stiegel: Aktienoptionen als Vergütungselement aus arbeitsrechtlicher Sicht. Eine Vergütungsform an der Schnittstelle von Arbeits- und Gesellschaftsrecht. 2007.

Band 30 Jia Li: Nutzungen und Nutzungsrechte im Einkommensteuerrecht. 2007.

Band 31 Olaf Koglin: Opensourcerecht. Die urheber- und schuldrechtlichen Beziehungen zwischen Lizenzgeber und Lizenznehmer bei Open Source Software am Beispiel der General Public License (GPL). 2007.

Band 32 Katharina Padberg: Die Bedeutung des Börsenkurses für die Höhe von Barabfindungen. 2008.

Band 33 Karl Friedrich Balz: No-Shop-Vereinbarungen nach amerikanischem und deutschem Recht. 2008.

Band 34 Sascha Teichert: Die Besteuerung in- und ausländischer Investmentfonds nach dem Investmentsteuergesetz. Unter besonderer Beachtung der steuerrechtlichen Behandlung der Veräußerungs- bzw. Rückgabegewinne i.S. des § 8 InvStG sowie des Sondervermögens mit zusätzlichen Risiken (Hedgefonds) i.S. der §§ 112 ff. InvG. 2008.

Band 35 Stefan Zimmermann: E-Commerce, Verbraucherschutz und die Entwicklung intelligenter Agenten. 2008.

Band 36 Zhe Huang: Zur Lehre von der Geschäftsgrundlage nach altem und neuem Recht. 2009.

www.peterlang.de

www.ingramcontent.com/pod-product-compliance
Ingram Content Group UK Ltd.
Pitfield, Milton Keynes, MK11 3LW, UK
UKHW021940290926
8980IPUK00016B/1719